古代科学哲学卷 —— 上册

吾 淳 著

郭齐勇 主编

中国哲学通史

学术版

A

HISTORY

OF

CHINESE

PHILOSOPHY

江苏人民出版社

图书在版编目(CIP)数据

中国哲学通史.古代科学哲学卷:上下册/吾淳著
.—南京:江苏人民出版社,2023.8
ISBN 978 - 7 - 214 - 28237 - 8

Ⅰ.①中… Ⅱ.①吾… Ⅲ.①哲学史－中国－古代
Ⅳ.①B2

中国国家版本馆 CIP 数据核字(2023)第 125344 号

中国哲学通史

郭齐勇 主编

古代科学哲学卷:上下册

吾 淳 著

策　　　划	府建明
责 任 编 辑	朱晓莹
特 约 编 辑	徐　萍
装 帧 设 计	周伟伟
责 任 监 制	王　娟
出 版 发 行	江苏人民出版社
地　　　址	南京市湖南路 1 号 A 楼,邮编:210009
照　　　排	江苏凤凰制版有限公司
印　　　刷	苏州市越洋印刷有限公司
开　　　本	652 毫米×960 毫米　1/16
印　　　张	460.5
字　　　数	6126 千字
版　　　次	2023 年 8 月第 1 版
印　　　次	2023 年 8 月第 1 次印刷
标 准 书 号	ISBN 978 - 7 - 214 - 28237 - 8
定　　　价	1980.00 元(全 20 册)

(江苏人民出版社图书凡印装错误可向承印厂调换)

目　录

导　论

本书应题名《中国古代科学哲学——及其理性与神秘主义的关系》，限于"中国哲学通史"丛书所限，改为现名。本书所考察和探讨的是中国古代哲学与知识或科学的关系，这既包括知识或科学对哲学的影响，也包括哲学对知识或科学的影响，具体来说，它涉及科学活动中的哲学内容，也涉及哲学思考中的科学内容，还涉及哲学与科学共同使用的观念、概念以及思维、方法。当然，如书名的补充所示，本书也涉及知识、理性与神秘主义的关系，这也是中国古代科学与哲学关系的一个重要特征。①

---

① 需要说明的是，这里必须对"科学"这一概念有一个界说。应当看到，"科学"这一概念存在着一定的复杂性，其在科学研究中与科学史研究中是有所不同的，特别是在描述东方文明的知识活动中会表现出一定的"困难"和"尴尬"。一般而言，"科学"这一概念主要是以近代西方的相关知识活动为准绳的，在这个参照标准下，我们也可以将古代希腊的一些知识活动归入其中。这可以说是"科学"比较严格的标准，也可以视作是相对而言比较狭义的标准。但是，科学史的研究则有可能放宽这一标准，这包括描述人类早期的知识活动，描述非西方的知识活动，即使是西方也涉及描述罗马时期的知识活动与中世纪的知识活动，这些知识活动都无法严格地按照以近代西方知识活动为标准建立起来的"科学"概念来要求，而这就必然会出现用于描述或指称知识这一活动的相对宽泛的标准，或者也可以说是广义的标准。有关这方面的详细界说可参见本人《古代中国科学范型——从文化、思维和哲学的角度考察》（北京，中华书局，2001）中绪论部分内容。而本书所用的标准就是这个相对来说比较宽泛或广义的标准。

中国古代知识或科学向度与哲学的关系一直是中国哲学史研究中的薄弱环节，它其实反映了中国哲学史研究在此认识上所存在的问题。冯契先生在其《中国古代哲学的逻辑发展》一书上册的绪论部分就深刻地指出了这一点："认为中国传统哲学中认识论不占重要地位的人，大概都以为中国哲学'重人生而轻自然，长于伦理而忽视逻辑'。就是说，与认识论不发达相联系，中国传统哲学不重视逻辑学与自然哲学的研究。在三十年代，某些哲学史家就提出这样的看法：中国以往的哲学家，其兴趣为伦理的而非逻辑的，注意'立德'、'立功'，而不重视'立言'，因此中国哲学在理论的阐明和论证方面，比之欧洲哲学和印度哲学大有逊色。据这些哲学史家说，中国哲学的这一弱点，是同中国文化的弱点分不开的：中国传统文化在政治、道德、文学、艺术方面确有突出成就，唯独在科学上缺乏贡献，因此影响到哲学，使得认识论、逻辑学和自然观成了中国哲学的薄弱环节。"[1]这样一种看法或认识直接影响到中国哲学史的研究：绝大部分著作（尤其是通史类著作）对于哲学思考中所涉及的科学问题没有给予足够的重视，对于知识或科学活动中的哲学认识或关心同样也没有给予足够的重视，至今犹然。

而这样一种认识其实可能有着更深刻的根源。如在西方学术界，长期以来对中国或东方古代的科学及其思维就持有相当的偏见。李约瑟曾在《中国科学技术史》第二卷《科学思想史》一书中对莱维-布吕尔（即列维-布留尔）将中国古代科学知识与原始思维完全联系起来的做法提出极其严厉的批评，原因是列维-布留尔曾武断地对中国古代科学及其思维加以指责。

以下是李约瑟所引的列维-布留尔《原始思维》中一大段原文："这种系统自称是自足的，于是加之于这些概念上的心智活动就漫无限制地发挥威力，而与它们自称所代表的现实没有任何接触。中国的科学知识对这种备受阻碍的发展提供了一个显著的例子。它曾产生过天文学、物理

---

[1] 冯契：《中国古代哲学的逻辑发展》（上册），第43页，上海，上海人民出版社，1983。

学、化学、生理学、病理学、治疗学和诸如此类的庞大的百科全书,然而在我们看来,这一切都只不过是一派无稽之谈。在漫长的时代里,怎么可能耗费了那么多的精力和技能,而他们的产物却绝对等于零呢? 这无疑是有各种原因的,而首先则是由于这样一个事实,即这些所谓的科学,每一种都是把基础建立在凝固了的概念之上,这些概念从来都没有真正受过经验的检查,它们除了含糊的和不能证实的意念以及神秘的先定关系而外,几乎没有任何内容。这些概念所披上的抽象的一般形式,却容许有一个显然是十分合乎逻辑的分析与综合的双重过程,而这个总是徒劳的而又自鸣得意的过程便无限地进行下去。那些最熟悉中国人心理状态的人们,例如哥罗特,对于能看到这种心理状态从其枷锁中解放出来而不再环绕着它自己的轴线转动,几乎感到绝望。它的思维习惯已经变得太僵化了,它所产生的需要是太专横了。要使欧洲不再为它自己拥有的学者感到骄傲自满,和要使中国抛弃它的医生、博士和风水先生,是一样地困难。"①

　　对此,李约瑟严厉并且不无讥讽地批评道:"很难找到一段比这种误解更深的话了。这位对自己所谴责的各种百科全书一字不识的知名学者,我们不清楚他有什么权利来抹杀另一种文化的科学技术成就,而那

---

① 〔英〕李约瑟:《中国科学技术史》第二卷《科学思想史》,第 310 页,北京,科学出版社;上海,上海古籍出版社,1990。该段资料也见于〔法〕列维-布留尔:《原始思维》,第 447 页,北京,商务印书馆,1985。在《原始思维》中,列维-布留尔接下来其实还有另一段类似的评价印度古代科学的话,李约瑟在《中国科学技术史》第二卷《科学思想史》一书中没有列出,只是附上这样一句话:"而莱维-布吕尔在这宗事情上,还加上了一些对印度科学思想的类似责难。"列维-布留尔的原话如下:"在印度,智力活动形式与我们的比较接近。她有自己的语法学家、数学家、逻辑学家、形而上学家。但是为什么她一点儿也没有创造出类似我们的自然科学那样的东西呢? 除了其他一些因素外,这无疑是因为在那里概念也一般地保持着它们所由产生的集体表象的大量神秘因素,同时这些概念也僵化起来了。因此它们变成了继续进化的绊脚石,而这种进化本可以使它们逐渐摆脱神秘因素,如希腊人在同样情况下所成功地实现的那样。从那时起,他们的观念即使在变成概念的观念时,也注定了仍然主要是神秘的,极难于接受经验的教训。假如他们也集成了科学知识的材料,则他们的科学也只能是象征的和幻想的,或者是议论性的和纯粹扫象的。"列维-布留尔还发挥道:"在那些尽管已经相当文明但发展仍然较差的民族里,如在埃及、墨西哥,即使已经'凝结'成概念的集体表象也明显地保留着自己的原逻辑的和神秘的性质。"见列维-布留尔:《原始思维》,第 447、448 页。

种文化却曾使他自己的文化受益匪浅。"在这里李约瑟做了一个注释,注释中写道:"他(指莱维-布吕尔)对曾是厦门民间风俗和流行的鬼神学方面的专家哥罗特的信赖,可以比作某一个人仅仅是以诸如塞西尔·夏普或戈姆那样的作家对英国民间传说所作的在某一方面值得称道的叙述为根据,便想着手描写受过教育的英国人的世界观。"①这个注真是准确而又辛辣。

针对列维-布留尔的这种误解,李约瑟用了很大的篇幅来加以辩驳。

李约瑟说:"如果像我相信的那样,这一点真正地深刻表现了中国人的世界构图中以五重相互联系为其抽象图式的某些东西,那么,汉代及其后的学者们就显然并没有简单地陷入'原始思维'本身的泥潭之中。我们都大大地有负于莱维-布吕尔对原始思维所做的一项最有趣的分析,而且虽然我们可以接受他对它的大量描述,但是我们却不得不作出结论说,他把中国和印度的世界构图看作原始思维的例证那种信念是毫无根据的。"②

李约瑟指出:"我们对莱维-布吕尔的分析不得不表示异议之点就在于,他进而把协调的或联想的思维描述成原始思维的一个变种。在年代学意义上,它很可以算是原始的,但是它肯定不是单纯'参与性'思想的一个部门。因为一种像五行体系范畴化这样的系统一经建立之后,则任何事物决不可能是别的任何事物的起因。"③

李约瑟接着说:"显然,中国无数的技术发明的历史作用,并未受到那些发明人的世界图像的特性的影响。包含在被人看不起的各种百科全书之中的大量经验信息的价值,也并不因为编写它们的那些人的世界图像不是那种已被证明是发展伽利略和牛顿的科学所最为根本的世界图像而有所减低。相反地,据我看来,我们的恰当结论似乎是:中国的联想的或协调的思维的概念结构,本质上是相同于欧洲的因果的和'法定

---

① 〔英〕李约瑟:《中国科学技术史》第二卷《科学思想史》,第 310、311 页。
② 同上书,第 308 页。
③ 同上书,第 309 页。

的’或合乎规律的思维的概念结构的某种东西。它并没有引起 17 世纪理论科学的兴起,但这并不能成为把它叫作原始科学的理由。"李约瑟还补充道:"有待分晓的是,它是否关系到现代科学正在不得不纳入其本身结构中的那样一种世界观,亦即有机主义的哲学。"①

李约瑟最后强调指出:"我急于把这个分歧之点彻底弄清楚。中国人的协调的思维在以下这种意义上并不是原始思维,即它不是一片反逻辑的或前逻辑的混乱,在这种混乱中,任何事物都可以是其他任何事物的起点,而且在那里人们的思想是由这个或那个巫医的纯幻想所引导的。"②

这里需要说明的是,对于原始思维是反逻辑的或前逻辑这一观点的最经典批评是列维-斯特劳斯《野性的思维》一书,该书对《原始思维》中的分类体系及其逻辑性质作了深入的考察研究。在我看来,李约瑟对列维-布留尔的批评不能说完全正确,因为中国古代思维与原始思维之间的确存在着一定的联系,就此而言,列维-布留尔的说法也并非是毫无道理的,关于这一点后面还会论及,在本书中也会不断涉及。但李约瑟对于列维-布留尔粗暴地将这样两种思维划上等号这一观念的辩驳无疑是合理的,对于列维-布留尔对东方科学知识发展形态明明仅是道听途说而一知半解却硬要妄下论断的批驳也是正确的。③

由于本书是论述中国传统哲学与科学的关系,因此在论述这种关系之前,我们有必要对中国古代科学的状况简单做一个交代,由于本书的性质,这并非是一般历史的叙述,而主要是关于其特征或范型的考察。自然,在了解古代中国科学活动的本质特征或基本范型这一问题之前,我们应当先了解中国古代社会或文明的本质特征或基本范型是什么。

---

① 〔英〕李约瑟:《中国科学技术史》第二卷《科学思想史》,第 310、311 页。
② 同上书,第 311 页。
③ 并且,我们完全可以斩钉截铁地拒绝以西方文化为中心的任何指责,对于人类早期知识及其所影响的观念必须以西方面貌出现的任何诉求都是毫无道理的,我们,尤其是西方学者应当清楚,古代希腊文明及古代犹太文明在很大程度上是由于其生发条件的特殊性或偶然性所造成的,这根本不能居为栏本,也丝毫不能成为今天西方文明傲慢或诩高贵的理由。

在这里，张光直有关人类文明的意见非常值得我们重视。张光直指出，西方历史学家在讨论历史或文明法则时，总是暗示或断定那些以西方历史为标准建立起来的法则在全世界的通用性。如果哪个地区的文明发展的历史不符合这些"法则"，那就表明这种文明属于一种变体或例外，这其中也包括马克思有关亚细亚社会的理论。于是，在西方史学界流行着一种观点，即从原始社会到阶级社会的转变方式包括：希腊的或古典的路径与亚细亚的或其他的路径，其中希腊的或古典的路径是主流形式，而亚细亚的或其他的路径则是非主流形式。①

但是张光直对这样一种观点提出了质疑。张光直认为：如果从世界上古史的立场来看，人类文明的进程可以合并为两种主要形式。其一，世界式的或连续性的文明路径；其二，西方式的或突破性的文明路径。张光直说："我们从世界史前史的立场上，把转变方式分成两种。即把眼光扩展到欧洲、近东、非洲、中东、远东、大洋洲和美洲，我们可以看出两个大空间的不同方式。一个是我所谓世界式的或非西方式的，主要的代表是中国；一个是西方式的。前者的一个重要特征是连续性的，就是从野蛮社会到文明社会许多文化、社会成分延续下来，其中主要延续下来的内容就是人与世界的关系、人与自然的关系。而后者即西方式的是一个突破式的，就是在人与自然环境的关系上，经过技术、贸易等新因素的产生而造成一种对自然生态系统束缚的突破。"②张光直进一步补充道："这种比较工作的一个初步印象，是在中国以外我们可以看到埃及、印度河流域、东南亚、大洋洲和中美洲、南美洲的古老文明的若干因素，从野蛮时代到文明时代这一过程中，在其连续性上与中国的相似之处远远超过它们与……西方社会科学中所谓通用的法则的相似。"③

张光直的上述意见显然非常有价值，我们可以将其归结为"连续性"理论。

---

① 参见张光直《考古学专题六讲》，第16页，北京，文物出版社，1986。
② 同上书，第17页。
③ 同上书，第18页。

据此来考察古代科学的基本范型,我们可以认为那些没有发生科学革命也即保持已有知识形态连续发展的古代东方文明是古代科学的基本范型,或者说是古代科学的主流形态。相反,作为中断了原有范型也即发生了知识革命的古代希腊科学,其并不是古代科学的主流形态,而是典型的变体。毫无疑问,中国古代科学就是古代科学的主流形态,其所体现出的范型特征也就是绝大多数古代文明科学活动的基本范型特征。①

中国古代的科学范型是在原始三代到春秋战国及秦汉这样一个漫长的时间中建立起来的。中国原始知识活动很早就已经开始了。从旧石器时期到新石器时期,中国的原始知识活动就广泛展开了。之后,经三代至春秋,知识或科学活动已经有了十分充分的发展,特别是到了西周末年,一些知识活动已经逐渐趋于成熟,某些影响后世的重要特征已经清晰呈现。到了春秋战国时期,中国古代的科学技术已经进入范型的确立时期,这种范型的确立大致在秦汉已经基本完成。

这里我们先来了解一些影响中国古代科学活动的重要的"环境"因素,这也可以理解为中国古代科学的外部范型——即社会和文化框架,在很大程度上,这种社会和文化框架根本决定了中国古代科学活动的具

① 这里有几点是需要反复强调的。第一,直到 16、17 世纪以前,在人类知识进步中扮演主要角色以及在整个人类文明进步中承担基本任务的是作为主流形态的古代科学的基本范型,而作为变体的古代希腊科学在整个人类文明中的实际意义是微乎其微的。这一判断不仅符合历史(现实),也符合逻辑(必然)。第二,古代希腊发生的科学革命对于人类的进步有着重要的意义,但是我们必须看到:其科学革命的发生与其在特殊环境下建立起的社会范型有关,也与其特殊的地理环境所获得的机遇有关。并且,如果没有后续阶段或工作,包括复读文明这样一种偶然性的因素,这种意义将不会转变为现实(文明的复读或修复并不具有必然性,之于希腊的成功了,而之于印度的却至今没有成功)。第三,由于不同的知识系统实际上是反映或代表着不同的文明路向,因此这其中首先是形态问题,而不是优劣问题(但并非不存在),况且不同的形态可能存在着不同的问题或优缺点。因此,如果首先不是中肯地"看待"文明的成因而是站在某个特定的点上对"他者"横加批评或指责,那一定是"无理"的,也是"无礼"的。第四,在涉及科学史的问题上,我们也应当建立这样一种历史意识,即古代科学与近代科学及其相应的文明完全是两种不同的范型。历史上的范型只属于特定的历史区间,它的存在有其自身的合理性,后来的范型同样没有理由以自己作为评判标准或出发点对"前人"指手画脚、说三道四。其实,再退一步讲,近代科学范型同样有自身的问题。

体地位与走向。

我们知道,古代东方文明几乎无一例外都是大一统王朝的社会范型。通常来说,这一范型的社会考虑得最多的话语就是稳定,或者说如何保证长治久安以至国祚绵长。具体地,这一话语又主要显现为如下核心问题,这包括:经济方面提供维系王朝存在所必需的赋税,政治方面组织或架构足以管理国家的行政、刑法制度以及相应的官吏系统,意识形态领域遵守一定的观念或价值原则并且及时扼杀那些带有异端或叛逆的企图,在王朝或国家武装上为防范骚乱和扩张疆土与抵御入侵保持必备的力量。而诸如经济发展、知识增长这样一些只有近现代社会或文明才具有的标志性话语通常不会成为包括古代中国在内的古代东方文明的最核心问题。另一方面,得到重视的经济与知识又必然与这一社会模式的需求有关。事实上,中国古代知识的地位是以政治为圆心而确定的。弄清楚以上这一点是很重要的。例如农学与王朝的经济命脉息息相关,它就会得到重视。尤其是天文学或占星术,由于这是中国古代政治君权神授的基础,因此它必然具有崇高和显赫的地位,并且为国家所控制。数学在很大程度上与天文学相关,是论证天文数据的工具,因此也有重要的地位。相同的还有音律学,这是与天人观念十分契合的学科。而与王朝政治之间没有直接或重要关联的知识则基本处于圆心的外围或边缘地带。相比之下,古代希腊以城邦为单位和特征的文明就不会像国家特别是大的中央集权的王朝那样在上述问题上表现得如此突出,而这就有可能给诸如贸易、知识的开展提供相对自由的空间,但希腊的形态在古代并不具有普遍性,它只是一个个例。至于西方近代,社会形态更发生了深刻变化,其与古老的农业社会相去甚远,这其中一个十分突出的方面就是对知识或科学的理解。总的来说,这涉及一个文化和社会范型问题,即不同的文化和社会范型规定了不同的科学范型,至少规定了诸如知识的走向、地位、规模、用途以及参与者等等重要内容。

此外,还有一个问题不能忽略,这就是中国古代知识活动有着较浓的神秘色彩。前面已经指出,在此意义上,列维-布留尔等西方学者的观察并非没有道理。换言之,在这个问题上,包括列维-布留尔在内的不少西方学者所看到的现象应当说具有真实性。但问题在于如何看待和理解。在"看到"与"看待"之间不是一种简单的等同关系。"看到"的往往只是现象,它其实多是一和"感觉"。但"看待"则需要对根源或原因加以分析判断,这要求"理性"在场。将"看到"直接等同于"看待"的不是"好的"或合格的历史学家。那么如何"看待"中国古代知识活动中所具有的神秘色彩呢?我的看法是,这与宗教传统密切相关,这就是说,知识的连续性与信仰的连续性是相关的。应当说,中国的知识层面在先秦时期曾经有过良好的理性洗礼,这反映或表现在当时普遍具有的无神论思潮上。然而,知识层面的理性倾向并不等于社会层面的理性倾向。应当看到,在中国古代的一般社会层面,理性的洗礼是非常有限的,而究其原因就在于中国未曾经过宗教革命。由于没有发生过宗教革命,因此在中国人的宗教生活中,原始宗教的残余影响十分严重,这主要表现为中国人在日常生活中有着较多的巫术气氛。马克斯·韦伯曾从宗教学的角度指出,中国古代包括民间宗教、道教以及儒教在内,都有更多的"传统主义"成分,这里的"传统主义"就是指巫术及其神秘倾向,当然这也是比较亚伯拉罕宗教系统而言的。并且,马克斯·韦伯还因此对中国古代(包括古代印度)的精英阶层提出过批评。① 毫无疑问,这样一种巫术气氛同样会影响知识活动以及相关的思维与思想。我们看到,即使在相对受到良好理性洗礼的知识层面这里也并非是一片理性的乐园和净土,知识层面同样不可能离开其所生活的社会泥壤。我们不应低估这种神秘色彩的消极影响。换言之,在中国古代,理性的推进或进步的确又是极其缓慢的。显然,这将深刻地影响知识或科学活动的性质。对此,我们必须也只能正视。

　　中国古代科学技术正是在上述"环境"或框架内发生发展的,并因此

---

① 对于中国古代宗教类型或性质的分析可详见本人《中国社会的宗教传统——巫术与伦理的对立和共存》一书,上海,上海三联书店,2009。

呈现出一些重要的范型特征,这些范型特征与古代希腊和近代西方科学活动所呈现的范型特征的确有很大的不同,它主要包括:

首先,中国的知识活动是不脱离现实的,它直面实际的问题并以解决这些实际问题为己任。而这也正是作为更高层面的社会与文化范型给科学或知识规定的角色与任务。古代中国的知识活动保持着与外部世界包括自然与社会的密切交流或关联,外在的需要在知识或科学技术的发展中始终起着决定性的作用,这也就导致或造成中国古代的知识活动或科学范型具有强烈的实用性特征。在中国,应用型知识在全部知识体系中一向都被置于优先考虑和发展的位置。具体地,就是古代中国知识领域出现了一大批以解决实际问题为目的的著述,如工业技术方面的《考工记》、农业技术方面的《氾胜之书》、数学方面的《九章算术》、医学方面的《伤寒杂病论》。在这些著述中,致力于应用与解决问题的特征十分显明,其实,就思想特征而言,儒家与法家思想也未必不是如此。

其次,古代中国的知识活动的确有偏重于技术的倾向。事实上,技术倾向也是古老民族或文化普遍所具有的传统,只是古代中国可能将这一传统或倾向发挥到了极致。同时,技术的实现也与工匠传统密切相关。工匠不仅可以提升技术,而且还承担着古代科技或文明中创造发明的职责。此外,我们也不能忽视宫廷与国家在技术进步或发展中的意义,尤其是古代中国还制定了相应的管理技术与工匠的措施。纯技术活动有其自身的弱点,即其无法通过理论的提升进入更高的层级或境界。因此而言,古代希腊的理论进步对于整个人类知识或科学的意义是无论如何评价也不会过分的。但如果没有一般技术的进步,近代以前的文明何以可能?如果没有特定技术的基础,近代科学自身又何以可能?如此,技术在人类文明中的意义或价值也是无论如何不应低估的。

第三,与实用尤其是技术品质相关,中国古代的知识活动又有明显的经验特征。经验特征是由远古的知识活动延续与继承而来的。经验最基本的要素是实践、观察以及此二者在时间意义上的累积。经验甚至可以担保技术达到炉火纯青的境界。① 以此为基础,经验类型的知识活动有一些基本或常见的形式,它们是直觉、类比和归纳。其中直觉是自发的形式,具有较多的创造能力;类比是介于自发和自觉之间的形式,具有较强的联想色彩;归纳是自觉的形式,富有较强的逻辑特征。但无论是直觉、类比,还是归纳,它们都已位于经验的尾端,或已是经验的成熟形式,它们是通向理论与逻辑的桥梁。应当说,中国古代科学技术最主要的收获或成果即是经验性或经验特征的形成,因为这是早期科技活动所使用的最为普遍的工作形态(对于古代中国和绝大多数古代文明来说都是如此)。

一般而言,以上范型或特征为从事中国科学史研究的学者所普遍认同。②

不过,我们切不可对中国科学活动作简单的概念化的理解,或者说,我们切不可将以上范型或特征概念化。强调中国古代知识活动的实用、技术与经验特征,并不意味着中国古代就没有理论与科学传统。事实上,天、算、农、医这四大传统学科在中国传统知识体系中占有确切而重要的地位,而这些学科特别是天、算两个学科与理论的关系密切,同时传统医学与农学也都形成了自己独特的理论与观念。此外,包括力学、光学、声学在内的物理学,音律学,与化学密切相关的炼丹术等,也都不同

---

① 在这方面,庄子的一些生动的描述对于我们的想象或理解颇具提示意义。如《养生主》中的庖丁解牛:"方今之时,臣以神遇而不以目视,官知止而神欲行。"又如《徐无鬼》中的匠石运斤:"匠石运斤成风,听而斫之,尽垩而鼻不伤,郢人立不失容。"再如《天道》中的轮扁斫轮:"得之于手而应于心,口不能言,有数存焉于其间。"不难看出,在这里,技艺的高超是以长期的经验累积为基础的。

② 以上关于中国古代科学特征与范型的考察可详细参考拙著《古代中国科学范型——从文化、思维和哲学的角度考察》(北京:中华书局,2001)的绪论部分,该绪论部分共涉及六大问题,分别是:1. 关于科学和科学史结构的认识以及文化人类学的思考;2. 中国古代的知识活动能否被称为科学史;3. 关于中国古代的知识或科学活动的范型也即本质问题;4. 关于中国古代的知识或科学活动的地位与意义;5. 中国究竟通过何种方式能使自己的科技达到如此高度;6. 中国为什么没有发生科学革命即产生近代科学。

程度地对理论有着很高的要求。

这之中,学者的作用尤其值得我们重视。正如我们所知,在中国古代各个不同的知识学科中涌现出了一大批具有明显科学气质或特征的学者。例如墨子(包括后来的墨家学派)、张衡、葛洪、刘徽、祖冲之、一行、沈括、郭守敬、朱载堉、李时珍、宋应星等人。而在这些伟大学者和伟大学派的周围,在中国古代科学活动的不同历史时期和不同学科领域中还聚集了更多的才华各异的学者和学派。我们有理由这样设问:谁能够断然否定这些古代中国学者工作的科学性质,谁又能够断然否定由这些学者为主体的诸多学派和学说如先秦时期墨家、两汉与魏晋时期宇宙学理论、宋元时期数学、金元时期医学以及明清之际总结性著作的科学性质。[①] 我们甚至还可以这样来设问:如果墨子、张衡、葛洪、刘徽、祖冲之、一行、沈括、郭守敬、朱载堉、李时珍、宋应星等人并不是生活在古代而是生活在近代,也并不是生活在中国而是生活在欧洲,他们的活动能不能被视作科学? 他们能不能被视作科学家? 回答无疑是肯定的。他们的活动就是科学,而他们就是科学家,有些甚至还是大家! 而诸如先秦时期的墨家又无疑是伟大的科学学派。又诸如宋元时期数学四大家、金元时期医学四大家则是科学家的时代集合。也正是因为这些学者,科学思想或理论得到了培育,他们永远值得中国文化所记忆和珍藏!

同时,若与古代希腊的学者相比较,我们也会看到其中的相似与相异之处。首先,中国古代一些学者如张衡、祖冲之、沈括、朱载堉等人的工作具有很明显的书斋性质,或者说具有较少"使用价值",这也包括某些学派或研究,如先秦时期的后期墨家,宋元时期的数学四大家。在这里,其更多地体现了一种类似于古代希腊学者的风格,这就是一种对纯粹知识的兴趣,或纯粹求知的热情,以及在此背后的对真理意识和理性

[①] 推而至于世界范围言之,谁能够断然否定古代印度人所发明的包括 0 的用法在内的阿拉伯数字应当属于科学或科学史的范围,谁又能够断然否定阿拉伯或伊斯兰世界如花拉子密、伊本等人在代数学方面的巨大成就对西方近现代数学的影响以及由此在科学史中所占的地位。

精神的培养。其次,中国古代学者的工作又明显有自己的特点,即有其所处社会与文化的特点。我们看到农学、医学以及天文学这样一些工作与现实生活密切相关,也就是说它们有着典型的"使用价值";中国古代的数学虽不是完全与现实生活相吻合,但它在相当程度上也是实用的,即同样有着"使用价值",这其中也包括作为天文学的辅助或论证工具。学者还通过对工匠或技术层面进行指导这一间接的方式实现着上述"使用价值"。在早期的《墨经》中,在晚期的《天工开物》中,我们都能看到这种间接的"使用价值"的存在。在这里,学者在理论上的概括能力以及在文字上的有效训练扮演着重要的角色。如果与古代希腊加以比较,我们会发现其科学活动通常普遍缺少"使用价值"。而这种对"使用价值"的重视同样也是秦汉以后以儒家为代表的思想界的基本传统。

因此,中国古代知识活动中的这一科学路向或性质同样是值得我们高度重视的。并且,由于有学者的参与,由于学者本身对理论和思想的更多关注,知识活动会变得非常"亲近"哲学,于是,也就有了科学与哲学的关系。

现在我们就来看科学与哲学的关系,包括哲学、科学与神秘因素的关系。

应当看到,科学与哲学的基本关系是互涵的,也是互动的。西方是如此,中国也是如此。并且其体现在哲学中,可能是一种思维,而体现在科学中,又可能是一种方法。通常来说,一个历史时期的知识与思想总有前一个时期的相应活动及其成果作为基础或者铺垫,其可能是知识影响知识,思想影响思想,但也可能是知识影响思想,或思想影响知识,甚至包括更为复杂的影响方式。如春秋战国时期继承了三代的成果,三代继承了史前文明的成果,而秦汉时期则是直接继承了春秋特别是战国时期以来的成果。例如以"道"的哲学为中心,其既受科学发展的影响又反过来影响科学,这一过程纵跨了十分漫长的历史。又如秦汉时期阴阳五行思想的盛行甚至泛滥,其在相当程度上就是建立在战国时期所提供的阴阳五行思想的基础之上的。再如"理"从知识到观念、"格物"从观念到知识都无不有前代的长久累积,而后又在后代发生蜕变或普及推广。如此,知识与思想之间、科学与哲学之间就形成了一个又一个循环:科学提供认识基础,并进而上升为哲学;而哲学则利用科学的材料,并反哺科学。具体来说,关于中国古代科学与哲学的关系,我们至少可以建立以下若干方面的框架性认识:

首先,应当看到,观念、概念或哲学思想最初通常都来自那些日常生活和知识中的经验。经验最初来自具体实践以及观察,久而久之,具体经验会上升为一般经验,此时,一些与人类生存关系重大的经验往往会叩响观念以及哲学的大门。我们看到,很多现实经验在长期的发展过程中都会形成相应的观念,事实上,这些观念日后为科学及哲学所共有。而经验一旦观念化或哲学化,又会形成一些重大的概念,例如阴阳、五行、气、道。之后,哲学便开始在一个"形上"层面上"思想"了。值得强调的是,最早或第一批影响哲学观念的经验几乎都来自自然观察及其知识。在这里,这些知识是否符合西方意义上的知识或科学其实并不重要,重要的是这些知识首先都来自自然,而非来自人类社会活动。此外我们还要看到,在关于自然的哲学中,尽管命题、思想是抽象的,但其所使用的论证材料往往都来自科学知识,或者说将科学知识作为最基本的论证工具。同时,哲学也开始反哺科学。经过哲学抽象的概念大量进入或影响各个学科的知识活动,如阴阳五行学说对于医学的影响,气观念对于炼丹术的影响,同样,在天道观的基础上又形成了宇宙理论。

其次,知识或科学活动不仅影响着观念,而且还深刻影响了思维和方法。一些最为基本的思维与方法形态最初都是在日常生活与生产中积累起来的。实践与观察通常是思维与方法最初的源头,在此基础上会形成经验与归纳的方法。中国人在很早的时候就已经掌握了分类的思维与方法,它形成于地理和生物知识中。宜物思维与方法也是如此,其在农学、医学中广泛应用并且取得形式化的发展,进一步,它还为在社会领域的应用提供了一个可资效仿的范本,值得一提的还有包含在这一思维中的强调客观性的精神,它对中华民族产生了极其深刻的影响。与分类相关,比类思维的形成与泛滥也都与各种知识密切相关,并且其成为天人关系理论论证的前提。辩证思维是以大量的对立现象为基础建立起来的,之后它上升为一种哲学层面的理解,同样,这种抽象化了的认识又反哺知识,它促进了科学的发展,例如中国古代农学、医学中都有大量的辩证思维的运用。科学活动中还有其他一些重要方法,这包括实测、实验以及因果推理等,这些方法也都会不同程度地影响着哲学。另外,像怀疑这样一种精神也是作为理性的哲学与科学的共同结晶。

第三,在中国古代哲学思想的发展中,有不少思想家对科学知识十分关注,但在以往的哲学史研究中,除少数人物及学派受到关注外(其实往往也只是根据需要加以选择或带过而已),许多哲学家及学派思想或理论深处所包含的科学思考实际是被忽略的。老子就是一个典型的例子。现有哲学史研究通常只是在形上层面来解读老子的"道",但我们应当看到,其实老子的思想是以天文学或占星术中的天道知识作为基础,在此之上抽绎出"道"的哲学。而由于"道"的哲学描述又包含了某种科学假设,因此又为中国古代的宇宙理论奠定了基础。这可以说是一个科学—哲学—科学的经典范例。先秦时期的诸多学者和学派如惠施、公孙龙、后期墨家其实都有这种科学特征,这也包括阴阳五行学派以及《易传》学派。之后,汉代的王充,晋代的葛洪,唐代的柳宗元、刘禹锡,宋代的沈括、张载和朱熹,明清时期的徐光启与方以智、王夫之,都曾就科学问题做过深入的思考(当然还远远不止这些),这在很大程度上规定了其思考的样貌。事实上,离开知识或科学是无法准确把握这些学者与学派的观点及性质的,并且无法深刻理解中国古代的哲学思想,对此,我们应有足够的重视。

第四,另一方面,在看似远离哲学的科学家群体中,其实哲学观念或思考也仍然广泛而鲜活。在先秦和汉代,尤以秦汉之际的《吕氏春秋》和《淮南子》为代表,其科学与哲学实际是"集于一身"的,我们在这些著作中看到了科学与哲学的密切联系。此后,就不同学科来看,例如在氾胜、贾思勰、陈旉、王祯等的农学思想中都涉及有因、宜以及天人关系等问题,其有明显的哲学性质;汉唐之间蓬勃发展的炼丹术既可从知识上理解,也可从观念上理解,后者则包含宗教与哲学的丰富内容。宋代以后,随着儒家思想在社会与文化方面的回归,其统治力同样也在科学活动方面表现出来。如以秦九韶、李冶、杨辉、朱世杰为代表的宋元数学传统和以刘完素、张从正、李杲、朱震亨等为代表的金元医学传统,对格物、穷理问题都有足够的重视。此外,在天文学领域,天人感应与天道自然的两种哲学观念可以说贯穿始终。总之,科学及科学家主体也是中国古代哲学观念、思想发展中一个不可或缺的重要组成部分。并且这一群体提供了科学与哲学联结这样一种重要途径,他们结合知识与思想来发现问题,发展理性,这一途径或方式极大地支持了哲学,也丰富了哲学。

第五,以下这一问题同样至关重要,就是理性与神秘因素的冲突和较量。在中国古代,科学与哲学又在相互激励和相互扶持,共同促进着理性因素与精神的生长。例如天道知识本来自占星术,但其中知识成分的增加与理性因素的增长不仅有利于天文科学的发展,也促成了"道"的哲学的产生。同时,自然天道观哲学的确立,又为天文学的理性认识提供了重要的思想基础,经过艰苦和持久的努力,其最终将天人感应思想或学说从天文科学中驱逐出去。这是科学与哲学中理性相互支持,面对神秘主义共同"作战"的一个典型范例。事实上,在农业知识中,在医疗知识中,在对种种疑难或奇异现象的解释中,甚至在数学知识中,无不充满了理性精神与神秘主义之间反复拉锯之争;科学与理性无不是经过艰苦卓绝的努力和较量才能够最终站稳脚跟。毫无疑问,学者也是在与自身同样具有的神秘因素的较量中艰难前行的,这之中,具有更多理性精神的学者发挥了更为重要的作用。并且,知识或科学与哲学或思想之间相互支持的意义还不仅仅在其自身,科学与哲学中理性精神的发展也将会深刻地影响整个社会中人们的自然观。

最后,还有一个方面值得我们注意,即哲学的介入也并非只有积极或正面的影响。缺少理论眷顾的技术与经验知识虽然有其弱点,但其与应用和实践的密切关系可以使得自身不断得到纠正或修复。反之,理论包括观念和思想可以使知识得到深化或提炼,但,一个有缺陷的理论同样也会将知识导向歧途。况且,哲学有自己独特的思维方式,其玄虚的本性和对抽象、形上问题的关注也极有可能诱使知识活动脱离现实生活的土壤。从中国古代科学与哲学发展的历史来看,这种情况其实早在先秦时期就已经出现,其孕育在阴阳五行学说和象数思维之中。在汉代,阴阳五行学说和象数思维不但深刻地影响着哲学,也深刻地影响着科学。直到唐宋时期,由五行学说生发的五运六气说仍波及当时的医学以及其他学科领域,包括沈括在内的一大批科学家仍深受其影响。并且,从"表面"看来,哲学观念比起科学知识更容易接近"权威"和"法则",这也会使得历史上不少科学家受到"蛊惑"。例如医学,唐代孙思邈接受了鬼神观念,金元时期医学则十分重视易学。至于天文学领域的反复较量,其主要体现于天人感应观念的重重阻滞。对上述现象,我们同样应当正视和面对。

当然,历史所呈现给我们的面貌绝不会是如此清晰、如此有条理的。事实上,在中国古代,哲学、科学包括其与神秘主义之间的关系极其错综复杂,自然也极其生动活泼,呈现出一幅令人眼花缭乱的斑斓图景。因此,这里再适当了解一下这种复杂性和生动性就十分必要。我们看到,一方面,科学能够促进哲学,如中国哲学最早的一批概念包括阴阳、五行、天人、天道、道、气等就几乎都来自知识活动,又如汉魏至隋唐知识活动中的"理"概念对宋元哲学思想"理"概念的意义。哲学也可以完善和启发科学,例如老子或道家宇宙论思想对天文学宇宙理论的贡献,再有阴阳五行学说上升为哲学思想后对中国古代医学或《黄帝内经》的指导,还有宋元以后"格物"、"穷理"概念和思想对于科学活动的深刻影响。并且我们也看到了科学与哲学之间的互动关系,通常形成科学—哲学—科学的连续发展形态。此外,在理性的前提和名义下,哲学与科学可以结成盟友,这既包括像王充这样的思想家用科学来论证自己的哲学,并批判天人感应的目的论以及谶纬迷信,也包括魏晋南北朝至隋唐时期如杜预、何承天、祖冲之等天文学家以"顺天求合"的自然天道观来支持自己的天文学研究,并与"为合验天"的观念作抗争。但另一方面,由于连续性的原因,中国古代科学与哲学的一些重大观念或概念本身就可能包含有一定的神秘色彩,例如阴阳五行。另外,科学或知识活动由于其与现实的密切关系本身就可能成为藏"巫"纳"蛊"之所,例如农学中的禁忌观念,南北朝以后医学中出现的鬼神观念。同样,哲学也并非总以理性示人、与科学为伍,在中国古代天文学中,天人感应目的论就始终站在科学的对立面,而与谶纬迷信、祥瑞灾异等宗教神秘主义做伴。不仅如此,哲学、科学还可能与神秘主义同眠共枕,就像我们在汉代的卦气说或易数说中所看到的那样。了解上述这样一种状况,对于我们正确看待中国古代哲学与科学的关系是有益的。不过,总体上说,一部中国古代科学与哲学关系的历史(也包括哲学史和科学史)是理性不断积累和增长的历史,是神秘因素不断消退或衰减的历史,归根结底,是理性逐渐战胜迷妄的历史。

在此基础上,我们再来简单叙述一下中国古代哲学与科学关系的历史线索,简单梳理一下各个历史阶段中科学与哲学关系的基本状况,以作为全书内容的一个导读,其具体内容会在后面各个章节中详细展开。具体来说,本书将古代中国知识与观念的关系分成六个时期。

一、原始与三代时期

原始知识活动很早就已经开始了,从旧石器时期到新石器时期,中国的原始知识活动就广泛展开了。之后,经三代至春秋,知识活动已经有了十分充分的发展,特别是到了西周末年,一些知识活动已经相当成熟。具体地,早在采集和狩猎的年代,原始的生物包括植物和动物知识就已经开始积累起来,同时原始的地理知识也已经形成。伴随着采集活动向农耕活动的转移,有关农业的知识也开始建立起来。进一步,由于农业的需要,物候、天象知识也相继出现。而随着部落的兼并、权力的集中、国家的出现,原始的天象知识又逐渐向成熟的天文或占星知识发展。采集与狩猎活动会导致方位即空间知识的产生,农业活动与天文知识也会导致时间知识的产生。同样,各种制作活动很可能会导致有关形的知识的出现,而日常驯养、畜牧特别是天文学又会导致有关数的知识的出现。此外,原始医疗活动也在很早的年代就出现了,并且在周代应当已经达到一定的水平。

而上述这样一些知识活动正是哲学观念、概念以及思想的重要基础或源头。例如采集、狩猎知识的发展会逐渐生发出"类"的观念。"阴阳"思维与观念是原始先民在生活与生产中对自然现象长期观察的结果,而"五行"观念最初与地理知识密切相关,后来又与天文知识密切相关,大约到西周末年,这两个观念已开始概念化。有关自然之"天"的观念、概念很大程度上是在气象、天象等知识的基础上发展起来的,而其中有关"天人"的观念又涉及农学、医学以及建筑、地理知识等,这之中又发展出中国科学与哲学中共用的"宜"、"因"观念、概念及思想。而对物候、天象的观察又逐渐会生发出"象"、"数"的观念与概念,对于人体和宇宙知识的探索又逐渐生成或归纳出"气"的观念与概念。

二、春秋战国时期

展开春秋战国时期的图卷,我们已经可以看到科学与哲学密切结合的壮丽景象。

经过长期的发展,在春秋战国时期,以知识为基础的"阴阳"、"五行"、"气"等观念一方面开始哲学化,即以思想或理论的形式出现,另一方面又更多地返回知识活动本身,并在不同的知识门类中结出果实。自然之"天"及"天人"观念在这一时期也获得了进一步的发展,从周代开始,"天"语词中的自然含义开始逐渐显现出来,与此相关,"天象"与"天数"也成为重要的知识和观念语词。伴随着天文学或占星术的大发展,"天道"这一概念出现了,进而又在此基础上产生出"道"的概念,其经历了由天体规律到一般规律的认识发展。春秋时期知识领域的"类"观念大大丰富了,出现了像《管子·地员》和《尔雅》这样的代表性著作。同时,"象"、"数"知识也向更为广泛的领域延伸,并形成内涵更为丰富的观念。基于以上的发展,中国古代自然或科学哲学的概念系统在春秋以及战国时期已经完全确立了。这其中最主要的概念包括有:象、类、阴阳、五行、中、和、天、天人、因、宜、天道、道、数、气、故、理等等。不仅如此,我们看到在相关的科学与哲学思想中,已经逐渐形成了若干个概念群或概念集合,这包括阴阳、五行观念与概念的集合;象、类、数观念与概念的集合;阴阳、五行观念和概念与象、类、数观念和概念的集合;阴阳、气观念与概念的集合;天人、因、宜、地、时观念与概念的集合;天道、道、天数、数观念与概念的集合。① 需要指出和强调的是,这些概念都是在科学或知识活动的基础上产生或形成的。毫无疑问,以上概念系统包括其集合关系是具有重大范式意义的,其将对以后的科学及相关哲学思想产生深刻且深远的影响。此外,春秋战国时期,在科学与哲学活动中也形成了一些共同或相通的方法,这包括经验、逻辑、分析、综合等,特别是围绕"类"的问题,形成了分类与比类两种重要的方法,这两种方法及其思维将在后来的科学与哲学活动中扮演重要的角色。

此外,春秋时期出现的无神论思潮的意义是不容忽视的,这也就是雅斯贝斯所说的理性精神,其主要体现为对鬼神的疏远或怀疑,尤其是对巫术的排斥,也就是韦伯所说的祛魅,这样一种思潮或理性精神虽非知识或科学本身,却是科学的盟友。之后我们会看到,这种意义将贯穿中国古代社会始终。

从学派所关心问题的倾向来看,在春秋战国时期,唯有儒家和法家可以说是典型的社会思想学派。道家有着明显的知识特征,无论是老子,还是庄子,都对各种知识问题有所关注,道家哲学的核心概念"道"就

---

① 有关中国早期概念形成以及集合的具体情况可参见本人《中国哲学的起源——前诸子时期观念、概念、思想发生发展与成型的历史》(上海,上海人民出版社,2010)中的相关内容。

是在以往天文学的基础上抽绎出来的,同时这一概念又是之后天文学宇宙理论的重要开端。早期墨家虽关心社会问题,但其出身于工匠阶层,这给该学派打上了深深的知识烙印,由此也就形成了其哲学思想的经验主义特征。名家与科学有着密切的联系,惠施是自然哲学家,公孙龙的思想则是典型的科学逻辑,而这一科学逻辑又是与同时代生物学、语言学知识的发展紧密相关的。后期墨家不仅重视科学,有丰富的科学思想,包括力学、数学、光学以及有关自然的观念,同时也有丰富的逻辑思想。阴阳五行家的思想总体来说也是关注当时各种各样的知识,其最核心的"五行"概念是从传统知识中汲取而来,只是该学派试图将其进一步图式化,其中也包括向社会历史领域的延伸,这就有了某种神秘主义的色彩。《易传》学派虽有不少儒家伦理与社会思想的内容,但其框架是以《易经》为基础建立起来的世界图式,这其中包含了许多知识的内容,也包括由此而形成的"象"、"数"观念。而战国晚期或秦汉之际所形成的《吕氏春秋》这部杂家著作中同样包含了大量的知识内容,其中有天文学、音律学以及养生学,更重要的是,这部著作还起到了间架先秦与秦汉知识与观念的桥梁的作用。另外,即便是作为社会思想学派的儒家与法家,其作为思想家个体也都有一定的知识基础,儒家与法家又都提供了某些与知识掌握密切相关的认识方法和原则,并且这两家的理性精神或态度对于知识的发展同样也是积极有益的,更重要的是,这种理性精神与态度将贯穿中国古代社会始终。但是,以往中国哲学史研究对于先秦哲学诸学派与科学的这种密切关系显然并未予以足够的重视,这是有缺陷的,不仅如此,它还直接影响到对先秦哲学乃至中国哲学成型时期的面貌及性质的准确判断。

三、秦汉时期

在秦汉时期,科学与哲学已经相互交融、亲密无间,相对而言,这也是以往哲学史研究较多注意和肯定的。

"阴阳"、"五行"观念在这一时期担负着重要的沟通哲学与科学的桥梁作用。如前所见,"阴阳"、"五行"观念从其产生起就有明确的知识特征或身份。而从战国末年起,"阴阳"、"五行"越来越成为知识活动与思想活动中的核心概念,也越来越多地向社会历史与伦理道德领域延伸。不同的学者既为其添砖加瓦,也为其添油加醋。"阴阳"、"五行"成了这一时期地位至高无上的概念,也可以说是一种世界图景。在这种图景下,既有像《黄帝内经》这样的科学理论,更有各种各样荒诞的比附。然而我们应当看到,正是以知识作为基础建构起来的世界图景方有这样的"权势"和"力量"。从一定意义上说,由儒家学派定于一尊后所提倡的伦理思想虽然"高贵",但在"阴阳"、"五行"这一世界图景面前,也只是个侧身而立的侍女。但我们由此也见证了一个知识或观念被无限夸大后必然失落结局的典型范例。任何一种观念的炙热之时,也是其衰落之日。

"天人"观念是这一时期又一突出的问题,并且也与"阴阳"、"五行"问题密切相关。哲学史的研究通常更多地注意天命神学思想以及天人感应理论,这实际上主要是一条宗教的线索。但"天人"关系不唯有宗教线索。我们知道,"天人"观念在当时其实与"或使"和"莫为"理论密切相关。而"或使"和"莫为"理论既有宗教的线索,也有知识的线索。也正由于线索或背景的不同,其所得出的结论或所主张的观点会截然不同。并且我们还看到,在当时,无论是"或使"说,还是"莫为"说,其各自的论证又都往往是紧紧地扣住知识,是知识为其各自的理论提供有力的证据或"平添底气"。另外,由于农业耕作水平的提高和炼丹术的出现,这一时期对于人为因素也有了更深入的认识。"气"在秦汉时期无疑已经成为一个核心概念,如前所述,这是一个典型的建立在知识基础或科学认识上的概念。在秦汉思维的上空,云气缭绕,同时也妖氛弥漫。有趣的是,截然对立的各种学说或思想,当涉足"气"的问题时,其理论、观点往往又会更加趋同,这不仅体现在知识背景上,也体现在观点的立场上。以"气"为中心,秦汉时期又发展出卦气、律气等思想,这些思想既可以看作知识的,也可以看作哲学的。类似的还有"象"、"数"问题,尤其是"数"的观念在秦汉时期的知识与思想活动中获得高度的重视,例如律数与易数理论,这其中有天文、音律以及数学知识发展的深刻背景,当然,也包含了易卦一脉观念或思想的背景。

再从科学的视角来考察。先秦时期由道家率先提出、并经《易传》学派等补充思考的宇宙理论到了秦汉时期进一步深入发展,并最终在天文科学领域结出科学思想的果实,这就是论天三家的理论。并且,这在当时吸引了一大批天文学家和哲学家参与其中,更宽泛地讲,思想界和知识界都非常重视宇宙理论问题,我们因此也看到一个科学家与哲学家共同关心问题的经典范例。又,《黄帝内经》是这一时期哲学与科学紧密结合的最典型例证。《黄帝内经》将阴阳五行思想导入,成功地创建了中国古代系统、整体的独特医学理论或医疗体系。而体现在脏腑、经络、表里学说中的平衡、联系、辩证、参合思想以及诊疗中的辨证施治思想本身就是中国古代科学哲学思想的最杰出的体现。直至今日,这一医学理论所包含的智慧仍具有无穷的生命力。

值得注意的是,这一时期,不仅思想成就与知识有关,并且在认识上所犯的错误同样也与知识有关,这包括以董仲舒为代表的神学理论中的感应说、比类说,也包括王充的命定说。当然,这样的错误又很难责备知识本身,而只能怪罪对知识掌握的有限和理解的浅薄,同时还有中国社会与文化中特有的知识与信仰之间的"暧昧"关系。

四、魏晋南北朝与隋唐时期

魏晋南北朝与隋唐时期的哲学研究或者是关心玄学,或者是关心佛学。总体来说,这一时期的科学活动与哲学活动之间存在着"游离"或"疏离"的现象,这在很大程度上是由于玄学或佛学的兴趣所决定的。

不过,我们仍然可以看到这一时期哲学与科学之间的相互支持与相互促进。在魏晋时期,哲学或思想活动的一个重大贡献就是回归自然天道观的传统,这一变化对于科学有着重要的意义,它引导知识活动也回归自然天道观和天人观。一个值得注意的现象是,在哲学领域,由于思想资源的逐渐枯竭,"道"这一概念已经逐渐淡出;但在科学领域,"理"这一概念却"脱颖而出",其在各类知识活动中越来越频繁地出现,也越来越思想化,且达到了新的普遍与抽象的高度。有理由说,这实际上已为宋元时期的理学奠定了知识方向或层面的基石。"气"仍是这一时期传统学说思想中的一个重要概念,而伴随着道教思想的加入,对于"气"也有了新的认识和理解。这其中,对于变化的认识就是一个十分重要的方面,尤其是炼丹术,为对变化的理解提供了某些实证的基础,我们因此也看到了一条由科学方法直达、贯通哲学思想的经典路径。另外,在天人关系问题上,道教也持更为积极的看法。应当看到,道教提供了很丰富的思想。就科学活动而言,天文学领域"顺天以求合"与"为合以验天"两种天文观的尖锐交锋实际是天人感应论与自然天道观两种对立哲学立场的延续或体现,科学的观念步步为营,一寸一寸向前推进,但同时也必然遭到神学思想的层层阻拦。天文学可以说是一个代表,其与占星术相错杂,它的发展反映了中国古代科学观念进步的曲折性和艰巨性。农学、数学、地理学在这一时期也有不同程度的发展,这其中也包括观念的内容。医药学在这一时期取得更多的发展,其进入了一个总结性的阶段,出现了大量的医药学著作。但同时,由于释道盛行,鬼神迷信也开始渗入医药学领域,尤其是隋唐时期,这实际与佛道二教中的信仰甚至巫术密切相关。而这同时又给予我们这样的启示,儒家在哲学领域撤出的同时,也在医药学即科学领域将原本由理性或无神论思想占据的地盘拱手相让。

就学者而言,葛洪是这一时期科学家与思想家的重要代表。葛洪在医药学、天文学等知识领域都有突出的建树;在科学方法上,其十分重视实测和实验,这对中国古代科学活动沿正确方向的发展是有重要意义的;同时,作为哲学家,其在天人、力命以及变化问题上也有深刻的思想。

五、宋元时期

如同先秦时期,对宋元时期科学与哲学之间关系或交往的研究到目前为止仅为少数学者所重视，还远远不够。事实上，对宋元时期科学与哲学关系的考察，会给我们许多新的启示。如一般来说，现有哲学史的研究都普遍认为"理"是宋代哲学家或思想家们所发现和使用的重要概念（虽然也将源头追溯到先秦，但微不足道），同时这一概念也更多地甚至是在绝对意义上属于道德范畴。但如前所见，当结合科学史的考察时我们会看到，"理"其实早在魏晋南北朝和隋唐时期的知识活动中就已经成为一个非常重要的概念。在唐代后期的刘禹锡这里，"理"这一概念不仅与自然密切相关，而且已经具有了更多的思想色彩。直至北宋初年，许多思想家也仍然是从知识或自然的角度来理解"理"。我们在这里看到的是一条与自然或知识密切相关的"理"概念的发展线索，并且绵长而坚实，其远胜于作为伦理或道德之理的历史根基。应当看到，这正是宋元时期作为本体意义的"理"的基础，并且是最深刻的基础。又如"穷理"与"格物"概念，这可以说是宋元时期哲学的两个核心概念，但哲学史的研究同样多是基于道德的思考，应当承认，这在很大程度上的确是宋元时期思想家的本职与本性使然，即便是像朱熹这样的哲学家已经敏锐并深刻地意识到了哲学与科学的关系，当时和直到今天的绝大多数思想家对这一问题的认识却仍不甚了了。但若将这两个概念放入知识或科学的活动与进程中，也即放入哲学与科学的关系中，我们便立即会看到一幅别开生面的图景。事实上，这样两个概念对于宋元时期的知识活动产生了极其深刻的影响。我们看到，当时许多学者就是用这两个概念来指导其自身的科学活动。宋元时期包括数学、医学、生物学以及地理学在内的科学之所以能够取得如此巨大的成就，在相当大的程度上就是由于这些概念及其观念的作用所致。不仅如此，由于这两个概念自身所具有的知识内涵，其也更多地赋予了知识活动生存空间和发展前景，而这在后来又径直与明清乃至近代的知识观相对接，作用与影响无法估量。除此之外，宋元时期在"天人"、"力命"问题上也有新的认识。仅仅从哲学史的角度来考察，这一问题在当时似乎显得并不突出。但在科学活动中，由于园艺或生物学知识在这一时期的快速发展（其根本上也是社会生活的需要和发展使然），遂使得对"天人"、"力命"问题有十分深刻的认识，并且其事实上也成为哲学思想的一个重要组成部分。这一时期还有其他一些重要或核心的哲学与思想概念，如"气"、"象数"，都不同程度地体现了哲学与科学的紧密联系。

具体地，就科学家的活动而言，沈括的科学研究几乎触及各个科学部门，其智慧光芒四射。同时沈括的研究也涉及大量的哲学概念，如"气"、"阴阳"、"五行"、"理"。更重要的是沈括在科学研究中使用了大量的科学方法，这包括实验、考察、推理等。这些方法不仅是科学的，而且也对后世思想家产生重要影响，例如朱熹，甚至影响了明清时期的学术活动。沈括的科学活动也极具怀疑和批判精神，这也是这一时期科学活动普遍具有的精神。同时我们看到自宋元起，思想界也逐渐出现这种精神，我们应当将其视作一种时代的共有现象和风尚，它在科学与哲学之间蔓延，这是一种思维和观念的重大进步。此外，还有郭守敬，其《授时历》所取得的成就不应仅看作天文学的，它也是自先秦以来自然天道观发展的最终胜利，甚至在一定意义上也可以认为是以儒家为代表的理性的或非神秘主义观念、原则、立场的胜利（当然同时也剔除了以儒家为重镇的天命神学思想）。

而就思想家来说，我们应更多地看到周敦颐、邵雍、张载、朱熹及其门人思想的知识背景与内涵。我们看到，无论是张载的"气"本体论，还是朱熹的"理"本体论，其实都有深刻的知识依据，否则便根本无法成就其深刻的思想与理论。尤其是朱熹，其晚年对于知识的兴趣或许意味着哲学关怀的某种转向，并且也是在这里我们可以看到其不同于前期思想的某种新的见识与观点。当然，再在这个角度或意义上来考察宋元时期的理学或儒学，考察理学或儒学与科学的关系，我们同样会产生某种新的认识。

六、明清时期

这是中国古代哲学的终结时期，也是中国古代科学的终结时期。在科学方面,农学、医学、生物学、音律学等学科领域继续有所进步,但天文学与数学明显地衰落了,从很大程度上说,这两门学科在宋元时期都已经发展到了顶点,之后便显得"力不从心"。在哲学方面,明清之际已经进入中国传统哲学的总结阶段,其中就哲学与科学的关系而言,方以智对知识问题较之同时期其他学者有更多的关注,并且其已经在一定程度上接触到了西方的知识和观念。但思想界这一时期最重要的现象和任务是对理学特别是心学中的蹈虚空谈学风进行批判或清算,与之相伴随的是实学思潮的兴起。就传统概念体系而言,这一时期所使用的主要概念有"天人"、"气"、"理"以及"格物"等,其中"人"的一面在这一时期继续被强调和发扬,这应当也包括心学的影响。"理"与"格物"的概念得到有效的继承,特别是"格物"概念,还在间架传统与近代的知识和思想时起到积极的作用。在科学方法上,实验与实考得到了延续,特别是实考,结出了《农政全书》与《徐霞客游记》这样重要的成果。但由于天文学与数学的衰落,传统实测方法或能力明显衰退,相应地,精细思维也大不如宋元时期。

这一时期另一条重要的线索是,从 16 世纪下半叶开始,传教士陆续来华并逐步将西方科学技术介绍给中国,这意味着一个全新的时代的开始。徐光启以其特有的敏锐,成为中国第一位接受西方知识与观念的科学家和思想家。在此过程中,徐光启提出了"责实"、"求精"的思想和中西"会通"的思想,这两种思想对以后中国科学以及思想文化都产生了重大影响。由于西方科学的输入逐渐开始冲击中国文化核心层面的观念,因此必然地引起了中西学乃至中西文化之间的碰撞和冲突,并引起观念上的应激反应。天文科学首当其冲,因为这是中国传统知识及观念的基础和重镇。也因此,中西学在这里发生了激烈碰撞,并引起政治风波。在这种碰撞和冲突中,两种文化或文明的"优"、"劣"似乎显现了出来。包括天文学、数学、物理学、化学、工程技术在内的诸多中国传统知识在西方知识传统的有力和无情的冲击下纷纷"落败"。尽管有关孰优孰劣的许多具体问题还有待更长的时间才能解答,但至少在当时,古代文明与近代文明、农业文明与工业文明之间的差距是非常明显的。至清初以后，中国古代学术已经临近尾声，终成绝响。同时，中国近代科学也已经开始萌芽。而这些又为将要到来的观念的剧变铺垫了基石。

由此可见，在一部中国哲学史中，知识或科学有其不可替代也不可磨灭的重要地位，知识或科学与思想或哲学的关系有其不可替代也不可磨灭的重要地位。

最后我想做一点说明。首先，我对中国古代哲学与科学关系的注视始于 20 世纪 80 年代攻读硕士阶段，那是因为深受恩师冯契先生观点的启发。这样说吧，在老一辈学者关于中国哲学的阐述中，冯契先生应是最注重哲学与科学关系的，对此我想圈中之人都不会否认。不仅如此，作为楷模，先生开阔的视野也引领了我整个学术生涯，使我无比受惠也无比享受，对此我珍视并感怀终生。同时，此次也要感谢郭齐勇教授的信任，交付我如此艰巨的重任，我虽竭尽所能，却仍诚惶诚恐，因为力实有不逮，但愿现有工作能更接近一些这份信任与托付背后的期望和目标。再者，必须要强调的是，在本书写作中，一些既有的科学思想史著述对我帮助很大，这包括李约瑟《中国科学技术史》第二卷《科学思想史》，以及袁运开、周瀚光主编的《中国科学思想史》和席泽宗主编的《中国科学技术史·科学思想卷》。另外，李申教授的《中国古代哲学和自然科学》、周瀚光教授的《中国古代科学方法研究》、乐爱国教授的《中国传统文化与科技》等涉及中国古代哲学与科学关系的著作同样让我受益良多。在我知识相对薄弱的后半部分，对上述研究有更多的引用。最后，也要特别感谢我的学生张二远博士、蒋开天博士、宋德刚博士认真帮助核对材料，这不仅解决了我工作繁难之苦，也让我对拙作的可靠性更增添了一份安心。总之，我对所有的帮助心存感激！

第一章 中国哲学思维与观念的上古知识源头

思维与观念的发生发展应当有着久远而深厚的知识背景与源头,本章目的就在于考察中国哲学思维与观念最初的种种知识背景与源头。这里所说的上古时期大致上迄旧石器时期末期与整个新石器时期,下及夏、商、周三代。

哲学,一般被视作一种自觉或反思现象。但哲学用于反思的种种思维与观念元素以及工具并不是在短暂的时间内能够形成的,它的形成要经历一个十分久远的时间。尽管这种久远的过程对于以后自觉或反思的哲学来说是间接的,但它却是基础的或要素的。因此,一部完整的哲学史首先应当从其思维与观念的准备期开始,从其反思所依据的工具与元素的积累和成形开始。而哲学源头或准备期很重要甚至是最重要的一个部分或方面应当与史前期的知识活动密切相关。换言之,就未来的哲学而言,它最初的一些要素或元素——种种经验、方法、工具、自然观乃至更为内在或精神性的东西将会在知识的展开过程中逐步获得并渐渐积累。而且,作为知识,人类虽然有共同的起点和普遍性的东西,但不同的民族也会在这里分道扬镳,这同样也会影响到思维与观念,进一步又会影响未来的哲学思想。

总之,通过以下的考察,我们会了解中国哲学思维与观念作为发生期的漫长源头,它向前追溯至一个非常久远的年代。尤其是通过以下的考察,我们会了解中国哲学思维和观念与自然知识的紧密关系。我们看到从一开始起,自然知识就是影响中国人思维与观念的最主要因素,中国哲学中的许多基本观念、概念与重大问题都来源于自然知识的濡养,并且作为思维、观念的发生以及问题的形成,它们也要远远早于社会与伦理道德问题。具体地,我们将会在本章中看到,在知识及其相关宗教因素的影响下,中国产生了第一批以后作为哲学思想基石的重要观念。

第一节　原始社会与三代时期的知识背景

总体而言,原始社会的知识发展十分缓慢,经历了一个漫长的时期。新石器时代以后,知识发展速度逐渐加快。进入三代,知识分工日益细化,开始出现后来的各种知识门类。

原始社会,岁月悠悠,路途漫漫。这是人类的童年时期。古地质学与古生物学研究表明:地球史上的第四纪,是人类的产生时期,原始社会也由此开始。在中国,这一社会形态一直延续到约公元前2100年左右。原始社会包括了四个阶段,它们分别是:原始群、血缘社会、母系氏族社会、父系氏族社会。科学知识的萌芽与原始社会几乎是同步发生和发展的。原始知识的演进大致可以分成两个阶段,这就是考古学上所谓的旧石器时代与新石器时代。而我们对中国哲学思维与观念源头的考察必须上溯到新石器时代乃至旧石器时代的末端。

旧石器时代开始于二三百万年前,约在1万年前山顶洞文化时期结束。在知识的长河中,旧石器时代耗费了极长的时间,经历了漫长的路程,约占人类全部历史的99.8%。在这一时期,人类最伟大的发明是石器。换言之,石器的发明也创造了人本身。这是人类知识史上最重要的事件。这一时期的石器是打制而成的。此外,火的认识及应用也是在这一时期。值得我们注意的是,旧石器时代的采集与狩猎活动以及所导致的生物、地理知识与早期思维和观念有着密切的关系。

中国的新石器时代约始于公元前 6000 年至公元前 5000 年,其代表有裴李岗文化、磁山文化、仰韶文化。新石器时代在知识方面进步的最主要标志就是石器以磨制为主。同时,在生存或生产方式方面产生了原始农业,家畜的饲养已开始了,出现了相当成熟的制陶技术,还出现了一些新的工艺部门,如纺织麻布、编织席子和渔网等。由于定居,房屋建筑已经出现,营建水平逐步提高。又由于农业的需要,有关气象、天文的知识也产生和发展起来。此外,计数与医药知识也已经产生。这一时期,知识发展中的区域特征也日益开始显露出来。如北方有仰韶文化(公元前 5000 年开始),农作物以粟、黍为主,家畜有羊、牛、马等。在南方有河姆渡文化(公元前 5000 年左右),农作物以水稻为主,家畜有水牛、猪等。新石器时代晚期的中国人已经认识到蚕丝的使用价值。之后,龙山文化(始于公元前 3000 年前后)将新石器时代的知识发展到最高的水平。这时已普遍使用陶轮,所制作的蛋壳陶的胎壁,厚度仅 2 毫米左右。此时已处于文明社会的前夜。

就文献而言,我们应当关注《山海经》。《山海经》一般被认为是商周以后特别是春秋时期的成果,并且通常被看作一部神话作品。然而,《山海经》中大量的内容很可能是经历了数千年甚至数万年的时间遗传而至,并且,在原初其极有可能就是与采集、狩猎活动密切相关的,这其中包含有大量地理学和生物学知识。我们看到《山海经》中的许多资料指示了某一地区或区域的主要动植物种类、特征以及矿物基本特征、利用价值,其在很大程度上具有生物、地理知识的意义或性质。①

进入三代,知识的发展进一步加快。夏代约开始于公元前 21 世纪,商代约开始于公元前 16 世纪,周代约开始于公元前 11 世纪,其中西周于公元前 771 年结束。由夏、商、周三代所代表的古代中国文明与古代埃及、古代巴比伦、古代印度以及古代希腊一起构成了人类文明的最早

---

① 关于原始社会时期知识与观念关系的详细状况还可参见袁运开、周瀚光主编《中国科学思想史(上)》(合肥,安徽科学技术出版社,1998)的第一章或本人《古代中国科学范型》(北京,中华书局,2001)的发生篇。

阶段和样式。

首先,在三代时期,农业耕作获得了更大的发展。夏代的材料十分有限,但从近年发掘的新砦遗址与皂角树遗址中可获得一些消息。夏代早期即龙山文化晚期的农作物可能以稻和野大豆为主,粟和黍较少,属稻作为主的农业方式。在夏代中期也即新砦期,野大豆数量开始减少。到了夏代晚期即皂角树遗址二期或二里头文化三期,粟和黍占绝对优势,并已出现小麦,成为典型的旱作农业。之后,商周两代农业发展更加迅速。据统计,商代殷墟出土的甲骨中,与农业有关的达四五千片之多。在商代,牛耕可能已经出现。商王和贵族死后所用的牛、羊、豕等牺牲,动则数十数百,甚至上千。周代是一个金属农具迅速发展的时期,许多金字旁农具语词的出现就是一个明证。同时,周代农业耕种的规模也越来越大,往往会有成千上万的人参加。《诗经·周颂》中记载的"千耦其耘"、"十千维耦"就展示了当时大规模的集体耕作场景。在周代,休耕与轮作制度已经趋于成熟,各种新的技术与知识不断产生和积累,农作物的选种、留种技术取得很大的进展,田间技术愈益成熟,沟洫或灌溉也已经达到了一定水平。此外,三代时期,园艺和驯化技术也都有不同程度的进展。

这一时期的青铜技术也发展迅速,并在商、周两代达到鼎盛时期。早在齐家文化和龙山文化遗址中已经发现有用红铜或青铜铸造的小件器具。位于河南偃师的夏代二里头遗址发现了用于铸造的陶制坩埚、陶范碎块以及铜渣,并且夏代也已有极少量的青铜器存世。到了商代,青铜农具的数量大大增加,同时,其他青铜用具包括兵器的使用也日益广泛。商代中后期,出土的青铜器中常有大型礼器、乐器,生活器物也种类繁多,铸造往往十分精美。青铜器的大量出现与青铜铸造水平的提高密切相关。商代中期到西周早期是青铜冶铸的全盛阶段。到了周代,已对合金比率或规律有充分的认识,如《周礼·冬官考工记·筑氏》中记载:"金有六齐:六分其金而锡居一,谓之钟鼎之齐;五分其金而锡居一,谓之斧斤之齐;四分其金而锡居一,谓之戈戟之齐;三分其金而锡居一,谓之大刃之齐；五分其金而锡居二，谓之削杀矢之齐；金锡半，谓之鉴燧之齐。"同时，对铸造进程的掌握也已达到"炉火纯青"的高度，这也就是《周礼·冬官考工记·栗氏》[1]所记载的："凡铸金之状，金与锡，黑浊之气竭，黄白次之；黄白之气竭，青白次之；青白之气竭，青气次之，然后可铸也。"

　　由于农业的需要，这一时期的天文学也有了极大的提高。《夏小正》中记录有很多气象、物候以及天象资料，因其与夏代天象有颇多相合之处，故被不少学者认为是夏代的史料。据现有研究，《尚书》的《尧典》有可能推到殷末甚至更早。而《尧典》中已经有了对于"四仲中星"天象的记载。这样一种记载很可能主要是基于政治而非农耕的需要，但恰恰是这样一种需要才使得天文观测的精确性迈上更高的台阶。商代的天象观测水平有了极大提高。天文学家认为，古代中国第一次最可靠的日食记录是公元前 1217 年 5 月 26 日发生的日偏食，类似的记载在卜辞中还有四次。又卜辞中有五次月食的记录，其中最早的一次是发生在公元前 1361 年 8 月 9 日的月全食。在历法方面，《尧典》中对于"四仲中星"天象的记载表明了对春分、夏至、秋分、冬至四个节气的认识，并且夏代已经有了天干记日的方法，以后商代又在此基础上进一步发展出更为完整的干支记日方法。与此相关，阴阳合历的模样已经基本具备。周代以后，天象观测继续发展。有关太阳黑子的文字记载最早可推至《周易·丰卦》，其中讲到的"日中见斗"、"日中见沫"即是对太阳黑子现象的描述。

　　三代在其他知识方面也有很大的提高，这包括建筑、数学、音律、医疗等等。夏代的遗址近年来不断有所发现。从河南郑州和安阳发掘的商城遗址来看，其都已经颇具规模。这一时期，建筑规制逐渐形成，技术也不断提高。之后，周代已对有关经验和技术作相应的总结，《周礼·冬官考工记》中就有这方面的记载。在数学知识方面，商代的甲骨文中已经有了相当完善的十进位制记数系统，而且最大的数字已经到了三万。商人可能已经有了奇数、偶数、倍数和分数的概念，并已经掌握了一些最初步的运算方法。与记数和运算相关，算筹工具也得到了发明，筹算方法也得到了发展。与此同时,由于工程建设和器物制作的需要,也由于天文观测以及地图测绘的需要,几何学也得到了相应的发展。西周时期,已经有了专门掌管数学知识的官员即"畴人"。同时,"数"也即计算或运算这时已成为贵族子弟必须掌握的"六艺"之一。在音律方面,一些学者指出,在商代的乐器中半音音程已经出现,这表明已经具备了发明十二律的前提条件。又近年来的研究表明,在商代晚期很有可能已经具备了十二律中的相当部分内容。而最晚在周代,十二律已完全形成。如《国语·周语下》中记载周景王将铸无射,问律于伶州鸠,伶州鸠就讲到十二律。此外,《国语·周语下》中还明确出现了七声音阶的概念。夏商时期的医疗活动比起原始时期已经取得了很大的进步,甲骨卜辞中关于疾病的记载有近五百多条。到了周代,对于医疗活动的认识又有了长足的发展,这突出地表现在医和巫这时已经逐渐分离。如《周礼》中将"巫祝"归于"春官宗伯",而"医"则属于"天官冢宰",二者已分别归属不同的职官系统。西周时期的人们已经从季节、气候等方面来思考致病的原因。当然,夏、商、周三代知识方面的进步还远远不止这些方面,如制陶、纺织、染色、酿造,这些技术或知识在《周礼·冬官考工记》中都有所记录保存。

早期思维与观念正是在知识的基础上发生与发展起来的。

第二节 思维、观念的萌芽及其与知识的关系

人类最初的思维是在工具制作中萌芽的,久而久之,工具制作又会导致工具意识的产生。伴随着知识的不断积累和增长,经验也形成了。而经验的积累与增长又导致了最早的智慧与观念。从早期神话传说和占卜行为中也可以看到观念与知识的关系。我们可以看到人类知识进步的历史,看到各种具体知识与技艺的状况。我们也可以看到原始先民是怎样面对这个世界,甚至可以看到原始人的观念已经指向上天。

一、工具制作对于思维发生的意义

一部人类进化的历史实际上也就是工具进化的历史。旧石器时代

的主要工具是打制石器。新石器时代发生了重大变化,石器以磨制为主,并且,工具开始多样化,原始先民已经使用了尖劈类、投掷类、制陶类、纺织类等不同种类的工具。而伴随着工具的制作和使用,思维与观念也在悄然产生并缓慢变化。

第一枚石器的制作完全是偶然的,即便是最初的一些石器的制作也可能是无意识的。然而,经过一段较长时间的延续,经过原始人对那些不时被摆弄出来的石器的观察和体会,他们便逐渐产生了一种清晰的认识:石器,可以用来帮助劳作,可以做许多手所不能做的事情,也可以减轻劳动强度和节省劳动时间。按照科学史家萨顿的看法,工具的意义就在于为人类的现实活动提供了某种方法,所以他说:"在科学领域内,方法至为重要。一部科学史,在很大程度上就是一部工具史,这些工具——无论有形或无形——由一系列人物创造出来,以解决他们遇到的某些问题。每种工具或方法仿佛都是人类智慧的结晶。"①因此,工具实际上就是方法,而方法实际上就是思维。如原始劳动工具就涉及尖劈、飞行、弹力、杠杆、动量、惯性、浮力、作用力及反作用力等知识。通过制作工具,原始先民掌握了相应的方法,训练了自己的思维。无疑,这不应仅仅从史前文化的意义来理解,而应当把它看作一部整个工具、方法以及思维历史的基础。并且,方法不仅与思维密切相关,也与智慧密切相关。例如当原始人在制作某类工具时或在使用某种方法时,一种在后来被称之为思想但在当时只能叫作想法的东西便包含在其中了。我们应当看到,如果没有这些粗陋和简朴的想法,后来被称之为思想的东西是不可能产生的。

同时,工具的广泛使用必然会导致工具意识的产生。借助于石器,原始人可以提高他们的生活质量以及劳动效率,并且在这一过程中人类已经懂得了借助工具的重要意义,而工具意识也正是在这一过程中萌芽和发展起来的。工具的作用或意义就在于解决问题,面对生存范围的扩

①〔美〕乔治·萨顿:《科学的生命》,第23页,北京,商务印书馆,1987。

大,活动种类的增多,工具以及方法形态也会更加完善,更加繁复,也更加科学,其中会更加体现或强调工具使用的适用性、针对性。例如仰韶文化的小口尖底瓶,它是被用于专门汲水的工具。不仅如此,对于观念层面,更重要的还在于伴随着工具意识的产生与发展,相关的实用、功用、功利之类的意识也应当会从中慢慢产生、形成和积淀下来。在实践中,人们会判断怎样的工具或方法效率更高,或者说怎样的工具或方法更有价值。于是工具意识又进一步上升到价值判断的观念层面。我们应当看到这样一种观念的连续性,如在以后春秋战国时期的思想中就有这种连续性。或许工具的制作与方法的选择对于观念而言还有更多的意义,例如某种审美意识的产生,欧洲细石器时代梭鲁特文化中的桂叶状石器就是一个典型,我们能够清晰地感受到原始人对某种匀称、精致的追求。中国也是一样,大量发掘出土的新石器时期的工具向我们表明,工具的制作不仅要符合力学原理与实用原则,而且还要符合审美感受。①

二、经验思维的早期知识源头

由知识活动而产生的思维、观念或精神性的东西也会积淀在与知识密切相关的经验之中。一部人类知识史在很大程度上就是一部人类经验史。萨顿说:"科学史不仅仅是人类精神胜利的历史……它还是人类经验的历史。"②完全有理由这样说,日后作为思想中的经验性内容正是历史上大量具体经验长期积累的结果,这其中,知识类经验尤为重要,它是以后许多一般性经验观念的基础。

我们可以通过对新石器时代例子的考察来认识早期知识类经验的意义。

如陶器烧造的进步便是经验意识产生与发展的典型例证。中国人

---

① 详见本人《古代中国科学范型》发生篇中的相关内容。
② 〔美〕乔治·萨顿:《科学的生命》,第35页。

大约从裴李岗文化时期开始发明了陶窑。陶窑有卧穴式与竖穴式两种，主要区别在于：前者的火膛与窑室间相差一段较大的水平距离，呈卧式布置；而后者的火膛与窑室大体上处于同一个垂直方向上，呈立式布置。通常来说，考察和判断古代陶窑结构是否合理，主要通过下述三方面加以印证：是否有利于提高火焰温度，是否有利于改善高温火焰流的分布状态，是否有利于窑内气温的有效控制。由于竖穴式的火膛位于窑室之下，这就省去了横向延伸的火道，从而增加了几何压头，减少了压头损失，有利于提高空气吸入量，强化燃料的燃烧过程，提高窑内温度。所以竖穴式窑较之卧穴式窑显得更为进步。可以说，从无窑到有窑，特别是从卧穴式到竖穴式，体现了烧陶技术由低级向高级不断发展和完善的过程。而这一过程的发展、完善，主要依赖于史前先民对于经验的积累和总结。毫无疑问，这样一种经验也会以意识或观念的形态保存下来。

又如随着农耕技术的发展进步，原始先民可能已经在经验积累的基础上初步注意和掌握了农业生产的各个环节，并有可能将这些环节结合成为一个整体来加以考虑。特别是当农业生产活动形成了一定的规模，并且成为一项循环而又恒久的日常工作时，对经验进行归纳、概括、总结以至于提取某种法则就有了必要。在这方面，新石器时期的原始先民所使用工具的配套状况可以为我们提供一些有益的启示。如裴李岗遗址出土的生产工具中就包括有农业生产各个环节的不同工具，从伐木用的石斧、翻土用的石铲、收割用的石镰，到加工用的石磨盘与石磨棒，可谓应有尽有。其他遗址也是如此。显然，根据不同的劳作使用不同的工具，这应当是长期生产实践所得出的经验。并且根据这一情况，再结合民族学研究资料，大致可重现当时农业生产的若干个重要环节，包括选择耕地、开垦荒地、播种谷物、田间管理、收割谷物、加工和储藏谷物等等。这其中的经验总结性质可以说十分明显。而这些来自农耕活动的经验对于中国这样一个农业国度的哲学思维来说又尤为重要。

经验与思维的关系是最为基本的。经验不仅可以导致一定的思维，而且可以使一定的思维凝固或定型。经验也与智慧密切相关。经验具有某种引导性,它可以引导智慧的发生和展开。有关这两个方面与以后哲学的关系应当是非常容易理解的,无论是在东方的哲学形态里,还是在西方的哲学形态里,都能够找到影响思维与智慧的经验要素。

而当人们确信某种行为必然导致某种后果、某种原因必然导致某种现象时,这时的经验就又是观念的。例如当人类充分认识到水对于解渴的意义时,水的重要性就不仅仅是经验上的,而且也是观念上的;当人类充分认识到火对于取暖的意义时,火的重要性就不仅仅是经验上的,而且也是观念上的。事实上,诸如水、火等观念甚至概念日后普遍成为各民族哲学的起源性问题,其中就包括古代中国的五行说,而它最初就是通过原始的经验产生并留下记忆的。

进一步,这样一种观念还会上升为某种具有自觉意义的理论和思想。在东西方哲学史上,我们都会看到一些经验论的或经验主义的哲学形态,而且这些形态往往与知识活动有着十分密切的关系。我们切不可认为这些知识以及经验只是当时的,对此,墨子在他的三表说中有清晰的论述。事实上,哲学所依据的经验大都可能不是直接的具体经验,而是那些在历史上长久积淀下来的以间接形式出现的基本或重要经验。

此外,人类的知识不是一个简单的对于客观事物的纪录史或者描述史,而是主体与客体的关系史,是主体与客体的交往史。依据积累的经验,人也学会处理与自然的关系,选择和确定与自然交往的态度。

三、从早期神话传说看观念与知识的关系

早期神话传说也向我们传递着某些观念的消息。应当看到,神话,特别是那些关于自然与知识的神话,首先不是故事,而是早期人类所面对的世界。从这些神话中我们可以看到原始先民所遇到和思考的各种问题。当然,我们也可以通过神话了解先民们的关切和兴趣所在。与古代希腊人和希伯来人的神话相比,中国早期神话所关心的似乎首先或主要不是社会或历史问题,而是自然与知识。而透过这种现象,我们也可以看到中国神话所具有的面向自然与知识的观念状况。无疑,这对于认

识中国哲学的早期源头也是有重要意义的。

从中国早期神话中我们可以看到人类知识进步的历史。如原始人对火的使用："南方祝融，兽身，人面，乘两龙。"（《山海经·海外南经》）"祝融亦能昭显天地之光明，以生柔嘉材者也。"（《国语·郑语》）"炎帝氏以火纪，故为火师而火名。"《左传·昭公十七年》）又如原始先民的穴居生活："穴而处，下润湿伤民。"（《墨子·辞过》）我们也可以看到狩猎与农耕的不同阶段："有人曰王亥，两手操鸟，方食其头。"（《山海经·大荒东经》）"神农之世，卧则居居，起则于于，民知其母，不知其父，与麋鹿共处，耕而食，织而衣。"（《庄子·盗跖》）"诞后稷之穑，有相之道。茀厥丰草，种之黄茂。"（《诗·大雅·生民》）

通过神话传说，我们也看到了原始先民是怎样在面对这个世界。例如水患："祝融降处于江水，生共工。"（《山海经·海内经》）共工"欲壅防百川，堕高堙庳"（《国语·周语下》）。又如干旱："夸父与日逐走，入日。渴，欲得饮，饮于河渭；河渭不足，北饮大泽。未至，道渴而死。弃其杖，化为邓林。"（《山海经·海外北经》）这之中有失败："鲧堙洪水，汩陈其五行，帝乃震怒，不畀洪范九畴，彝伦攸斁。鲧则殛死。"（《尚书·洪范》）也有希望："又北二百里，曰发鸠之山，其上多柘木。有鸟焉，其状如乌，文首，白喙，赤足，名曰精卫，其鸣自詨。是炎帝之少女，名曰女娃。女娃游于东海，溺而不返，故为精卫，常衔西山之木石，以堙于东海。"（《山海经·北山经》）

我们也可以在早期神话中看到各种具体知识与技艺的状况。例如："少皞生般，般是始为弓矢。"（《山海经·海内经》）"帝俊生禺号，禺号生淫梁，淫梁生番禺，是始为舟。"（《山海经·海内经》）弓与舟发明的记载应当与狩猎社会有关。又如："帝尧为陶唐氏。"（《世本·帝系篇》）"昆吾作陶。"（《世本·作篇》）陶器发明的记载应当与农耕社会有关。此外，药物知识也早在原始社会就已经出现了。如："有灵山，巫咸、巫即、巫盼、巫彭、巫姑、巫真、巫礼、巫抵、巫谢、巫罗十巫，从此升降，百药爰在。"（《山海经·大荒西经》）还值得我们思考的是这些记载会否引起观念问题,如后来思想中屡屡出现的道技观、道器观究竟与此有什么关系。

此外我们还应特别注意,早在这些神话中原始人的观念已经指向上天。例如日月:"东海之外,大荒之中,有山名曰大言,日月所出。""大荒之中,有山名曰合虚,日月所出。"(《山海经·大荒东经》)"大荒之中,有山名曰大荒之山,日月所入。""大荒之中,有山名曰日月山,天枢也。吴姬天门,日月所入。"(《山海经·大荒西经》)这进一步又导致测算,如:"北方曰鹓,来之风曰狻,是处东极隅以止日月,使无相间出没,司其短长。"(《山海经·大荒东经》)"有人名曰石夷,来风曰韦,处西北隅以司日月之长短。"(《山海经·大荒西经》)这种状况既是思维发展的结果,也与农耕文明的需求密切相关。而促使我们进一步思考的,是这些最初的知识与后来天道观、宇宙观的逐渐生成之间究竟有没有联系。

四、从早期占卜行为看观念与知识的关系

中国古老的占卜活动可以追溯到公元前 4000 年左右的仰韶文化时期,这就是位于黄河中下游的河南淅川下王岗遗址(距今约 6000 年)出土的仰韶文化晚期的羊肩胛骨,上有烧灼痕。目前我国已知新石器时代的卜骨主要集中在两个地区,即黄河上游地区和中下游地区。在黄河中下游地区,骨卜现象集中于龙山文化遗存中。在黄河上游地区,骨卜现象集中于齐家文化遗存中。之后,保存占卜资料最丰富的是商代。

占卜活动首先无疑是要询问命运问题。对此,马林诺夫斯基在《文化论》中有合理的解释,他说:"只有那些靠不住的,大部分见不到的效果,那些一般归于运命,归于机遇,归于侥幸的事,初民才想用巫术来控制的。""也就是他们的经验和他们的理智告诉他们科学所无能为力的一个领域。在这领域内,亦只在这领域内,他们疑心有另一种在那里支配着的力量。"[1]又说:"所谓人事之外尚有天命,事实虽是如此,天命固然难以逆料,但是它好像是含着深潜的意义,好像是有目的的。""在不幸事件

---

① 〔英〕马林诺夫斯基:《文化论》,第 56 页,北京,中国民间文艺出版社,1987。

发生之前,似乎是有预兆的,事发的推演又似乎含有内在的一贯的逻辑,于是人们觉得他对于运命似乎有相当辩证法可以左右这神秘的力量。"①这就是说,占卜实际是用来探知和把握命运的。例如商人就是通过烧灼钻、凿过的甲骨以取得"兆象",并通过观察和解释"兆象"以定命运的吉凶。以后,古代中国人及其哲学即称之为"命",换言之,占卜活动直接与后来哲学的"命"观念相关。又根据汪宁生,在凉山彝族这里,占卜所需解决的问题主要分为两类。一类叫作"涅式",意指整个事件的吉凶祸福,即要求得到一个结论性的答案;另一类叫作"所住",是要求得到各种具体的指导,也即指具体的对付方法。②

但值得我们注意的是,早期的先民对于"命运"问题的关注都非常具体,这其中有不少又都与知识相关,以商人的占卜为例,其中包括星象、受年、灾害、建造等等。如:"月出食,闻,八月。"(《甲》1289)"我受黍年。"(《续》1.37.1)"帝令雨足年——帝令雨弗其足年。"(《前》1.50.1)"帝其降堇。"(《前》3.24.4)"帝降邑。"(《乙》653)这样一些内容在殷代的占卜中是十分普遍的。《尚书·洪范》中对此也有明确的概括:"稽疑:择建立卜筮人,乃命卜筮,曰雨,曰霁,曰蒙,曰驿,曰克,曰贞,曰悔。"古人实际上已经意识到其所占卜的内容很大程度上与自然现象或相应的知识有关。从罗振玉起,包括董作宾、胡厚宣、郭沫若、陈梦家等人先后试图对甲骨卜辞的内容加以分类。1979 年出版的《甲骨文合集》将卜辞内容共分为四大类、二十二小类。其中二十二小类包括有:战争、农业、渔猎、畜牧、商业、建筑、交通、天文、历法、气象、疾病、生育、鬼神、祭祀、吉凶、梦幻、卜法等等,从这些内容中不难看出其与国家和个人"命运"的关系,但同时,这些对于命运的占卜中确又大量涉及知识问题,并且这些问题还占有突出的地位。由此看来,占卜与知识,信仰与科学也并非是截然对立的,其中间存在着相通的连接线索。

---

① 〔英〕马林诺夫斯基:《文化论》,第 49 页。
② 参见汪宁生《彝族和纳西族的羊骨卜——再论古代甲骨占卜习俗》,文物出版社编辑部编《文物与考古论集》,第 137、138、140 页,北京,文物出版社,1986。

第三节 "类"观念的产生及其知识源头

"类"观念应当是人类最早产生的观念之一。"类"观念的成长过程实际在人类的童年期就已经开始了,其最初是从分辨活动开始的,是从辨别或辨识所考察或认识对象的差异问题开始的,也即是从对于多样性和差异性的认识开始的。分辨思维最早是在采集包括狩猎活动中发展起来的,因为各种生物,包括植物和动物构成了原始人最必需的生活资料。因此,在采集的年代,一代又一代的原始人不断地重复着同样一个思维母题:对生活资料的观察和分辨。而分类是在分辨的基础上形成的,对知识或对象的处理必然要求思维从分辨上升到分类。久而久之,"类"观念也就产生了。从分辨到分类再到"类"观念的产生应当是思维发展的一个自然历史进程。①

一、人类早年普遍的"类"观念及其知识源头

关于原始人的分辨与分类活动,列维-斯特劳斯在《野性的思维》一书中有大量详细的引述。例如:"哈努诺人把当地鸟类分成七十五种……他们大约能辨别十几种蛇……六十多种鱼……十多种淡水和海水甲壳动物……大约同样数目的蜘蛛纲动物和节足动物……。哈努诺人把现有的数千种昆虫分为一百零八类,其中包括十三种蚂蚁和白蚁……。哈努诺人认识六十多种海水软体动物和二十五种以上的陆地和淡水中的软体动物……。他们能辨别四种不同类型的吸血的水蛭……。总共记录下四百六十一种动物。"(自康克林)"合皮印第安人知道三百五十种植物,那伐鹤人知道五百多种植物,南菲律宾群岛的萨巴农人的植物名词超过一千个,哈努诺人的植物名词将近两千个。与加蓬的一位土

---

① 关于"类"观念早期发展的详细状况也可参见本人《中国哲学的起源——前诸子时期观念、概念、思想发生发展与成型的历史》与《中国哲学起源的知识线索——从远古到老子:自然观念及哲学的发展与成型》(上海,上海人民出版社,2014)中的相关内容。

著资料提供者一同工作的塞兰斯,最近发表了一份有大约八千个名词的人种—植物词汇表,这些名词出现在附近十二三个部落的语言或方言之中。"(自弗雷克、沃克尔和塞兰斯)"皮那图博人记录下来六百余种有名称的植物,而且除拥有关于植物及其用途的惊人的知识以外,他们还使用近百个名称来描述植物的各个部分或特性。"(自福克思)①

事实上,最初的分类也就是隐含在这些识别与分辨活动或过程中的。例如:"几乎所有尼格利托人都可以不费力地列举出至少四百五十种植物,七十五种鸟类,大多数蛇、鱼、昆虫和兽类,以及甚至二十种蚁类……。"(自福克思)"哈努诺人用一百五十多个名称来表示植物的各个部分和属性。这些名称为辨认植物和'讨论区分各类植物,而且还往往表明药用和营养价值的重要特征的几百种植物特性'提供了类目。"(自康克林)并且,这些识别活动明显已具有垂直的等级性。如"迪特林和扎汉继格雷奥勒之后证实了赤丹土著人分类法的普遍性和系统性。多贡人把植物分成二十二个主科,其中一些又继续分成十一个子类"②。显然,我们已经可以清楚地在这里看到分类的影子。从这个意义上来讲,对现象观察的进一步展开在意识层面至少或实际导致了两种结果,即差异与类分。事实上,这两种结果可以视作同一问题的两个不同的侧面。

列维-斯特劳斯还针对人类学研究中普遍的观点指出:"如果人种学家基于偏见,认为'原始人'简单和粗陋,这样就会在很多情况下,使人种学研究忽略复杂而首尾连贯的、有意识的社会系统。他们未曾料到在经济与技术水平如此低下的社会中会有这类系统,因为他们曾非常匆忙地从中得出一种结论,认为原始人的智力水平必定也是同样低下的。"③应当看到,列维-斯特劳斯对于思维发展连贯性的强调无论是对我们认识原始思维,还是对后来思维与思想的发展都有着重要的意义。

---

① 〔法〕列维-斯特劳斯:《野性的思维》,第 7、8、9、11、12 页,北京,商务印书馆,1987 年。
② 同上书,第 8、11、47 页。
③ 同上书,第 49 页。

二、原始中国人的分辨活动与观念

中国人的分辨活动早在旧石器时期即采集年代就已经开始了。我们知道,中国自然地理独特,生物群落丰富,这为采集活动和分辨思维的展开提供了十分有利的前提条件。

就目前所能获得的比较可靠的资料来看,中国人大量的分辨活动最早反映在《山海经》这部典籍之中。由于这部著作所记载的内容在相当大的程度上与采集活动及其知识密切相关,因此,分辨活动同样也会在其中清楚地体现出来。例如:

> 《南山经》之首曰䧿山。其首曰招摇之山,临于西海之上,多桂,多金玉。有草焉,其状如韭而青华,其名曰祝余,食之不饥。有木焉,其状如谷而黑理,其华四照,其名曰迷谷,佩之不迷。有兽焉,其状如禺而白耳,伏行人走,其名曰狌狌,食之善走。(《南山经》)

具体地,从《山海经》自身所形成的知识体系来看,其分辨活动主要体现在两大知识领域,即地理知识和生物知识,例如:"又东三百八十里,曰猨翼之山,其中多怪兽,水多怪鱼,多白玉,多蝮虫,多怪蛇,多怪木,不可以上。"(《南山经》)"又南水行九百里,曰踇隅之山,其上多草木,多金玉,多赭。有兽焉,其状如牛而马尾,名曰精精,其鸣自叫。"(《东山经》)这些资料指示了某一地区或区域的主要动植物种类、特征以及矿物基本特征、利用价值,其在很大程度上具有地理知识的意义或性质。而也正是在这一地理划分过程中,更为精细的与植物和动物知识相关的分辨思维与方法逐渐产生了,例如:"有草焉,其名曰黄蘠,其状如樗,其叶如麻,白华而赤实,其状如赭,浴之已疥,又可以已胕。"(《西山经》)"有兽焉,其状如鼠,而菟首麋身,其音如獠犬,以其尾飞,名曰耳鼠,食之不睬,又可以御百毒。"(《北山经》)"有兽焉,名曰山膏,其状如逐,赤若丹火,善詈。其上有木焉,名曰黄棘,黄华而员叶,其实如兰,服之不字。有草焉,员叶而无茎,赤华而不实,名曰无条,服之不瘿。"(《中山经》)类似的描述和记载在《山海经》中可以说是不胜枚举。由此我们也可以清楚地看到早期思维与知识活动之间的紧密关系。而早期的"类"观念很可能就是在地理知识和生物知识(包括植物知识和动物知识)的积累过程中产生的。①

另外,关于分辨及其与采集的关系,我们如将许多零散的资料特别是那些神话传说资料汇拢和串联起来加以解读,或许能够得到更深刻的印象和认识。如《山海经》:"开明东有巫彭、巫抵、巫阳、巫履、巫凡、巫相,夹窫窳之尸,皆操不死之药以距之。"(《海内西经》)"有灵山,巫咸、巫即、巫盼、巫彭、巫姑、巫真、巫礼、巫抵、巫谢、巫罗十巫,从此升降,百药爰在。"(《大荒西经》)在这里,无论是"皆操不死之药以距之",还是"从此升降,百药爰在",都表明早在采集和狩猎年代,原始人已经积累了相当的药物知识。吕子方的研究表明,《山海经》中的许多内容与药物知识有关。② 又根据赵璞珊的统计,《山海经》中有药物 132 种。③ 而我们知道,原始或古代先民之能掌握如此丰富的药物知识,其最基本的方法就是"尝",如:岐伯"尝味草木,典主医病"(《太平御览》卷七二一引《帝王世纪》)。其实,从更大的范围讲,不仅是药物,凡一切食用之物皆需要"尝",如:"至于神农,以为行虫走兽难以养民,乃求可食之物,尝百草之实,察酸苦之味,教民食五谷。"(《新语·道基》)"(神农)尝百草之滋味,水泉之甘苦,令民知所辟就。当此之时,一日而遇七十毒。"(《淮南子·修务训》)而这所谓的"尝",也就是今天所说的分辨,也就是今天所说的辨别和识别。分类间接地说是观察的延续,直接地说是分辨的延续,确切地说,就是在对各种观察对象加以分辨的活动中产生的。

三、三代时期的分类活动与观念

进入农耕社会后,分辨活动也会发生变化,特别是分类活动日益广

① 这样一种分辨及分类与前面所见到的现代人类学的考察资料是一致的。
② 参见吕子方《读山海经杂记》,见《中国科学技术史论文集》下册,第74—81页,成都,四川科学技术出版社,1984。
③ 参见赵璞珊《〈山海经〉记载的药物、疾病和巫医》,见《〈山海经〉新探》,第270页,成都,四川省社会科学院出版社,1986。

泛并逐渐成熟。

如随着农耕的发展,随着农耕对于天文观测的需要,人们又会关注种种天象的变化。最初这些天象是以图像的形式被描绘和记录下来,这已经有大量考古材料的证明。进入三代,随着文字的发明,一些重要的天象便会通过文字记录下来。而这样一种活动与过程也具有分辨和分类的意义。据陈梦家的研究,殷人卜辞中天象记录的内容包括有:月食、日食、日斑或太阳黑子、风、霾、雨、雪、云、虹、霽、昜日、啓、霁、霸、星等。这其中,雨、霽、啓、霁、霸之间有着不同程度的联系,但又有细微的差别。如霽有云霓云气之意,霁是指雨止,啓是指白日雨止,霸是指雨止云散,天已廓清。① 而以后对于天象如彗星的一些更为细致的区别和分类其实都是在此基础上逐步发展起来的。另据温少峰的研究,殷人将一日分为若干个阶段,其中白天包括:晨、昧、旦、朝、大采、大食、中日、昃、小食、小采、昏、暮等。又根据雨量的不同,有大雨、多雨、烈雨、疾雨、联雨、小雨、幺雨等。根据风量的不同,区分成小风、大风、骤风、狂风四类。云也有各云、困云、大云、幺云。②

动物驯化与驯养在此时也发展迅速,这也会涉及辨识与分类问题。据温少峰的研究,甲骨文中牛的名称有黄牛、黑牛、幽牛、勿牛、白牛等,这主要是依据牛的毛色所作的区别。马的名称也已很丰富,根据温少峰研究,其中以毛色区分马匹的有白马、赤马等七种称呼,以性状区分马匹的也有约十种称呼。③

这一时期最重要也最具代表性的分类活动是与土壤或地理知识有关的。进入三代以后,国家生活逐渐变得越来越重要,而国家生活的一个十分重要的内容就是要求中央政府应尽可能准确地了解、掌握分布于全国各地的各种资源,以便于做出具有统筹意义的安排。《尚书》中的

---

① 参见陈梦家《殷虚卜辞综述》,第 237—246 页,北京,中华书局,1988。
② 参见温少峰、袁庭栋《殷墟卜辞研究——科学技术篇》,第 68—76、164 页,成都,四川省社会科学院出版社,1983。
③ 同上书,第 253—256 页。

《禹贡》就为我们提供了三代时期这一方面分类活动的经典例子。《禹贡》的写作年代至今仍存争议，我倾向于将其看作长期积累的结果，其最终成书或许稍晚，但其中一些最基本的知识和观念很可能在西周时期就已经逐渐成形了。我们知道，《禹贡》将全国分为冀、兖、青、徐、扬、荆、豫、梁、雍共九州，并次第介绍了各州的水利状况、土壤差别、赋税等级、进贡物品等，这可以说是最初的国家地理分类，其既包括自然地理，也包括人文地理。从知识的角度看，这其中尤为重要的就是对土壤的分类。众所周知，在农耕文明到来后，人们出于耕作针对性的需要，就必须对土地的性质特征即差异性有深入的了解。而中国是个典型的农耕民族，因此对于耕作土地的状况也就有了特别的关心，中央王朝形成之后对此愈加重视，并且将其放在首位。这一认识及相应的观念至少可以追溯到夏商时期，并且在《禹贡》中体现了出来。《禹贡》将九州的土壤共分成白壤、黑坟、白坟、赤埴坟、涂泥、坟垆、青黎、黄壤等不同种类，并对每个种类都做了肥力评价，还在此基础上确定了相应的赋税等级，其分别如下：

> 冀州：厥土惟白壤，厥赋惟上上错，厥田惟中中。
>
> 兖州：厥土黑坟，厥草惟繇，厥木惟条，厥田惟中下，厥赋贞作。
>
> 青州：厥土白坟，海滨广斥，厥田惟上下，厥赋中上。
>
> 徐州：厥土赤埴坟，草木渐包，厥田惟上中，厥赋中中。
>
> 扬州：厥土惟涂泥，厥田惟下下，厥赋下上上错。
>
> 荆州：厥土惟涂泥，厥田惟下中，厥赋上下。
>
> 豫州：厥土惟壤，下土坟垆，厥田惟中上，厥赋错上中。
>
> 梁州：厥土青黎，厥田惟下上，厥赋下中三错。
>
> 雍州：厥土惟黄壤，厥田惟上上，厥赋中下。

除此之外，《禹贡》也对各地的贡物做了详细的分类规定，这里不作详细考察。由以上考察可以看出，《禹贡》中的分类思维以及"类"观念是十分明显的，而这样一些分类知识以及"类"观念又正是以后科学与哲学活动中"类"观念的共同源头，例如《禹贡》与《管子·地员》之间就明显存在着这种思维上的内在联系。

总之,从以上这些区别中不难看出分辨与分类思维的运用和发展,并且,这些区别显然也成为后来《尔雅》、《管子》、《周礼》等的分类活动以及名辩思潮关于同异问题认识的早期基础。

第四节　"阴阳"对立观念的知识源头

作为"阴阳"观念的源头,人类的对立或二分观念早在采集的年代就已经产生或形成了,可以这样说,对立观念是在人类童年期就已经建立起来的一种认识,其与分类活动一样久远。新石器时期,对立观念已经在中国人的生活和生产中普遍显现,并且,当时的人们也已经开始通过图案来表达这一观念。周代,图案始为符号所代替,同时借助符号来表达某种最初始的哲理。在此基础上,"阴阳"语词、概念及其思想也终于在西周末年出现了。而我们这里所要关心的是这样一种观念进程与知识之间究竟存在着怎样的联系。①

一、万物对立观念在史前思维中的普遍性

从人类史前或早期的思维发展来看,对立观念具有某种普遍性。

对立观念的普遍生成与对日常事物的观察有关。例如在长期的生活中,原始人注意到无论是地上生活的人类和兽类,还是天上飞的鸟类,水里游的鱼类,甚至包括形态各异的昆虫,几乎都是对称的,这包括眼、耳、鼻、齿、乳头、肢体等等。再进一步,植物也是如此,树叶的形状以及纹理几乎也都是对称的。

人类早期的对立观念可以得到近代以来人类学和社会学研究的证明。

---

① 关于"阴阳"即对立观念早期发展的详细状况还可参见本人《中国哲学的起源——前诸子时期观念、概念、思想发生发展与成型的历史》与《中国哲学起源的知识线索——从远古到老子:自然观念及哲学的发展与成型》中的相关内容。

涂尔干在《原始分类》一书的第一章中就讨论了这一问题。涂尔干认真记述了科尔、只米斯、菲松等人的报告。根据这些报告,在澳洲贝林格河的土著部落那里,"所有事物,不管是生物还是非生物,都被这些部落划归到两个胞族,名之以'Yungaroo'或'Wootaroo'"。"他们会告诉你,鳄鱼是 Yungaroo 而袋鼠是 Wootaroo,太阳是 Yungaroo 而月亮是 Wootaroo;星座、树木以及植物也都一样。""自然中的每样事物,都被他们在两个胞族中加以划分。风属于其中一个,雨则属于另一个。……如果你指出一颗星,他们就会告诉你它是属于哪一个分支(胞族)的。"①

列维-斯特劳斯在《野性的思维》中对原始人的这一观念有更为深入的研究。列维-斯特劳斯用大量的材料证明,在原始人或原始思维中,对立观念是十分普遍的。如列维-斯特劳斯注意到:在澳大利亚达尔文港一带生活的孟金人"把一年分为两个对立的季节:一个是七个月,异常干燥;另一个是五个月,豪雨滂沱……这种划分方式深刻影响了土著的思想和活动"。列维-斯特劳斯指出这种对立观念"是用各种方式来表示的",如"天空/陆地,雷/陆地,白天/黑夜,夏/冬,右/左,西/东,男/女,和平/战争,和平—战争/治安—狩猎,宗教活动/政治活动,创造/保存,稳定/运动,神圣/世俗……"②并且列维-斯特劳斯又注意到这也是原始人的一种分类方法,可称作"二分法"。例如"恩加里宁人承认有三种相继的二分法:首先是可动的与不可动的东西;然后,能动物分为理性的和非理性的;最后,理性物又分为阳与阴"。而在多贡人的植物知识中,"排成适当顺序的二十二个科被分成两个系列,其中一个系列由奇数诸科组成,另一个系列由偶数诸科组成"③。并且我们在这里可以看到,对立观念与分类观念又是重合或相同的。

① 〔法〕爱弥尔·涂尔干、〔法〕马塞尔·莫斯:《原始分类》,第 12、13 页,上海,上海人民出版社,2000。
② 〔法〕列维-斯特劳斯:《野性的思维》,第 106、160 页。
③ 同上书,第 67、47 页。

二、早期中国"二分"对立观念的生成

与整个人类一样,中国人的对立观念也应当在采集和狩猎的年代就逐渐萌发了。特别是伴随着原始农耕和技术时代的到来,有关对立现象的认识也增加了,这无疑会使已经形成的观念固定下来并得到强化。我们也可以将这样一种对立观念称作"二分"观念。考古学的研究为我们提供了这方面的大量资料。

首先,由于农业的发达和成熟,原先在自然现象中所得到的"二分"对立印象有可能被延伸和拓展。我们可以通过以下几个方面来加以考察:(1) 农作物收获数量之多少会逐渐使人们形成多少这样一种观念。例如原始人已经懂得抛荒、休耕与农作物收获的数量有着密切的关系。民族学研究也表明了这一点,云南佤族人知道刀耕火种的产量是种子的10 倍,而拉犁撒种是 15 倍。此外,山顶洞人、柳湾遗址及近现代少数民族都有用骨、木记数的实例,这也是产生多与少观念的明证。[①] (2) 农作物收获的多少同时也反映了丰歉观念,而丰歉观念的产生又会导致其他一些观念的形成。如原始人会渐渐意识到农作物的丰歉实际与地力条件密切相关,于是肥与瘠这对对立观念肯定会随之产生。抛荒与轮作方式就是肥瘠这一对观念的体现,对独龙族与佤族所做的调查已经证明了这一点,他们都建立有相应的抛荒和轮作制度。[②] (3) 农业生产已经普遍涉及效率问题。这首先表现在耕作方式和工具上。进入新石器时代中晚期以后,北方广泛使用了锄耕方式,南方广泛使用了耜耕方式,这都在一定程度上提高了当时的耕作效率。此外,谷物加工的进步也反映了效率问题。在裴李岗、磁山等文化遗址中都出土有大量的磨盘、磨棒,这使得大规模加工粮食成为可能。而效率说到底就是快慢观念的反映。

[①] 参见《中华文明史》第一卷(石家庄,河北教育出版社,1989)第 3 章"原始农业"中有关内容。又见李迪《中国数学史简编》,第 5—9 页,沈阳,辽宁人民出版社,1984。
[②] 参见《中华文明史》第一卷,第 128 页。

（4）储藏同样对于"二分"观念有重要意义。如磁山遗址储存粮食已有大量窖穴，而西安半坡、临潼姜寨、陕县庙底沟三处遗址所发现的窖穴已超过 800 个。关于窖穴，我们大致可以知道这样一些与"二分"观念有关的消息：第一，其与容积的大小、深浅等观念相关；第二，其与堆积的多少、厚薄等观念相关；第三，既然窖穴是为了储存，那么它也一定和久与暂这对观念相关。

其次，中国原始先民所从事的极其丰富的制作活动对于"二分"观念的普遍形成也有着十分积极的意义。这也可以从以下几方面得到考察：（1）例如对石斧与石楔的比较研究表明，它们有着不同的工作原理：斧的刃部要足够的利，背部也相对较薄，作用于劈；而楔的刃部却可以稍钝，背部则要足够的厚，作用于裁。① 这里，我们看到了利钝、厚薄两对观念。其他如中原地区广泛使用蚌镰同样是对利钝现象的深刻认识，而龙山文化陶器器型的蛋壳化趋势则是厚薄观念的明显反映。（2）原始先民开始定居之后，建筑便成了生活中一个极为重要的内容，同时也产生了许多相应的对立观念，如燥湿就是其中之一。在北方，这突出体现在以秦安大地湾为代表的地面涂层上；在南方，其主要反映在以余姚河姆渡为代表的干栏式建筑中。除此之外，建筑活动还包括了许多另外的对立观念，如支柱等构件的粗细与长短、础基的深浅、房屋的高低等等。② （3）制陶是原始先民的另一项重要活动。从整个制陶活动的发展能够看出其与"二分"观念的密切关系。例如，随着制陶技术的发展，慢轮和快轮先后被发明了，由此，快慢这一对观念必然会伴随而至。又如仰韶文化时期的陶窑火道和火眼都较少，而龙山文化时期却很多，多和少这一对观念在此又得到了体现。其他如烧造涉及对温度高低的认识，竖穴替

---

① 参见杨鸿勋《论石楔与石扁铲——新石器考古中被误解了的重要工具》，载《建筑考古学论文集》，第 64 页，北京，文物出版社，1987。
② 参见周星《黄河流域的史前住宅形式及其发展》，见田昌五、石兴邦主编《中国原始文化论集——纪念尹达八十诞辰》，第 281—296 页，北京，文物出版社，1989。

代卧穴则反映了上下意识。① （4）在新石器时代中晚期，我国已普遍使用纺轮来进行纺纱。一般而言，纺轮外径较大、重量较重时，则其转动惯量也就较大，宜于纺制刚度较大的粗硬纤维，成纱亦较粗；而纺轮外径较小、重量较轻时，则其转动惯量也就较小，宜于纺制刚度较小的柔软纤维，成纱亦较细。② 在这里，原始先民又接触和使用了多对对立观念，包括大小、轻重、快慢、粗细等等。

类似的例子还可以举出许多。总之，中国人的"二分"对立观念在新石器时代应当已经取得了最初始的形态。

而在此基础上，用于表达这一观念的抽象或概括化形式也出现了。那么，这种概括化形式的最早表现又是怎样的呢？考察表明，"二分"观念的概括化形式最早是以图形的样式反映出来的。确切地说，早期"二分"观念的概括化形式主要是出现在新石器时代中晚期的彩陶纹饰上，它表现为一些对称性极强的构图。张朋川的《中国彩陶图谱》对此有比较深入的研究。根据这一研究，我们主要可以得到两类形式。其中一类是几何形纹样。半坡类型晚期彩陶上的鱼纹图案就经常变形处理成为几何形纹样，这之中非常典型的一种形式即是由对应的三角形所构成的对比图案。另一类是⌒形旋纹。例如在庙底沟类型彩陶纹饰中就有许多类似⌒形的阴阳对应图形。至屈家岭文化时期，在彩陶图案上出现了十分规整的"太极式"旋纹。③ 抽象或概括化形式的出现是非常重要的。它一方面能够以其简洁性为"二分"观念在感知觉方面的固化进一步起到促进作用；另一方面也能够以其统一性为"二分"观念包括在表意和受意方面的应用提供行之有效的工具。由于有了概括化形式，"二分"观念才不会离散；也由于有了概括化形式，"二分"观念才得到强化。并且，概括化形式更成为未来思考的基石与平台。

---

① 参见《中华文明史》第 1 卷，第 4 章、第 2 节"制陶技术"。
② 参见陈维稷等《中国纺织科学技术史》（古代部分）中有关内容，第 20 页。北京，科学出版社，1984。
③ 详见张朋川《中国彩陶图谱》，第 184、188 页，北京，文物出版社，1990。

三、三代时期"二分"观念发展的知识背景

三代时期,"二分"观念发展的知识背景又有了新的变化。这其中一个最为重要的方面就是:随着农业的发展及其需要,天文学知识获得了迅速的发展。而这在当时对"二分"观念产生了重要的影响。

例如在当时天文学以及相关的地理学中,方位问题非常突出。而方位则常常是以对应即东西和南北的形式出现,这其中包含了明显的"二分"结构。如据常正光的研究,卜辞中有大量"出日"和"入日"的语词。常正光指出,"出日"和"入日"即是时间的标志,也是空间地理方位的标志。有了日出与日入时的槷表日影两个端点,便可以连成一条线,这就是准确的东西线。有了东西线又可以得到南北方向的引线。而定四方全靠从出日到入日全过程中保持严格的科学要求与程序。进一步,南北线上测得的日影最长最短两极点可以判知冬至与夏至,东西线又可以验证春分和秋分。二至二分为四时之中,于是春、夏、秋、冬四季也随之而可定了。[①] 我们在这里看到了由时间上的"二分"知识与观念发端,引出一系列时间与时间、空间与空间、时间与空间、空间与时间之间的"二分"知识与观念的互动,并且进一步发展出更丰富的季候知识。这些实际上都是中国古代"二分"观念与思想的重要知识基础或依据。其实,相关的知识基础或依据远不止此,例如由于地域的扩大,在地理认识上就有了海内和海外的区分。与此相关的还有对地貌变化的认识,且一些论述中的思想已富有辩证内涵,十分精彩,如《诗·小雅·十月之交》中的"百川沸腾,山冢崒崩。高岸为谷,深谷为陵"。

到了周代,天文学知识对于"二分"观念的影响又在《易经》中反映出来。《易经》中有明显的二分对立观念,这是毋庸置疑的,这其实也是从一开始就由对吉凶或祸褔这两极的占卜所规定的。不少研究象数的学

---

① 参见常正光《阴阳五行学说与殷代方术》,见艾兰等主编《中国古代思维模式与阴阳五行说探源》,第248—253页,南京,江苏古籍出版社,1998。

者在分析《易经》时，或将其直接视作观象的结果，或将其直接视作计数的结果。《易经》首先应当是筮占发展的结果，这是与更早期的龟卜或骨卜形式相接续的。不过，在发展过程中，其完全可能吸收或融入当时"时髦"的知识的内容。《庄子·天下》讲："《易》以道阴阳。"这说明《易经》的卦象中肯定有确切的"阴阳"含义。但庄子所说"《易》以道阴阳"是否仅仅指卦象所体现的含义，还是有某些来自自然界的真实消息，也就是说有确实可靠的知识依据或背景？应当说，这种依据或背景是真实存在的，它就是天文学知识及相关的数学知识。

根据现有了解，属于仰韶文化时期的濮阳西水坡遗址已反映出二至（冬至夏至）与二分（春分秋分）的知识或观念，在仰韶文化晚期的郑州大河村遗址陶器上绘有十二个太阳，这也意味着可能已有一年十二个太阳月的认识。到了夏商时期，对太阳的周年已经逐渐有了一定的掌握，如《尚书·尧典》中记载："期三百有六旬有六日，以闰月定四时成岁。"周代的观测应当更趋成熟。《周礼》中对圭表和日晷测日多有记载，如《地官司徒·大司徒》："以土圭之法测土深，正日景，以求地中。日南则景短，多暑；日北则景长，多寒；日东则景夕，多风；日西则景朝，多阴。"《春官宗伯·冯相氏》："冬夏致日，春秋致月，以辨四时之叙。"

基于此，我们不妨猜测，形成于周初的《易经》很可能就利用了当时的天文学知识，八卦乃至六十四卦在一定意义上就在于反映阴阳四时消息。[1] 而《易经》卦象极有可能与圭表或日晷等观测仪器的指示有关。以八卦为例，可以这样假设，观测仪器上反映一年中白昼最长的夏至日投影线端点可以乾卦表示，一年中黑夜最长的冬至日投影线端点可以坤卦表示，白昼与黑夜等长的春分、秋分则分别以离卦和坎卦来表示，其位于表杆处，因正对太阳故无投影。而二至二分也即乾、坤、离、坎四卦确定以后，又可以确定立春、立夏、立秋、立冬，也即震、兑、巽、艮四卦的位置。

---

[1] 一般认为，西汉孟喜所作卦气说最早将《易经》卦象与四季气候结合起来加以考察，但事实上《易经》本身很可能就已经包含有这种思想。

以上很可能就是《易传·系辞上》中所说的"是故《易》有太极,是生两仪,两仪生四象,四象生八卦"最初的真实寓意,这已经超出了简单的吉凶占卜的需求。而八卦位置确定后,理论上讲六十四卦中其余各卦的位置都能够得到确定,只是对观测仪器的要求更高。八卦或只需圭表即可,而与六十四卦对应的观察仪器更可能是日晷。其方法可能是:从秋分日起观测太阳投影,直到冬至日,将每日观测到的投影连接起来,就是一条右旋的抛物曲线;从冬至日起观测太阳投影,直到春分日,将每日观测到的投影连接起来,就是一条左旋的抛物曲线。① 而抛物曲线又必然要涉及数学的方式,这就是等分的方法。事实上,在新石器时代的一些陶器上已经有把圆分成等份的现象,最多至 80 等份。有意义的是,上述抛物曲线就正是太极图所显示的图形,也就是所谓太极图。② 而六十四卦与这种图形之间应当有着密切的关系。其中由秋分至冬至间的卦象反映的应是由阳而阴即由暖而冷的过程,由冬至至春分间的卦象反映的应是由阴而阳即由冷而暖的过程。由春分至夏至和由夏至至秋分的过程亦然。而同为由阴而阳,冬至至春分与春分至夏至又有所不同,前者是阴多于阳,后者则是阳多于阴。由夏至至冬至的过程亦然。③ 所有这些,也就是以后《易传·系辞传》中所说的:"是故《易》者,象也。象也者,像也。""一阴一阳之谓道。""乾,阳物也;坤,阴物也。""八卦成列,象在其中矣。""刚柔相推,变在其中矣。""阳卦多阴,阴卦多阳。""六爻相杂,唯其时物也。""变通者,趣时者也。""寒往则暑来,暑往则寒来,寒暑相推而岁成焉。"

---

① 需要说明的是,若通过每日实际观测来记录抛物曲线,则日晷应当是能够旋转的,这需要以固定刻度控制移动精度,因此有一定的难度。但抛物曲线也可以通过数学的方式获得,甚至通过推理就可获得。

② 历史上曾经有过的太极图很可能并非向壁虚造,其是天文观测的结果,只是后人解释多偏于玄奥。不仅如此,我们还可以更大胆地猜测,屈家岭文化彩陶纺轮上の形旋纹或许也与天文观测有关。如果真是这样的话,那么太极图与屈家岭文化彩陶纺轮の形旋纹之间也很可能存在着某种联系。具体可参见本人《中国哲学起源的知识线索——从远古到老子:自然观念及哲学的发展与成型》中的论述。

③ 寒暑并不完全与冬至夏至对应,但这对于思想来说只是一个技术问题。

四、"阴阳"语词和概念产生的知识背景

与此同时,进入三代以后,伴随着文字的产生和使用,对立的"二分"语词或概念也出现了。而语词或概念的出现使得思维与观念进一步得到强化。

卜辞中已经有这样的对立语词,如东西、出入、有无、吉祸等。《尚书》与《易经》等文献中这类对立语词已很丰富,包括有:左右、先后、上下、大小、刚柔、吉凶、从逆、往来(复)、轻重、平陂、泰否、大人(君子)小人、进退、出入、天地、初终、损益、有无、我彼等等。而且《易经》中有一整套表示吉凶休咎的对立性语词,包括:吉、大吉、亨、元亨、光亨、利贞、无咎、无悔、悔、吝、厉、悔亡、凶等等。而我们可以看出,这其中相当部分是与对自然现象的观察密切相关的,或者说是知识意义上的提炼与总结。这里需要指出的是,概念的文字源头与概念的语言源头是不等同的。这之间有一个时间差,即文字要晚于语言。因此,"二分"语词或概念的实际生成时间可能要早于我们所看到的情况。另外,《尚书》主要是一部政治文献,《易经》则是一本占卜手册。因此,其中对于"二分"对立观念的涉及肯定还是比较有限的。但是不管怎么说,它们毕竟是"二分"语词或概念化后的第一批成果,这一点是非常重要的。而当我们将视野扩大到知识领域,对立语词及其观念可能就更加丰富和具体。例如这一时期天文学发展迅速,因此,对立语词在这里也会得到使用。这包括二至,即冬至夏至;二分,即春分秋分;日有出入,月有朔望。

这其中,就与后世哲学概念与思想的联结而言,"阴"、"阳"语词的出现无疑最为重要。关于阴阳语词,过去一般认为,甲骨文中已有"阳"字,但少见,是否有"阴"字仍存疑。但据萧良琼的研究,甲骨文中已有"阴"字,用于天气变化,例如"丙辰卜,丁巳其阴乎? 允阴。"(《合》19781)这条卜辞的意思是丙辰日占卜,丁巳日会阴天吗? 第二天果然阴天了。又如"戊戌卜,其阴乎? 曀己启,不见云。"(《合》20988)这条卜辞说的是,戊戌日占卜,会阴天吗? 第二天己(亥)日天开启了,不见云,启是天放晴的意

思。又据萧良琼研究,甲骨文中也有"阳"字,但仅见于《屯南》4529,其中有"南阳"一词,南阳应是地名。这表明,就自然的意义来说,古人除了从寒暖等来释"阴"、"阳"外,又可以从地理地势意义释此二字,高明处为阳,低暗处为阴;山之南水之北为阳,水之南山之北为阴。萧良琼指出,到现在为止,在甲骨文中还没有发现阴阳变化的材料。[①] 其实,在我看来,甲骨文最初的"阴"、"阳"语词中没有阴阳变化的含意很可能并不十分重要。重要的是作为"阴"、"阳"的语词与天气或气候的关系,并且在更大的范围上与自然的关系,如上述材料就是指的阴晴。目前的研究一般认为,"阴"、"阳"二字最初与寒暖等自然含义有关,这正是在甲骨语词中已经形成或确立了的。

之后,"阴阳"语词有了进一步的发展。如《尚书·禹贡》中的"岷山之阳",《易·中孚》卦九二爻辞:"鸣鹤在阴"。就知识、语词以及其中所包含的观念的连续性而言,这应当是与前面在甲骨文中所见"南阳"一词相一致的。从语词的角度来说,《诗经》中"阴"、"阳"二字的使用逐渐增多,据徐复观统计,有八个"阴"字,十八个"阳"字。如《大雅·大明》中的"在洽之阳",《大雅·皇矣》中的"居岐之阳"。并且这个时候也已经出现了"阴阳"这一语词,即《大雅·公刘》中的"笃公刘,既溥既长,既景乃冈,相其阴阳,观其流泉"。这也是目前所知"阴阳"这一语词的最早出处,实际也是阴阳知识、语词及观念发展的"瓜熟蒂落"。并且我们在这里还应看到,"阴"、"阳"二字的使用不仅有居住的意义,还有农耕的意义,换言之,不仅有生活的意义,还有生产的意义,这都是"阴"、"阳"语词从一开始就已经蕴含着的。总之,上述"阴"、"阳"或"阴阳"大抵都是自然与日常知识层面的,我们不能忽视这些意义,因为正是包含了这些意义的"阴阳"语词为后来的哲学概念以及思想奠定了基础。

西周末年,"阴阳"语词已经超越了日常知识层面,其中的观念内涵

---

① 参见萧良琼《从甲骨文看五行说的渊源》,见艾兰等主编《中国古代思维模式与阴阳五行说探源》,第218页,南京,江苏古籍出版社,1998。

日益明显，并且已经逐渐过渡到概念及其思想时期。同时，"阴阳"语词及概念也与"气"观念和语词密切联系起来。《国语·周语上》对此有所记载，如公元前827年周宣王即位，不籍千亩，虢文公谏，其中说道："古者，太史顺时覛土，阳瘅愤盈，土气震发，农祥晨正，日月底于天庙，土乃脉发。先时九日，太史告稷曰：'自今至于初吉，阳气俱蒸，土膏其动。弗震弗渝，脉其满眚，谷乃不殖。'……稷则遍诫百姓，纪农协功，曰：'阴阳分布，震雷出滞。'土不备垦，辟在司寇。"这里的"阳瘅愤盈"、"阳气俱蒸"、"阴阳分布"都是知识意义上的，同时观念也已蕴含其中，特别是"阴阳分布"一语，"阴阳"均衡的思想已十分明显。另一则更为著名，即是周幽王二年（前780），周太史伯阳父用"阴阳"二气的失调来解释地震原因的记载：

> 夫天地之气，不失其序，若过其序，民乱之也。阳伏而不能出，阴迫而不能烝，于是有地震。今三川实震，是阳失其所而镇阴也。阳失而在阴，川源必塞，源塞，国必亡。

上述这段文字通常被认为是具有哲学观念的"阴阳"语词或概念出现的最早例证。事实上，这段文字可能并不应被视作具有哲学观念的"阴阳"语词或概念出现的最早例证，而应被视作哲学观念借助"阴阳"语词或概念得到比较充分阐述的最早例证，这其中涉及了包括平衡、辩证等问题在内的哲学思想。而上述记载都是与知识密切相关的，即其观念与思想都是建立在知识的基础之上的。

总之，由以上考察我们可以看出：后世哲学的阴阳思想实际上是一个广泛而漫长的知识积累并观念化的结果。

第五节 "五行"图式观念的知识源头

近现代人类学以及有关原始思维的研究表明，宇宙图式观念也在人类的童年期就已经逐渐形成了，其最早与方位知识有关，而方位知识是在原始农耕、畜牧甚至更早的采集、狩猎活动中发展起来的。中国人在这一环境下产生出了"四方"观念,由这一观念衍生出的"五方"观念后来成为"五行"观念的知识基础。当然,"五行"观念的形成还有"五星"、"五材"的知识背景。简言之,对于中国早期"五行"观念的认识可以并且应该放在一个大的知识进程的背景与框架中来展开。[①]

一、宇宙图式观念在史前思维中的普遍性

人类早期思维中也普遍包含着某些宇宙图式。这里所谓宇宙图式就是将整个世界归结为几种物事、现象甚至数字,并以此为"中心"或"本原"来解释其他一切现象,或来组织整个宇宙万物。这样一种宇宙图式可能因不同的民族、种族甚至部族有所不同,但作为一种对世界的基本认知或理解,它是普遍存在的。而在早期的宇宙图式中,诸如水、火、木、土一类材质以及季节、方位都是最基本或最常用的要素,其中方位尤为基本。

关于原始思维中的这种观念,列维-布留尔在《原始思维》一书中有大量的记述。

例如列维-布留尔在《原始思维》中特别提到了"4"这个数字对于原始人的重要性。他注意到:"柯南特在收集了世界各地的许多原始民族使用的数词以后,对他所见到的计数法如此繁多简直大惑不解。"其中"特别使柯南特大惑不解的是相当常见的以 4 为基数的计数法。人们能够数到 5(借助手指)和 5 以上,却要回到 4,以 4 作为自己计数法的基数,这在他看来似乎是不可思议的"。并且"他坦白地承认,这是他求解无门的一个谜"。[②] 但在列维-布留尔看来,这个问题并不难解决。他说:"4 这个基数和以 4 为基数的计数法,其起源可能归因于在所考查的民族的集体表象中,东南西北四方、与这四个方位互渗的四个方向的风、四种颜

[①] 关于"五行"即图式观念早期发展的详细状况还可参见本人《中国哲学的起源——前诸子时期观念、概念、思想发生发展与成型的历史》与《中国哲学起源的知识线索——从远古到老子:自然观念及哲学的发展与成型》中的相关内容。

[②] 〔法〕列维-布留尔:《原始思维》,第 197 页。

色、四种动物等等的'数—总和'起了重要的作用。"①不少研究者都注意到:在许多部落的仪式中,颜色分属于每个方位。列维-布留尔引述了这些研究者所观察到的情形。例如,"在契洛基人的经咒中,东方、南方、西方、北方各神分别相当于红、白、黑、蓝。每种颜色也有其象征意义。红色表示力量(战争),白色表示和平,黑色表示死亡,蓝色表示失败。"又如,"按照朱尼人的观点,神呼出的气——云,在北方染成黄色,西方染成翠绿色,南方染成红色,东方染成银灰色。"②

当然,在原始观念中,并不仅仅只有 4 这个数字具有重要或神秘的意义。如按照列维-布留尔的研究,在北美各部族那里,5、6、7 几个数字有时也有神圣的性质。"方位或空间部位的数目不一定是 4;在北美各部族那里,这个数有时也是 5(包括天顶)、6(再加上天底),甚至 7(还包括中心或者数数的那个人所占的位置)。"③

二、早期中国"四方"图式观念的生成

相同的情况我们也可以在早期中国人的思维中看到。

我们讲到中国人的宇宙图式通常以"五行"作为源头,但"五行"观念的源头很可能是"四方"或"四位"观念,也即是以方位观念等为基础长期发展的结果。④ 对此,从 20 世纪 40 年代起,胡厚宣、杨树达等人的研究就多有涉及。例如胡厚宣的《甲骨文四方风名考》、《论殷代五方观念及中国称谓之起源》,杨树达的《甲骨文中之四方神名与风名》。这些研究都已经指明了"四方"观念与"五行"观念的关系。但由于这些研究大都从殷商时期的甲骨文中获取资料,这无形之中就推迟了"四方"观念实际形成的时间。以后丁山的《中国古代宗教与神话考》中涉及了《山海经》

---

① 〔法〕列维-布留尔:《原始思维》,第 200 页。
② 同上书,第 207、209 页。
③ 同上书,第 211 页。
④ 早期的尚"四"思维实际是以"四方"观念为核心但又不限于"四方"观念。除"四方"概念外,我们也可以使用"四位"这一概念。

的材料,但这样一种认识似乎也并未为其他学者所特别重视。

在这方面,有两部分材料可以充分运用,即神话传说与考古发现。

在神话传说中,《山海经》无疑是最为重要的资料来源。通过对《山海经》的研究,我们可以发现其中的某些材料与近现代人类学研究所提供的材料具有相似之处,如方位与数字"4"这两个方面。《山海经》中已经有明确的方位观念,例如《海外南经》中记载:"昆仑虚在其东,虚四方。一曰在岐舌东,为虚四方。"当然,就整体性观念而言,它不仅仅在于是否已经有了方位的知识,而是在于方位与其他事物的联系。《山海经》正记录了这种联系,这种联系具体包括:(1) 方位与动物,例如:"南方祝融,兽身人面,乘两龙。"(《海外南经》)"西方蓐收,左耳有蛇,乘两龙。"(《海外西经》)"北方禺强,人面鸟身,珥两青蛇,践两青蛇。"(《海外北经》)"东方句芒,鸟身人面,乘两龙。"(《海外东经》)(2) 方位与风神,例如:"东方曰折,来风曰俊,处东极以出入风。"(《大荒东经》)"北方曰鹓,来之风曰狻,是处东极隅以止日月,俔无相间出没,司其短长。"(《大荒东经》)"南方曰因乎,夸风曰乎民,处南极以出入风。"(《大荒南经》),以及西方"有人名曰石夷,来风曰韦,处西北隅以司日月之长短"。(《大荒西经》)显然,这样一些观念与现代人类学研究中所反映出的观念具有一致性。(3) 4 这一数字在《山海经》中也有一定的反映,这主要集中在"使四鸟"这样一个语词上,例如《大荒东经》就多有使用:"有蔿国,黍食,使四鸟:虎、豹、熊、罴。""有中容之国。帝俊生中容,中容人食兽、木实,使四鸟:豹、虎、熊、罴。""有黑齿之国。帝俊生黑齿,姜姓,黍食,使四鸟。""有招摇山,融水出焉。有国曰玄股,黍食,使四鸟。"类似的记载在《大荒南经》、《大荒西经》和《大荒北经》中也有。按郝懿行,所谓"四鸟者",乃"鸟兽通名耳"。[①]

除传说材料之外,近几十年来大量的考古学成果也可以为我们提供某些信息。例如彩陶纹饰上的十字形、米字形图案。由张朋川的《中国彩陶图谱》我们可以看到,在中国西部、东部、中部以及南部等地区出土

---

① 参见袁珂《山海经校注》,第 343 页,上海,上海古籍出版社,1980。

的彩陶上都会绘有一些十字形、米字形图案。例如甘肃马家窑文化包括石岭下文化和马厂文化出土的陶器上常有十字和米字形图案;甘肃齐家文化出土的陶器上有十字形和卍形图案;山东大汶口文化的陶器上有八角星纹;湖北屈家岭文化的陶器上有十字纹;南京北阴阳营文化的陶器上也有十字和米字形图案;福建昙石山文化出土陶器上有十字纹。① 这些应都具有方位的含义:四方或八方。此外,安徽含山凌家滩新石器时代大汶口文化晚期墓地(距今约 5800 年左右)出土的玉版上也有明显的八方观念图形。我们知道,在原始社会所绘制的图案绝不会是个别或偶然的事物与现象,它肯定与某些最经常的事物或最重要的观念相关,并且它应当是关乎整个氏族或部族生活的;至于那些在各地都会广泛出现的图案,就更可能超越氏族或部族,而关系到作为"类"的人这个种群的生活。而什么能作为关乎整个氏族或部族特别是关乎作为"类"的人这个种群生活的因素呢? 显然,方位也即"四方"具有这种重要地位,这一知识不仅为采集和狩猎时代的生活所必需,也在农耕时代因生产的需要而固化下来。不过方位本身主要是知识性的,作为完整的观念,它还有赖于与信仰的结合。在这方面,考古学研究也同样能够提供相应的参证。例如河南濮阳西水坡仰韶文化遗址 45 号墓葬。1987 年发掘的该墓葬中出土有龙虎摆塑。摆塑分别位于墓主人骨架的左右两侧,由蚌壳塑成。其中龙在墓主人尸骨的东面,虎在墓主人尸骨的西面,左右对称。这样一种图案的摆放与汉代的"四灵"观念(东方青龙、西方白虎、南方朱雀、北方玄武)非常相似,而且龙与虎的形象和方位也几乎完全相同。学者们指出,这是完整的"四方"观念化的有力证明。

并且,上述考古材料与神话材料是能够吻合的。

三、三代时期"四方"观念发展的知识背景

由史前社会确立的"四方"观念在三代得到了延续。

---

① 参见张朋川《中国彩陶图谱》。

"四方"观念对于殷人十分重要。如一些学者指出:"方,在殷人社会生活中是极为重视的观念。"①殷人在修建宫殿、墓室甚至卜骨的存放上都表现出十分突出的方向意识及能力。并且,"四方"观念在殷人这里也已十分成熟,甲骨卜辞中对比有不少记载,例如:"癸卯贞,东受禾。""北方受禾,西方受禾。""南受禾"(分别见《合》33244、33246)"庚戌卜:宁于四方,其五犬。"(《合》34144)而殷人的这些"四方"观念及其表述非常重要,因为它很可能构成了后世观念的直接基础。丁山曾就《尧典》与前此观念的关系作过深入细致的分析。其指出:"尧典所传羲仲、羲叔、和仲、和叔,以宇宙论观之,仍然是如山海经所谓日母、月母;以时令言之,应与句芒、祝融、蓐收、玄冥相似,也可视为四季之神。所谓旸谷、昧谷、幽都,那只是天空上的方位隈隅之名,犹史记·天官书云:'东宫苍龙,南宫朱雀,西宫咸池,北宫玄武。'"②不仅如此,丁山还对三代"四方"观念的延续或传承做过更为系统的整理,其以殷商时期的甲骨文、《山海经》(被认为晚于甲骨文)、《尧典》(被认为属周秦期间的作品)作为三个间架从而将三代的"四方"观念串接起来。丁山认为:四方概念在甲骨文中分别为:"东方曰析,风曰劦","南方曰夹,风曰凯","西方曰彝,风曰韓","北方曰歀,风曰殿"。在《山海经·大荒经》中分别为:"东方曰折,来风曰俊","南方曰因,风曰呼民",西方"有人名石夷,来风曰韦","北方曰鹓,来风曰狻"。而在《尧典》中则是:春,"厥民(疑为名)析,鸟兽孳尾",夏,"厥民(疑为名)因,鸟兽希革",秋,"厥民(疑为名)夷,鸟兽毛毨",冬,"厥民(疑为名)隩,鸟兽氄毛"。丁山对此还有一段说明,他说:"我们知道尧典所传说'钦若昊天'那段以四中星考验四时的文章,殆与大荒经同原。大荒经所传说四方神名与四方风名直接本于殷商祀典。"③不过我以为这三者的顺序首先应当是《山海经》即民间代代相承的传说、然后是殷商的甲骨

---

① 常正光:《阴阳五行学说与殷代方术》,见艾兰、汪涛、范毓周主编《中国古代思维模式与阴阳五行说探源》,第246页,南京,江苏古籍出版社,1998。
② 丁山:《中国古代宗教与神话考》,第79、80页,上海,上海文艺出版社,1988。
③ 同上书,第94页。

文,再后是《尧典》。当然,这样的排列是指知识或观念而言,而非指文字形态。但事实上,究竟何者在先何者为后,这样的顺序问题在这里可能并不重要,重要的是间架,通过这一间架,我们可以清楚地了解"四方"观念从原始社会到三代及至以后的延续状况。

此外,据常正光的研究,四方与四时有着密切的关系。"四方是以定点为中心,对空间的区分,四时是时间推移的特征,看来时空概念各异",但根据"测四方知四时的实际,四方和四时,空间和时间又不能分割"。常正光认为,甲骨刻辞中的"出日"、"入日"问题就与"四方"问题有关。其指出:"卜辞的出入日之祭,就是以测定准确的东西方向线为基础从而测得南北方向线的办法。""东西线可以判定春分或秋分的到来,据南北线观测中星及斗柄的指向,又是判定夏至与冬至的一种手段。"而"二至二分为四时之中,于是春、夏、秋、冬四季也随之而可定了"。[①] 而这也就与《山海经》中四方和风神关系的认识对接上了。事实上,学者们在安徽含山凌家滩出土玉版上的八方图形中也已经注意到包含有四时的消息。[②] 也就是说,对于四方与四时之间的对应关系早在中国原始社会和三代时期就已经有了认识。正是以此为基础,遂有《尚书·尧典》中更为完整的记载。《尧典》曰:

> 乃命羲、和,钦若昊天,历象日月星辰,敬授人时。分命羲仲,宅嵎夷,曰旸谷。寅宾出日,平秩东作。日中,星鸟,以殷仲春。厥民析,鸟兽孳尾。申命羲叔,宅南交,曰明都。平秩南讹,敬致。日永,星火,以正仲夏。厥民因,鸟兽希革。分命和仲,宅西,曰昧谷。寅饯纳日,平秩西成。宵中,星虚,以殷仲秋。厥民夷,鸟兽毛毨。申命和叔,宅朔方,曰幽都。平在朔易。日短,星昴,以正仲冬。厥民

① 常正光:《阴阳五行学说与殷代方术》,见艾兰、汪涛、范毓周主编《中国古代思维模式与阴阳五行说探源》,第 256、253 页。
② 对此,陈久金、张敬国、陆思贤、李迪、武家璧等学者都作过研究。可见陈久金、张敬国《含山出土玉片图形试考》,《文物》1989 年第 4 期;陆思贤、李迪《天文考古通论》,北京,紫禁城出版社,2000;武家璧《含山玉版上的天文准线》,《东南文化》2006 年第 2 期。

陕,鸟兽氄毛。

在这里,方位、季节、地理、天象是密切相关的。

四、"五行"语词和概念产生的知识背景

据目前所能获得的资料,"五行"概念最早出现于《尚书》之中。具体说来,"五行"一词出现在《尚书》中共有三处,分别是《甘誓》一处,《洪范》两处。其中最受重视的即是《洪范》中下述这段:

> 五行:一曰水,二曰火,三曰木,四曰金,五曰土。水曰润下,火曰炎上,木曰曲直,金曰从革,土爰稼穑。润下作咸,炎上作苦,曲直作酸,从革作辛,稼穑作甘。

按照目前较为一般的共识,上述这段话主要是对事物属性或世界本原的把握,并且这种把握在殷周之际或更早已经形成。但"五行"概念的最初含义或许并非如此。这段话更可能是建立在具体知识基础上的一种概括。不过,我们在这里主要是考察"五行"观念的知识背景,其余不赘述,而作为知识背景,至少有以下三个方面。

第一,"五方"。在"四方"观念的发展过程中,"五方"观念也渐渐露出端倪。"五方"作为观念的产生应当说是"四方"观念与思维逻辑发展的必然结果。我们看到,作为相对应的语词或概念,卜辞中已经出现"中商"的概念,如"庚辰卜,□中商。"(《乙》9078)"戊寅卜,王贞受中商年。"(《前》8.10.3)其实,这也是早期思维的普遍情况,对此前已有述。常正光指出:"四方不可能是抽象的四方,它在空间的存在必然要依附一个中心点,有了中心点才有四方,不然就无所谓四方了。"而"殷人据出日入日测得的四方"就是"以东西线与南北线相交点为中心的四方,这两条线相交构成'十'字形"。"在汉代仍保留着中心与四方之说。《说文》:'十,数之具也。一为东西,丨为南北,则四方、中央备矣。'可见指示四方就不能没有中心点。与中心点结合的四方才是事实上的四方。""也正因为四方是这种特性,人们便把这个起决定作用的中心点也加上'方'的称号,由

四方而为五方了。"①这样一种由"四方"观念向"五方"观念的转变，我们也同样可以从《尚书》中读到。《尧典》关于四中星记载的第一句话是："乃命羲和，钦若昊天，历象日月星辰，敬授人时。"这无疑是与"分命羲仲"、"申命羲叔"、"分命和仲"、"申命和叔"这"四方"观念相对应的。而归结以上内容我们又大致可以这样推测和判断："四方"观念及概念主要是采集文化的产物，而"五方"观念与概念则主要是农耕文化的产物，尤其是对在成熟农耕文化基础上所形成的政治或行政中心格局来说，"五方"观念与概念的产生应是很自然的。

第二，"五星"。就"五行"概念这一语词外壳的知识背景而言，其与占星术或天文学也有着密切的关系。据刘起釪的研究，"五行"一词原本只用于占星活动，是指辰星、太白、荧惑、岁星、填星等五大行星的运行。简言之，"五行"也就是"五星"。并且刘起釪还以为，根据五星运行所得出的"五行"一词的问世应当在殷周之际。② 应当说，刘起釪对于"五行"语词与占星术关系的判断是正确的，但这一语词是否产生于殷周之际却值得商榷。理由是商周时期的占星术虽然取得了很大的发展，但其主要还局限于对天象的观察和记录，其成就与产生或发展出"五行"或"行"这样以天体运行为内涵的语词很可能还存在着认识或知识上的距离。而周代末年以后，天文观测逐渐量化。包括太阳运动如回归年长度、行星运动如五星会合周期等测算都在这一时期达到了很高的精度。考察表明，除《尚书》外，"五行"一词几乎全部出现于春秋中后期的文献记载中。如：

> 故有五行之官，是谓五官。(《左传·昭公二十九年》)
> 故天有三辰，地有五行。(《左传·昭公三十二年》)

---

① 常正光：《阴阳五行学说与殷代方术》，见艾兰、汪涛、范毓周主编《中国古代思维模式与阴阳五行说探源》，第256、257页。

② 参见刘起釪《五行原始意义及其纷歧蜕变大要》，见艾兰、汪涛、范毓周主编《中国古代思维模式与阴阳五行说探源》，第142页。相应的观点在其《释〈尚书·甘誓〉的五行与三正》、《〈洪范〉成书年代考》等文中也已经有所表述。

不仅如此,与天体运行相关的"行"这一语词也普遍见于这一时期。如:

> 日月之行也,分·同道也;至,相过也。(《左传·昭公二十一年》)

> 经纬星历,以视其离;通若道,然后有行。(《管子·五行》)

上述现象都是与西周末年至春秋这一时期高度发展的占星术或天文学计量化进程相吻合的。语词之"行"是对天体之"行"的真实记录和反映。

第三,"五材"。"五行"概念的产生也与"五材"概念有关。早期的认识主要应不是与本原有关,而是与日用、使用、材用、实用有关。《洪范》在具体描述"五行"性质时分别使用的两组文字,即"水曰润下,火曰炎上,木曰曲直,金曰从革,土爰稼穑"和"润下作咸,炎上作苦,曲直作酸,从革作辛,稼穑作甘",这主要应看作是对不同事物价值或功用意义的提示。《禹贡》中对此也有所反映,如,"海岱惟青州。嵎夷既略,潍、淄既道。厥土白坟,海滨广斥。厥田惟上下,厥赋中上。厥贡盐、絺,海物惟错。岱畎丝、枲、铅、松、怪石。莱夷作牧。厥篚檿丝。""淮海惟扬州。彭蠡既猪,阳鸟攸居。三江既入,震泽底定。筱簜既敷,厥草惟夭,厥木惟乔。厥土惟涂泥,厥田惟下下,厥赋下上上错。厥贡惟金三品,瑶琨筱簜,齿革羽毛惟木,岛夷卉服。厥篚织贝,厥包橘柚锡贡。沿于江海,达于淮、泗。""荆、河惟豫州。伊、洛、瀍、涧既入于河,荥波既猪,导菏泽,被孟猪。厥土惟壤,下土坟垆。厥田惟中上,厥赋错上中。厥贡漆、枲、絺、纻,厥篚纤纩,锡贡磬错。浮于洛,达于河。"这里所反映的都是"材"的意识,只是有具体和概括之分。正是在此基础上,大约到了西周末年以后,"五材"这一概念也出现了,至春秋及战国时期,这一概念的使用已十分普遍。如:

> 天生五材,民并用之,废一不可。(《左传·襄公二十七年》)
> 且譬之如天,其有五材,而将用之。(《左传·昭公十一年》)

审曲面势,以饬五材,以辨民器,谓之百工。(《周礼·冬官考工记·总叙》)

总之,"五行"概念很可能是由"五方"、"五星"、"五材"这些观念和概念综合而成的。其中"五方"是过渡与引子,"五星"即"五行"提供了语词外壳,"五材"则提供了内涵并以此为基础逐渐生发出属性与本原的意义。而西周末年至春秋中叶之间是"五行"概念最可能形成的时期,它也是这一概念发生发展的一个重要节点。[①] 但最为重要的是,"五行"观念或概念的这些源头都与知识有关。

第六节 自然"天人"观念的萌芽

自然"天人"观念中的"天"包括天、地以及与人类活动相关的其他自然环境,而"天人"观念所关涉的也就是人与自然或环境的关系。这样一种观念早在原始社会时期就已经缓慢地开始萌芽了。进入新石器时代以及古代社会之后,农耕活动变得最为根本,因为它直接关系到人的生存问题。所以,自然"天人"观又与农耕活动密切相关。具体地,自然"天人"观的核心内容主要体现为天时、地宜观念,而这两个观念大约在西周时期也都已经概念化。[②]

一、远古时期的宗教"天人"观

在考察中国远古时期的自然"天人"观之前,我们有必要对中国远古时期的宗教"天人"观作一个了解。

张光直认为:中国古代文明的一个重大观念,就是把世界分成不同

[①] 我比较同意王世舜的看法,其以为:"从《洪范》内容本身以及联系西周及春秋战国时代意识形态的发展历史来看,它当是西周末叶至春秋中叶以前的产物。"参见王世舜《尚书译注》,第115页,成都,四川人民出版社,1982。

[②] 有关远古时期"天人"观的基本形态或格局也可参看本人:《中国哲学的起源——前诸子时期观念、概念、思想发生发展与成型的历史》与《中国哲学起源的知识线索——从远古到老子:自然观念及哲学的发展与成型》中的相关内容。

的层次,其中主要的便是"天"和"地"。不同层次之间的关系不是严密隔绝、彼此不相往来的。中国古代许多仪式、宗教思想和行为的很重要的任务,就是在这种世界的不同层次之间进行沟通。进行沟通的人物就是中国古代的巫、觋。① 我们通常也将这种沟通称之为通神。在世界各民族历史的一定阶段,巫都是通神的,这也是由列维-布留尔所说的早期的互渗状况发展而至的。巫之能成为通神者,是资源、权利、智力种种分化所至。如张光直所说:"巫是智者圣者,巫便应当是有通天通地本事的统治者的通称。"②而巫、觋实际上也就是萨满。换言之,中国古代文明也就是所谓萨满式的文明,这是中国古代文明最主要的一个特征。张光直指出:把世界分成天地人神等层次,这是中国古代文明重要的成分,也就是萨满式世界观的特征。学者们普遍注意到新石器文化(如良渚文化)中的器物"玉琮"之于贯通天地的意义。张光直说:"琮的方、圆表示地和天,中间的穿孔表示天地之间的沟通。从孔中穿过的棍子就是天地柱。在许多琮上有动物图像,表示巫师通过天地柱在动物的协助下沟通天地。"③又张光直指出:"琮的实物的实际形象是兼含圆方的,而且琮的形状最显著也是最重要的特征,是把方和圆相贯串起来,也就是把地和天相贯通起来。专从形状上看,我们可以说琮是天地贯通的象征,也便是贯通天地的一项手段或法器。"当然,这种天地间的贯通最终要通过人也即巫来实现。"巫的本身首先能掌握方圆,更进一步也更重要的是能贯通天地。"④

关于通神或贯通天地,有一则重要文献不得不提,这就是《国语·楚语下》中所记载的上古颛顼时代"绝地天通"的故事。《国语·楚语下》中记载楚昭王问于观射父:"《周书》所谓重、黎实使天地不通者,何也? 若无然,民将能登天乎?"观射父对曰:

---

① 参见张光直《考古学专题六讲》,第 4 页。
② 张光直:《中国青铜时代》(二集),第 44 页,北京,生活·读书·新知三联书店,1990。
③ 张光直:《考古学专题六讲》,第 10 页。
④ 张光直:《中国青铜时代》(二集),第 71、72 页。

非此之谓也。古者民神不杂。民之精爽不携贰者,而又能齐肃衷正,其智能上下比义,其圣能光远宣朗,其明能光照之,其聪能听彻之,如是则明神降之,在男曰觋,在女曰巫。是使制神之处位次主,而为之牲器时服,而后使先圣之后之有光烈,而能知山川之号、高祖之主、宗庙之事、昭穆之世、齐敬之勤、礼节之宜、威仪之则、容貌之崇、忠信之质、禋絜之服,而敬恭明神者,以为之祝。使名姓之后,能知四时之生、牺牲之物、玉帛之类、采服之宜、彝器之量、次主之度、屏摄之位、坛场之所、上下之神祇、氏姓之所出,而心率旧典者为之宗。于是乎有天地神民类物之官,是谓五官,各司其序,不相乱也。民是以能有忠信,神是以能有明德,民神异业,敬而不渎,故神降之嘉生,民以物享,祸灾不至,求用不匮。及少皞之衰也,九黎乱德,民神杂糅,不可方物。夫人作享,家为巫史,无有要质。民匮于祀,而不知其福。烝享无度,民神同位。民渎齐盟,无有严威。神狎民则,不蠲其为。嘉生不降,无物以享。祸灾荐臻,莫尽其气。颛顼受之,乃命南正重司天以属神,命火正黎司地以属民,使复旧常,无相侵渎,是谓绝地天通。

观射父讲的故事大致分为两部分:第一,少皞以前,也即所谓"古者"是"民神不杂"。所谓"民神不杂",观射父又将其解释为"天地神民""各司其序,不相乱也。民是以能有忠信,神是以能有明德",总之,"民神异业,敬而不渎";第二,及"少皞之衰",因"九黎乱德",由是"民神杂糅,不可方物"、"家为巫史,无有要质"。不仅如此,而且"烝享无度,民神同位。民渎齐盟,无有严威"。结果,至颛顼时代,不得不"命南正重司天以属神,命火正黎司地以属民,使复旧常,无相侵渎"。这也就是著名的"绝地天通"。不少学者都认为这一事件是一次重大的宗教改革。[①] 有些撰述更简单地说九黎仍信奉巫术或巫教,而颛顼则禁止巫术或巫教。

---

① 可参见徐旭生《中国古史的传说时代》,北京,科学出版社,1960;牟钟鉴、张践:《中国宗教通史》上卷,北京,社会科学文献出版社,2000。

不过，这种认识是值得怀疑的。因为：从观射父的归纳来看，就是"民神杂糅，不可方物"、"家为巫史，无有要质"。其实，现代人类学研究表明，这种"民神杂糅"、"家为巫史"的现象应当是史前社会的普遍或正常现象。并且现代人类学研究同时表明，越往远古，"民神杂糅"的现象也就越严重。换言之，观射父所讲少皞以前的所谓"古者"事实上根本不存在一种"民神不杂"的状况。因此，观射父对于少皞以后社会"民神杂糅"、"家为巫史"现象的批评似乎并不正确；同时，其对于少皞以前远古社会"民神不杂"状况的判断或推断似乎也并不正确。或许观射父所讲故事的真正意义倒恰恰在于反过来解读，即其为我们提供了一个史前期的"民神杂糅"和"家为巫史"的文献记载，而这样一种记载事实上已经与考古材料相吻合。也因此，颛顼的所为并不具有宗教改革的性质或意义。事实上，这应当是随着部落集团的相对集中，随着社会权力的相对集中而在宗教生活上的体现，即属于部落集团对于宗教权力及其背后政治权力的掌控。这总体上应当是一种自然历史的过程。换言之，颛顼之"绝地天通"的举措并不具有改变宗教自然历史进程或宗教性质的意义，它仅仅只是由氏族宗教向国家宗教的进化过程中的一个顺理成章的正常步骤，即从过去的散乱走向了现在的相对集中，但是，信仰或宗教生活的基本内容并没有发生本质变化。更重要的是，只要宗教性质没有改变，"民神杂糅"、"家为巫史"这种现象必然还会一直持续下去。而这也正是张光直所表达的观点：连续性。应当看到，这与古代埃及埃赫那顿的宗教改革有所不同，因为矣赫那顿的宗教改革有人为的排斥多神信仰和巫术崇拜的目的；这与古代希伯来的宗教革命更不相同，因为犹太教从根本上拒斥了巫术，并使得自己蜕变为一个典型的史无前例的一神信仰的宗教。①

---

① 关于与此相关的本人对于中国古代宗教基本状况与性质的看法可参考拙著《中国社会的宗教传统——巫术与伦理的对立和共存》。

二、远古时期自然"天人"观的萌芽

原始形态的自然"天人"观可能首先体现在居住方式中。先民们最初是住在自然洞穴中的。通过漫长的生活经验积累,人类逐步改变自己的生活条件与习惯。在北方,由住自然洞穴向穴居及半穴居建筑发展。其中为了解决防潮问题,人们不断研究出改善的措施。例如,在仰韶文化早期,一些半穴居住所开始使用墐涂技术,之后,可能是受制陶的影响,又开始对建筑进行烧烤。此外,仰韶文化时期的地面已开始用白灰铺设,到了龙山文化时期,用白灰铺地已被广泛使用。而在南方,则主要是巢居或干栏式建筑。这类建筑样式的合理性主要体现为:第一,栖身之所离开地面,能有效地防止潮湿对人体的侵害,特别是能够有效防止致病的潮湿蒸气,即古人所说的瘴气对人体的侵害。如《旧唐书》和《新唐书》的《南平僚传》中记载的:"土气多瘴疠",故"人并楼居"。又《太平寰宇记》中记载的:"俗多构木为巢,以避瘴气。"第二,可以防止某些动物对人体的侵害,包括各种有毒的害虫的袭扰。如《南平僚传》所述之原因:"山有毒草及沙虱蝮蛇"。又《桂海虞衡志》与《岭外代答》中俱记载:"地多虎狼不尔则人畜俱不安。"①

当然,伴随着农耕时代的到来,原始自然"天人"观又更多地体现在农耕活动中。我们知道,与其他活动相比较,农耕活动中非人类自身所能控制的外在因素最多,也最复杂,如土壤状况、气候条件等等。于是,基于一个简单而又现实的目的——农业收成,人们就不得不认真考虑这些外在因素与农耕活动之间的关系。对此,现代民族学研究可以提供有效而充分的证明,例如生活在云南的独龙族和怒族这样一些少数民族就对土壤与作物的关系有认真的观察。独龙族非常注意种植作物的林地,因生长的树木不同故种植的作物也就有所不同。如生长"斯雷"树的地方,宜种植荞麦;生长"尔芷"树的地方,宜种植玉米;生长野生核桃树的

---

① 见《中华文明史》第 1 卷,第 192 页。

地方,则以种植芋头为最好。怒族人认为,最适宜做耕地的是生长苦冬瓜树、小板栗树的林地,因为这些树木生长迅速,枝叶繁茂,再生力强,焚烧后草木灰积存丰富,利于增强地力。此外,如独龙族认为,砍伐原始森林时间要早,即必须在树叶未掉落之前,而砍伐普通树木则应在树叶初肥之时。上述情况一直持续到 20 世纪 50 年代甚至更晚。[①] 由此不难发现,人类即使在十分原始的农耕活动阶段也已经有了初步的地宜观念。

三、三代的自然"天人"观

伴随着农业的发展,夏商时期在物候、天象方面的知识特别是农业与气候关系方面的知识都有所增长,而这其中也已经包括了有关天时的观念。例如《夏小正》记载正月有以下物候现象:"启蛰,雁北乡,雉震呴,鱼陟负冰","囿有见韭,时有俊风,寒日涤冻涂,田鼠出,农率均田,獭祭鱼,鹰则为鸠。"在这里,"时"的观念已经出现,其目的在于提示不同的物候(时)与农业活动之间的对应关系。又如《尚书·尧典》中的"乃命羲、和,钦若昊天,历象日月星辰,敬授民时。"从"敬授民时"一句可知,这些天象(时)也与农事活动有关,这具体又体现在各个不同的季节之中,如仲春,"厥民析,鸟兽孳尾";仲夏,"厥民因,鸟兽希革";仲秋,"厥民夷,鸟兽毛毨";仲冬,"厥民隩,鸟兽氄毛。"可见,无论是《夏小正》,还是《尧典》,都已涉及人们对"时"的认识。而且我们在其中也已看到了"时"这一概念的初步运用。此外,这时人们对"时"的认识也有可能已经涉及更多的领域、更大的范围,如《皋陶谟》讲:"百工惟时,抚于五辰,庶绩其凝。"这里"抚于五辰",就是顺于四时之意。

同样,地宜观念也更加清晰地反映在这一时期的农业以及居住活动中。如《诗·大雅·生民》记载的是周人始祖后稷的故事,其中说:"诞后稷之穑,有相之道。茀厥丰草,种之黄茂。"这里"有相之道"的一种解释就是因地耕稼之道,其中自然含有地宜观念。又如《诗·大雅·公刘》记

[①] 见《中华文明史》第 1 卷,第 127 页。

载的是周人祖先公刘率族民由邰迁豳的故事,其中讲:"笃公刘,既溥既长,既景乃冈,相其阴阳,观其流泉。"这里的"相其阴阳,观其流泉"也是指考察适宜居住、耕作的地方,同样包含了地宜观念。① 同时,"地宜"观念还从这一时期与农业活动密切相关的地理学知识中反映出来,例如《禹贡》记载了各地与土壤相宜的种植情况。如兖州"厥土黑坟,厥草惟繇,厥木惟条";徐州"厥土赤埴坟,草木渐包";扬州"厥草惟夭,厥木惟乔,厥土惟涂泥"。这些都明确记载了植物与土壤的关系。其实,就是荆州"厥土惟涂泥,厥田惟下中"、豫州"厥土惟壤,下土坟垆,厥田惟中上"、梁州"厥土青黎,厥田惟下上"、雍州"厥土惟黄壤,厥田惟上上"这样一些对于各地土壤情况的一般记载也已经包含有十分明显的地宜观念。而所有这样一些知识和观念在后来又由《周礼》和《管子》加以发展。

四、西周时期的自然"天人"观及"时"、"宜"概念

这其中,周代的自然"天人"观念还值得提出来专门加以考察。

应当看到,到了周代,自然天人观念获得了一个更大的发展并逐渐取得了成熟的形态。这一时期,不仅天时、地宜观念得到进一步的展开,而且"时"、"宜"等概念已经确切形成并得到广泛的运用。这些都表明基于自然线索的天人关系问题的思考取得了重大的进步。以下我们分别对"时"、"宜"这两个概念加以考察。

首先,天时观念及"时"概念的应用。

天时观念及"时"概念广泛反映于农事活动以及与农事活动相关的田猎活动中。我们先来看《周礼》中的记载。如《地官司徒·遂大夫》说:"以岁时稽其夫家之众寡、六畜、田野,辨其可任者与其可施舍者,以教稼穑,以稽功事。"这是讲农事活动应当考虑时间即季节因素。《地官司徒·山虞》说:"山虞掌山林之政令,物为之厉而为之守禁。仲冬斩阳木,仲夏斩阴木。凡服耜,斩季材,以时入之。"这是讲林木斩伐应当考虑时

---

① 将周人祖先的材料放在这里使用主要是考虑其与殷商的同期性。

间即季节因素。又如《天官冢宰·兽人》记载到："冬献狼,夏献麋,春秋献兽物。时田,则守罟。"《天官冢宰·鳖人》记载到："以时籍鱼鳖龟蜃,凡狸物。春献鳖蜃,秋献龟鱼。"这些都是在考虑田猎或渔猎的季节因素。此外,《天官冢宰·庖人》中说："凡用禽献,春行羔豚,膳膏香;夏行腒鱐,膳膏臊;秋行犊麛,膳膏腥;冬行鲜羽,膳膏膻。"《天官冢宰·食医》中说："凡和,春多酸,夏多苦,秋多辛,冬多咸,调以滑甘。"以上内容主要是讲饮食与季节的关系。在这些论述中,天人相应的观念清晰可见。关于天时观念及"时"概念,《国语·周语上》中也有相应的记载,如关于农耕,"古者,太史顺时覛土,阳瘅愤盈,土气震发,农祥晨正,日月底于天庙,土乃脉发。""廪于籍东南,钟而藏之,而时布之于农。""民用莫不震动,恪恭于农,修其疆畔,日服其镈,不解于时,财用不乏,民用和同。"又如关于田猎,"王治农于籍,蒐于农隙,耨获亦于籍,狝于既烝,狩于毕时,是皆习民数者也"。所有这些记载都强调了人事活动的时间观念,也就是人事活动与时间、时令即天的对应关系。除此之外,天时观念也在制作活动中体现出来,以稍后的《周礼·冬官考工记》为例,其《总叙》中讲"材美工巧,然而不良,则不时……天有时以生,有时以杀。草木有时以生,有时以死……此天时也";《轮人》讲"斩三材必以其时";《弓人》讲"取六材必以其时"。值得我们注意的是,以后儒家《论语》、《孟子》、《荀子》等文献中都有上述观念的反映或继承。

其次,地宜观念及"宜"概念的应用。

与天时观念一样,地宜观念在西周时期也有了十分充分的发展,并且,"宜"概念很有可能就广泛产生和应用于这一时期。对此,《周礼》这部典籍非常重要,因为在这部典籍中"宜"概念被大量使用。例如《夏官司马·职方氏》中说:东南扬州,"其畜宜鸟兽,其谷宜稻";正南荆州,"其畜宜鸟兽,其谷宜稻";河南豫州,"其畜宜六扰,其谷宜五种";正东青州,"其畜宜鸡狗,其谷宜稻麦";河东兖州,"其畜宜六扰,其谷宜四种";正西雍州,"其畜宜牛马,其谷宜黍稷";东北幽州,"其畜宜四扰,其谷宜三种";河内冀州,"其畜宜牛羊,其谷宜黍稷";正北并州,"其畜宜五扰,其谷宜五种"。这显然与《禹贡》的考察是一脉相承的。不仅如此,《周礼》还详细考察了动植物生长与土壤、地形之间的关系,如《地官司徒·大司徒》中说:"以土会之法辨五地之物生。一曰山林,其动物宜毛物,其植物宜皂物";"二曰川泽,其动物宜鳞物,其植物宜膏物";"三曰丘陵,其动物宜羽物,其植物宜核物";"四曰坟衍,其动物宜介物,其植物宜荚物";"五曰原隰,其动物宜裸物,其植物宜丛物。"类似的还有《地官司徒·大司徒》:"而辨其邦国都鄙之数,制其畿疆而沟封之,设其社稷之壝而树之田主,各以其野之所宜木,遂以名其社与其野。"《地官司徒·草人》:"草人掌土化之法以物地,相其宜而为之种。"《地官司徒·土训》:"土训掌道地图,以诏地事。道地慝,以辨地物而原其生,以诏地求。"上述内容实际上都是《禹贡》知识与思想的延续。从以上的考察中我们可以看到,"宜"概念在《周礼》中已经使用得十分普遍。《周礼》中对"宜"概念还有更为一般或概括的使用,如:"以土宜之法辨十有二土之名物,以相民宅而知其利害,以阜人民,以蕃鸟兽,以毓草木,以任土事。"(《地官司徒·大司徒》)

可见,到了西周时期或稍晚,"时"、"宜"这些重要的自然天人观的概念已经被广泛应用,同时,天时、地宜这样一些观念也更加丰富,更加具体,一些已经明显有了早期思想的痕迹。以后《考工记》对此有了更为概括性的表述,即:"天有时,地有气,材有美,工有巧,合此四者,然后可以为良。"可以说,周人已经奠定了中国古代自然天人观的基本格局。

第七节　"象"、"数"观念及其知识背景

"象"、"数"知识与观念也是在原始社会时期就开始渐渐生成了。其中就"象"知识与观念而言,最初可能是由于农业的需要,继而受农业的影响,占星术或天文学本身获得了发展并逐渐独立出来,这就大大促进了"象"知识与观念的发展。在"数"知识与观念方面,原始计算与几何知识无疑是最基本的源头,之后,天文知识与音律知识也相继加入了进来,

由此形成了中国古代"数"观念的最初源头。①

一、早期"象"知识与观念

　　原始人的采集和观察活动不仅培育了分辨与分类思维,"象"思维与观念也在其中被培育出来。例如《南山经》之首鹊山中对草、木、兽的记载就具有观察与描述事物基本特征也即"象"的性质:"有草焉,其状如韭而青华,其名曰祝余,食之不饥。有木焉,其状如谷而黑理,其华四照,其名曰迷谷,佩之不迷。有兽焉,其状如禺而白耳,伏行人走,其名曰狌狌,食之善走。"我们知道,《山海经》中大量的观察材料都保存了这方面的信息。其他如神农"尝百草之滋味……一日而遇七十毒"。(《淮南子·修务训》)"乃求可食之物,尝百草之实,察酸苦之味。"(《新语·道基》)这些不仅是识别或分辨的起点,也应是观"象"活动和"象"思维的起点。

　　随着农耕时代的到来,观"象"活动有了新的发展。早期的农业活动往往是通过物候观察以获得相应的消息。原始人注意到自然界中植物的生长、动物的习性都是与特定的季节相关的,并且他们所从事的依赖于季节的种植及畜牧活动,可以从自然界中获得消息。例如《夏小正》中的记载:"启蛰,雁北乡,雉震呴,鱼陟负冰","囿有见韭,时有俊风,寒日涤冻涂,田鼠出,农率均田,獭祭鱼,鹰则为鸠","鞠则见,初昏参中,斗柄县在下,柳稊,梅杏杝桃则华,缇缟,鸡桴粥"。而这些"象"所提示的农事活动是"农率均田"。② 同样,我国的古籍中通过对一些周边少数民族风俗习惯的记载也表明了这一点。例如《后汉书·乌桓鲜卑列传》中记载,乌桓人是依据"见鸟兽孕乳,以别四节"。又如《太平寰宇记·儋州风俗》中记载,古代海南岛的黎族人通常是"占薯芋之熟,纪天文之岁"和"观禽兽之产,识春秋之气"。近代的民族与民俗学研究也提供了许多有价值

---

① 有关远古时期"象"、"数"观念的更详细情况可参看本人《中国思维形态》、《古代中国科学范型》和《中国哲学的起源》与《中国哲学起源的知识线索》中的相关内容。

② 《夏小正》保存于《大戴礼记》,根据前面所确定的原则,作为农耕知识,这部分内容应当是长期农业生产和经验的积累。其不仅是可信的,并且形成时间也应大大提前。

的资料,例如甘南地区的裕固族人就是根据牧草长势、雨雪多寡等自然现象来确定草场提供牧草的具体时间。物候观察使得观"象"方法与"象"思维有了更加明确的意义。

然而,对于农业生产来说,物候观察仍有着较大的缺陷,因为生物的生长和活动通常要受到许多复杂因素的影响。因此,如果仅仅根据物候观察就显得不够,有时还会导致歉收。如现代的云南基诺人通常是在苦笋长到锄把高时播种旱谷,但是某些年份按这些经验办事作物却长得不好。这样一种现象,肯定也会引起原始先民的注意。在经历了较长时间的探索之后,原始先民又发现对天象的观察同样可以提供季节变化的信息,而且比物候报时更为准确,于是他们逐渐又将目光投到天象上。例如考古工作者在山东莒县凌阳河畔发掘出几件陶尊,根据陶尊上符号的提示,人们发现在陶尊出土地点的东面山上有五座山峰,而陶尊出土地点附近有块石头,从这块石头望向东边中央的山峰,当太阳在峰顶上出现的时候,其时正是春分。又如学者们在凉山彝族地区调查时也注意到,当播种季节将临时,有经验的老农每天都在日落前来到一个固定的地点进行观察,只要看到太阳在某个山口落下,就可确定第二天该种某种作物。[①] 这些都表明先民们已经开始注意或意识到农业种植活动与天象的密切关系。

随着这种关注的增加,大量的天象会被记录下来。考古研究和文献研究已在这方面为我们提供了十分丰富的例证。1979 年,在江苏连云港锦屏山将军崖,发现了一处新石器时代的石刻岩画,该岩画刻在海拔 20 米的黑色岩石上,长 22 米,宽 15 米。岩画上刻有各种星云图和植物人面图形,其中星云图刻有太阳和月亮。1972 年至 1975 年,考古工作者在郑州大河村新石器时代遗址中发掘出大量绘有纹饰的彩陶片。先后两次碳 14 年代测定显示,这些遗物的年代距今为 5040±100 年和 4500±100 年。考古工作者发现这些彩陶片上的纹饰有相当一部分与天象观察

---

① 见《中华文明史》第 1 卷,第 214 页。

有关。其中有太阳纹、月亮纹、星座纹等等。而所有这些都透露出极其明显的观象及知识特征。特别引人注目的是在一些陶片上还绘有这样一些图像：光芒四射的太阳纹外边，绘着对称的内向弧形带，弧形带皆作圆点，其外沿又绘着放射的光芒。考古学者以为这种圆点应当是对日晕的记录。又如关于太阳黑子的记录。中国人早在新石器时代就已经注意到太阳黑子现象。20世纪60年代，考古工作者曾在陕西华县泉护村发掘出一批属于庙底沟类型的彩陶，其中有一件画的是一只飞鸟驮着一轮红日。考古工作者指出，这是对太阳黑子的记录，并且是目前世界上最早有关于太阳黑子的记录。后世文献对早期观象活动也有所记载，如："钟山之神，名曰烛阴，视为昼，瞑为夜，吹为冬，呼为夏。"（《山海经·海外北经》）"地之所载，六合之间，四海之内，照之以日月，经之以星辰，纪之以四时，要之以太岁。"（《山海经·海外南经》）

随着国家的产生，天象观察又实现了更大的发展。2003年以来，山西襄汾陶寺夏文化遗址的发掘研究取得重大进展。研究者发现，陶寺城址祭祀区建筑ⅡFJT1很有可能是一所兼观象授时和祭祀功能为一体的多功能建筑。其中观象主要是通过夯土柱缝隙、延长线及与周边山峰的关系来进行。模拟观测在很大程度上证明了这一点，相关的报告称：2003年12月22日冬至日，确切时间是早8时17分至8时20分，在东2号缝观察到日出的情况；又2004年1月21日大寒，确切时间是早8时15分至8时21分，在东3号缝观察到日出的情况。[①] 我们可以设想，当时的人们是如何日复一日观测天象变化的。除了农业生产需要外，这一时期的观象活动在很大程度上又可能是出于政治权力的需要，出于王权或君权神授的需要。在这样一种背景下，古代中国对于天象的记录是非常广泛的，也是非常详备的。只要当时能被肉眼观察到的天象，包括日食、月食、太阳黑子、彗星、新星等，古代中国人都一一作了认真的记录。

[①] 分别见《山西襄汾县陶寺城址遗址发现陶寺文化大型建筑基址》，《考古》2004年第2期；《山西襄汾县陶寺城址祭祀区大型建筑基址2003年发掘简报》，《考古》2004年第7期。

因为在这时的中国人眼里,天象已经成为一种事件。例如日食。天文学家认为,古代中国第一次最可靠的日食记录是公元前 1217 年 5 月 26 日发生的日偏食。[①] 它被记载在殷墟的甲骨卜辞上:卜辞上记载:"癸酉贞:日月虫食,隹若?"(《佚》374)意思是癸酉日占,黄昏有日食,是不吉利的吗? 类似的记载在卜辞中还有四次。而国外最早的日食记录是公元前 763 年 6 月 15 日发生在巴比伦的一次日全食。[②] 中国的记录要早 454 年。又如月食。卜辞中共有五次关于月食的记录,其中最早的一次是发生在公元前 1361 年 8 月 9 日的月全食。[③] 卜辞上记载:"月虫食,闻,八月。"(《甲》1289)另外四次的时间分别是前 1342 年、前 1328 年、前 1311 年、前 1304 年。而目前国外所记载最早的月食记录是古埃及公元前 721 年 2 月 19 日的月全食。[④] 中国的时间显然要早得多。

现有典籍中也提供了相关资料。其中最突出的就是《尚书·尧典》中对天象观察的记载:"乃命羲、和,钦若昊天,历象日月星辰,敬授民时。"又分命羲仲"寅宾出日,平秩东作。日中,星鸟,以殷仲春"。申命羲叔"平秩南讹,敬致。日永,星火,以正仲夏"。分命和仲"寅饯纳日,平秩西成。宵中,星虚,以殷仲秋"。申命和叔"平在朔易。日短,星昴,以正仲冬"。我们看到,这其中也明确使用了"象"这一语词予以表述。又如关于太阳黑子现象,见诸文字的记载最早可推至《周易·丰卦》,其中讲到"日中见斗"、"日中见沫",即是对太阳黑子现象的描述。至西周末年起,"天象"这一语词逐渐出现,如《国语·周语上》中讲:"夫天事恒象,任重享大者必速及。"我们由此也大致可以看出作为天象意义的"象"语词的最初产生和发展过程。

司马迁在《史记·天官书》中这样记载道:"自初生民以来,世主曷尝不历日月星辰? 及至五家、三代,绍而明之,内冠带,外夷狄,分中国为十

---

① 参见陈遵妫《中国天文学史》第 3 册,第 858 页,上海,上海人民出版社,1984。

② 参见方克主编《中国的世界纪录》(科技卷),第 51 页,长沙,湖南教育出版社,1987。

③ 参见陈遵妫《中国天文学史》第 3 册,第 1005 页。

④ 参见方克主编《中国的世界纪录》(科技卷),第 52 页。

有二州,仰则观象于天,俯则法类于地。天则有日月,地则有阴阳。天有五星,地有五行。天则有列宿,地则有州域。三光者,阴阳之精,气本在地,而圣人统理之。"应当说,司马迁对于上古观象或占星活动的推测是有道理的。

二、早期"数"知识与观念

数的知识同样早在原始社会就渐渐产生了。如在新石器时代出土的一些陶器上,已经反映出一种把圆分成等份的现象。这一时期已有了3等份、4等份、5等份、6等份、7等份、8等份、9等份、10等份、12等份、28等份、34等份,乃至80等份的图案。这种平分技术在某种程度上已很成熟。据专家们推测,当时应当已有2等份分一段弧的几何知识。我们甚至有理由猜测,这种等份技术与观察太阳周天即回归年长度有关。殷商时期的甲骨卜辞中保存有很多记数文字。此时已用一、二、三、四、五、六、七、八、九、十、百、千、万十三个单位记十万以内的任何自然数,只是字体与后世有所不同。甲骨文中已发现的最大数字是三万,复位数已记到四位。考察表明,当时的记数法是遵循十进制的,并且已经含有明显的位值制意义。此外,卜辞中也反映出殷商时期已经有奇数、偶数以及倍数的概念,这说明当时的人们已掌握了初步的运算技能。[①] "算筹"在西周时期肯定已经出现。而就数与哲学观念二者关系来说,影响最大的莫过于《易经》中的排列组合思想,这对于思想界或知识界已经都不陌生。在反复的占卜活动中,人们渐渐发现了某些排列关系。如将阳爻和阴爻按两个一组排列起来,就得到"四象";按三个一组排列起来,就得到"八卦";按六个一组排列起来,就得到六十四卦。用现代数学语言来表达,"四象"的组成是从两个不同的元素中每次取两个元素的排列,"八卦"的组成是每次取三个元素的排列,而六十四卦的组成则是每次取六

[①] 参见杜石然等编著《中国科学技术史稿》(上册),第70页,科学出版社,1982;李迪《中国数学史简编》相关部分内容。

个元素的排列。事实上,六十四卦的获得很可能已经完全或主要不是基于占卜的需要,而是出于对天文观察(前面已经做过论述)以及数学排列的兴趣的结果。而这样一种兴趣对以后的哲学产生了重要的影响。

有关数的知识其实也并不仅仅局限于数学领域,其在天文学与音律学知识中同样有所体现。特别是天文学,其对数思维与观念的产生具有十分重要的意义。

伴随着天象观察和记录的增加,原始先民逐渐也开始关注天象的变化,由此也就逐渐产生了相关的数的知识与观念。如 1988 年,考古工作者在河南濮阳西水坡发现一座仰韶文化时期的墓葬(45 号墓)。有学者对墓穴实际尺寸作了研究,计算表明,其盖图所表示的分至日的昼夜关系非常合理,特别是春分、秋分日道,其昼夜关系的准确程度简直不差分毫。[①] 由此可以看出,这一时期的原始先民已经不是简单地对天象作观察和记录。此外,《山海经》中也向我们透露了原始先民这方面知识的消息。"帝命竖亥步,自东极至于西极,五亿十选九千八百步。竖亥右手把算,左手指青丘北。"(《山海经·海外东经》)

进入三代,天文学发展加快。以《尚书》为例,《尧典》中有"期三百有六旬有六日,以闰月定四时成岁"的记载,《洪范》中也有"五纪:一曰岁,二曰月,三曰日,四曰星辰,五曰历数"的记载。至周代,天文学获得了更大的发展。《周礼》中对日月变化的观测多有记载,如《地官司徒·大司徒》记载:"日至之景,尺有五寸,谓之地中。""以土圭之法测土深,正日景,以求地中。"《春官宗伯·冯相氏》记载:"冬夏致日,春秋致月,以辨四时之叙。"以后,《冬官考工记·匠人》记载:"匠人建国,水地以县,置槷以县,眡以景,为规,识日出之景与日入之景,昼参诸日中之景,夜考之极星,以正朝夕。"这些记载中都透露出关于"天数"知识的信息,换言之,就是天文学开始由观象向观测发展,因此数学计算逐渐被纳入进来。特别

---

① 参见冯时《河南濮阳西水坡 45 号墓的天文学研究》,《文物》,1990 年第 3 期。在另一方面,其蚌塑龙虎图案也意味着宗教信仰的内涵。即与莒县出土陶尊上的图纹一样,河南濮阳西水坡 45 号墓中遗存所包含的信息可能是十分丰富多样的。

是关于二十八宿的知识在周代已经产生。① 以《周礼》的记载为例,《春官宗伯·冯相氏》中讲冯相氏掌"二十有八星之位,辨其叙事,以会天位"。《秋官司寇·䔄蔟氏》中也讲䔄蔟氏负责记录"十日之号、十有二辰之号、十有二月之号、十有二岁之号、二十有八星之号"。按日本学者新城新藏的说法:"二十八宿是在中国周初时代或更早时代所设定,而在春秋中期以后,从中国传出,经由中亚细亚传入印度,更传入波斯、阿拉伯等地方。"②陈遵妫认为:近代对于二十八宿的中国起源说虽仍存异议者,但几乎可以说已成定论。按照新城新藏的看法,二十八宿对于天文学的意义在于:"盖由间接参酌月在天空之位置而得以推定太阳之位置,是上古天文学一大进步。"③又据陈遵妫:"从太阳在二十八宿中的位置,就可以知道一年的季节。"④显然,这里不仅有观察天象的方法,也包含了推测、测算或演算天数的方法。同样,天数知识与观念也体现在周天度数概念中。陈遵妫认为:对于稍为精密的观测,度数比二十八宿还要有用,因而认为它的成立和二十八宿差不多同时或稍晚也许更为妥当。中国的度数分周天为三百六十五度有奇,这必然要求建立太阳一日移动一度的概念。而中国最晚应当在殷周时代已经建立起太阳一周天是三百六十五日多的度数概念。⑤

音律学也包含着数的知识。音律知识也在原始时期就已经萌芽了。1986 年,在河南舞阳贾湖新石器时代遗址中出土了十多件骨笛。这些骨笛形制固定,制作规范,大多为七孔。有的笛子上划有等分记号,个别笛子在主音孔旁还钻有调音用的小孔。这些都表明,制作这些笛子时,是经过比较精确的度量和计算的。测音表明,一支保存较为完好的笛能吹

---

① 关于二十八宿的起源问题可参考陈遵妫《中国天文学史》第 2 册,第 307—317 页,上海,上海人民出版社,1982。

② 引自陈遵妫:《中国天文学史》第 2 册,第 313 页。

③ 同上书,第 306 页注释。

④ 同上书,第 306、307 页。

⑤ 参见同上书,第 429 页。

奏 C 为宫的七声古音阶（123♯4567i），或以 G 为宫的七声新音阶（1234567i）。① 可见，舞阳骨笛已经具备了七声音阶结构。商代晚期很有可能已经具备了十二律中的相当部分内容，最晚在周代，十二律已完全形成。所谓十二律即是黄钟、大吕、太蔟、夹钟、姑洗、仲吕、蕤宾、林钟、夷则、南吕、无射、应钟。一般来说，一个律就是一个半音，十二律就是十二个半音。《国语·周语下》中对此作了详细的记述。而十二律的出现同样标志着当时的人们对于音与数的关系有了深刻的认识。《国语·周语下》中对此有清晰的记载。周景王欲铸大钟，问伶州鸠，十二律与七音是什么。伶州鸠讲："律所以立均出度也。古之神瞽，考中声而量之以制，度律均钟，百官轨仪，纪之以三，平之以六，成于十二，天之道也。"又讲："凡人神以数合之，以声昭之。数合声和，然后可同也。故以七同其数，而以律和其声，于是乎有七律。"从这里我们都可以看到音律与度量衡即数的密切关系，伶州鸠甚至还直接指出了音律之数与天地之数之间所存在的密切对应关系。② 不过，由于这些记载的时间已属春秋时期，因此与此相关的主要内容将在下面一章中作详细考察。

总而言之，伴随着"数"的知识的发展，"数"的观念也渐渐产生并发展起来了。

第八节 "气"观念的知识背景

本节考察"气"这一观念和语词的形成以及其与知识的关系。许慎的《说文解字》以为："气：云气也，象形。"这一解释成为后人理解"气"语词及其所含观念的重要依据。近人于省吾指出甲骨文中"☰"这一文字可释为"气"字，有乞求之意。如"今日其雨，王占曰，疑，兹气雨。"（《前》

---

① 见《中华文明史》第一卷，第 342、343 页。

② 需要说明的是，周景王铸钟的事是发生在其继位第二十三年，也即公元前 522 年，是为春秋末年。但这并不影响音乐史研究中关于七声音阶与十二律的基本判断。可参见杨荫浏《中国古代音乐史稿》（上册），第 41 页，北京，人民音乐出版社，1964。

7.36.2)可释为求雨。[1] 事实上,"气"观念的萌芽经历了一个十分漫长和复杂的过程,其产生或形成的时间十分模糊,从现有文献来看,"气"语词或概念的出现最初可能与制陶、农耕等活动有关。但有一点可以肯定,即"气"观念和概念主要是源于知识背景而发展起来的。

一、由观念而语词的哲学判断

一般而言,判断"气"观念在商周或三代时期产生可能偏晚,换言之,"气"观念有可能在更早的时间如原始社会或巫术思维时期就已经产生;而判断"气"语词(这里是指文字或概念)在商周或三代时期产生可能偏早,在"气"观念是否于三代已经名词化的问题上,甲骨文与金文直至《尚书》、《诗经》的缺失记载被认为应当是真实的。而对于上述这一判断的论证,首先应当考虑哲学或逻辑学的方法,这就是基于人类思维的普遍规律来加以推论或解决问题。从这样的方法出发,要厘清"气"观念及语词的产生问题,首先就应厘清观念、语词以及文字之间的关系。[2] 观念与语词显然是不同的,在两者之间存在着一定的"过程"。不仅如此,这里可能还涉及更为复杂的问题,即从有形之物到无形之物的观念与语词之间也存在着一定的"过程"。具体地,我们可以从以下这样两个方面加以考察。

首先,我们可以从观念与语词的关系来看。通常来说,应当是先有观念,后有语词。并且在观念与语词之间可能存在着一个漫长的历史过程,也即时间段。就先民关于"气"这一现象的关注来说,新石器时代的到来应当是一个非常重要的因素,因为这时人们学会了制作陶器,制作陶器过程中产生的"火气"现象应当开始引起先民的注意;这时人们也学会了使用陶器,使用陶器过程中产生的"水气"现象也应当开始引起先民

---

① 引见《古文字诂林》第 1 册,第 309、310 页,上海,上海教育出版社,2000。
② 关于观念与语词的关系问题,我在前面的论述中也不断提出过,例如"命"概念的形成一章同样涉及这一问题。

的注意。事实上,"气"这一现象在人类最初的生活与生产中可能主要就与这样两类事物有关:由沸腾的水(不止于此)所导致的气是水气,由燃烧的火(也不止于此)所导致的气是火气(即火焰),这样一个判断大致是不会错的。当然,原始先民对于"火气"现象和"水气"现象的关注可能还有更为广泛的范围。而随着文明时代的到来,这一范围还会进一步扩大。例如"水气"现象,伴随着农耕的展开与进步,人们会越来越依赖天气的变化。在这种情况下,人们自然会对云、雨等现象给予更多的关注和思考。就此而言,如不少学者所猜测的,像"云"这样一个语词在殷商时期就有可能与"气"观念产生某种联系。又如"火气"现象,包括祭祀、征伐以及青铜制作都会经常和大量的涉及。例如《周礼·冬官考工记·栗氏》中记载的:"凡铸金之状,金与锡,黑浊之气竭,黄白次之;黄白之气竭,青白次之;青白之气竭,青气次之,然后可铸也。"正是由于有了这样一个广泛观察的基础,至少到了三代,甚至更早,中国人已经有了"气"的观念。但作为语词,它应当有一个滞后期,正如许多语言学家、思想史家以及人类学家包括维柯、拉法格、列维-斯特劳斯所揭示的那样,最初的语词应当是具体的而非高度概括和抽象的。也就是说,在三代,中国的先民虽然已经有了"气"的观念,也可能已经有了各种与"气"观念有关的具体语词,但唯独尚没有"气"这一语词,这还包括语言与文字之间的差异。在这样一个过程中,我们可以发现,观念、语词、概念的产生与变化是与思维的发展或认识的深入相统一的,它不能逾越属于它必须经历的阶段。

其次,我们也可以从语词的形成过程来看。一般的认识规律或法则应当先是有形之物,再是无形之物;先是有用之物,再是无用之物。就哲学观念的起源而言,最为经典的例证就是水、火、木、金、土这五行的语词应当分别早于气的语词。我们知道,中国最早有关五行的资料即是《尚书·洪范》中那段十分熟悉的论述:"五行:一曰水,二曰火,三曰木,四曰金,五曰土。水曰润下,火曰炎上,木曰曲直,金曰从革,土爰稼穑。润下作咸,炎上作苦,曲直作酸,从革作辛,稼穑作甘。"这也就是著名的五行说。并且,《尚书》中提到五行语词或概念的地方共有三处,分别见于《甘誓》和《洪范》。其中《甘誓》属夏书,《洪范》是周书。一般认为,在水、火、木、金、土这五个语词中,金这个语词是出现在金文中,也即出现最晚的。而我认为,"气"语词的出现还要晚于这个时间。为什么"气"这一语词会晚于水、火、木、金、土这些语词出现,这很可能是由于早期的人们并没有将"气"作物质化的理解。因为常识同样告诉我们:在早期的人们看来,无论是水气,还是火气,都不是或不能算作是一种独立存在的物质形态,它们或者依附于水,或者依附于火。同时,由于不是一种独立的物质现象,因此早期的人们也并不认为"气"这一现象像水、火以及整个我们所熟知的"五行"那样能够产生某种作用,或者换言之,它并不能够给人们的生活和生产提供某种有用性。由此我们也大致可以得出一些更为一般意义的判断。最初的名词的产生很可能应具备以下这样必要的条件:第一,是否是客观或真实的物质存在。当然,这一条件还可以进一步细化。一般来说,就观念特别是文字的产生而言,可触及的或实在的应早于不可触及的或非实在的,可直接感知的应早于需要借助于思维的。第二,是否有意义或有价值。尤其是对于早期社会或文明来说,有用性或功利性是非常重要的(这在前面有关"五行"概念的问题中也已经做过相同的论述)。总之,最初能够名词化的语词或观念一般来说应当是有形的和有用的。前者是思维要素,后者是价值要素。而我们看到"气"在这两个方面都有欠缺,这无疑对其作为语词和文字的形成产生了深刻的影响。

二、由观念而语词的历史考察

哲学的判断实际与历史的进程是相统一的。如前所说,早在原始社会时期,"气"这一现象就应当已经引起了原始人的注意,而后它也会持续成为后人的观察内容。例如陶器烧造。这一活动开始于新石器时代初期,在仰韶文化与龙山文化都分别达到各自类型的高度,如此漫长的活动中所产生或伴随的现象无疑会给先民留下深刻的印象,而后来的青铜铸造在一定程度上与此相衔接,这从《考工记》的记述中可以看出。又如祭祀活动。山东莒县凌阳河畔发掘出土的陶尊上的🔥图纹或被认为有燎祭的火焰,四川广汉三星堆遗址有明显的燎祭遗存,而这样一种传统以后也为殷人所继承,事实上,那时以及后来相当长一段时间的中国人认为,燎祭所升腾的火焰能够直达天神。而伴随着农耕活动的充分展开,人们对云也会有更多的注意和想象,这包括云与雨、云与烟乃至云与燎祭的关系。甲骨文中对于云、燎以及它们之间的联系就多有记述,例如:"燎于帝云。"(《续》2.4.11)"燎于二云。"(《林》1.14.18)"燎豕四云。"(《库》972)并且尤为重要的是,甲骨文中已经出现了一系列与后来"气"字字形相近的字符,包括"三"、"云"、"亏"等,我们有理由推测,这些字符或图像不一定是孤立的,在它们之间很可能存在着观察或性质上的联系。

周代在"气"观念发展的过程中无疑是十分重要的时期,因为它应当提供了"气"观念的表意方式。不过,这里需要我们做出有别于以往认识的更为大胆的假设或猜测。如前面考察所见:"气"这一观念的物质或象形基础从一开始就存在着定性的困难,这也正是"气"这一文字之所以晚出的很重要的一个原因。如它可以从属于水,即当水加热后会形成蒸气;它也可以从属于火,诸如各种烧造、冶炼乃至祭祀活动所形成的火焰。它下有大地山川、河流湖泊中的氤氲之气;上有天空中各种飘散或翻滚的云气。也即是说,"气"虽与许多事物或物质有关,但它却又并不单独隶属于任何事物或物质。并且,如"燎云"所示,地下、天上、焰气、云气之间还可能存在着联系与转换。气的这种特性给它的造字着实带来了很大的困惑和迷茫。总之,"气"作为字符或文字的难产表明了其在属性上的非实在性和不确定性,并由此导致了感官直觉上的多样性和复杂性,由此进一步导致了构词判断上的困难。而以往主要甚至仅仅是从语词或文字的角度来思考这一问题,这有可能限制了思考这一问题的路径。

可以这样假设,在"气"观念与"气"概念之间很可能还曾有过一个

"气"符号的表意形式,它构成了"气"观念及思想发展的一个相对独立的阶段或时期。在这个时期,虽然文字或概念还没有产生,但表意方式已经存在。那么这个符号形式或者表意方式究竟是什么呢?我的看法是:"气"观念的表达最初很可能与《易经》有关,也即与《易经》中的"☰"与"☷"这两个符号有关,或者说与"阴阳"观念有关。《易经》卦象的"阴阳"性质早已不存疑问。《庄子·天下》讲:《易》以道阴阳。"《易传·系辞下》讲:"阳卦多阴,阴卦多阳"、"阳卦奇,阴卦耦。"这里主要的问题是《易经》中的卦象是否有"气"的含义。毫无疑问这应当是一个过程。《易经》本是筮占发展的成果,即是占卜用书。但从以后的发展来看,"☰"与"☷"这两个符号除了用于占卜及天文观察(见前面"阴阳"对立观念一节),极有可能逐渐地含有或被赋予"气"的观念。并且也正因为与"☰"和"☷"的"挂靠",我们可以从中看到,周人对"气"的关注或界说其实并非局限于物质属性或事物性质的思路。例如《升》卦多处用到"升"字,结合卦象,此处的"升"字也很可能包含了对"气"的观察。又如《乾》初九爻辞是"潜龙,勿用"。九四爻辞是"或跃在渊,无咎"。按《说文》:龙,"春分而登天,秋分而潜渊"。因此不排除这两条爻辞与节气包括天气和地气有关。在这里,重要的是对现象的描述或表达,而非确定性质。而进一步,周人又形成比较明确的阳气、阴气或阴阳二气的观念。如《泰》与《否》两个相对立的卦象历来被认为包含阴阳对立与转化之意,而从后世相关的论述来看,其也完全有可能已具有阴阳之气的含义。所以,周人很可能是以"☰"与"☷"这两个符号作为"台阶"或"跳板"发展出阳气、阴气这样的观念的。也可以说,"气"观念与"☰"与"☷"符号即阴阳观念的结合规定了以后"气"观念及思想发展的方向。

那么,作为名词意义的"气"究竟是怎样产生的呢?这或许有多种可能,其中一种可能是:到大约西周末年或春秋初年,甲骨文与金文中的"☰"已经发展出了"气"这一字形;值此之际,原本寄居于"☰"与"☷"卦象的阳气与阴气观念也已经成熟;由于卦象"☰"与甲骨文中和金文中的"☰"具有相似或相同的字符形式,于是人们便将"气"字移入,并加上可能在同时期或更早些时候已经形成的阴、阳二字。于是，阴阳二气的概念形成了，"气"文字或概念也形成了。并且，概念一旦产生，它们也就很快从曾寄居的符号形式中独立出来。于是，我们看到了与此紧扣的下一个环节：阴、阳二气说与阴、阳、风、雨、晦、明六气说。我们在这里实际看到了一个典型的象（字符或符号）、言（文字或概念）与意（观念与思想）之间的关系。

三、"气"概念的产生

到了西周末年或稍晚，"气"这一概念终于产生了，并且，阴、阳二气说以及阴、阳、风、雨、晦、明六气说也相继形成了。① 在最初或早期的文献中，"气"可能主要用于指土气或地气。这种状况大致可以理解为是农耕活动的真实反映，即在长期的观察中人们形成了有关土气或地气的认识，《国语》对此有所记载，如《国语·周语上》中所记载宣王即位，不籍千亩。虢文公谏曰：

> 不可。夫民之大事在农……古者，太史顺时覛土，阳瘅愤盈，土气震发，农祥晨正，日月厎于天庙，土乃脉发。先时九日，太史告稷曰："自今至于初吉，阳气俱蒸，土膏其动。弗震弗渝，脉其满眚，谷乃不殖。"……是日也，瞽帅音官以风土。廪于籍东南，钟而藏之，而时布之于农。稷则遍诫百姓，纪农协功，曰："阴阳分布，震雷出滞。"土不备垦，辟在司寇。

这段文字的主要内容在"阴阳"观念中也已经有所考察。这里大致是讲农业生产应掌握节气，当与籍田春耕有关。其中提到"阳瘅愤盈，土气震发"、"阳气俱蒸，土膏其动"、"阴阳分布，震雷出滞"，这些都是论述地气之于农耕活动的意义。而差不多同时，更为完整或抽象的"天地之

---

① 详细可参考本人《中国哲学的起源——前诸子时期观念、概念、思想发生发展与成型的历史》与《中国哲学起源的知识线索——从远古到老子：自然观念及哲学的发展与成型》中的相关内容。

气"这一语词也产生了,此即《国语·周语上》中伯阳父的论述:"夫天地之气,不失其序,若过其序,民乱之也。阳伏而不能出,阴迫而不能烝,于是有地震。"在以上例子中,我们可以清楚地看到,"气"这一语词与"阴阳"这一语词有着密切的关系,其从一开始就是紧密结合的。并且还应当看到:天地之气的观念和语词并不是地气观念和语词简单地加上天气观念和语词。在天地之气这一语词中,形上、普遍的内涵开始隐隐地出现了,"气"而非地气或天气的含义得到了强调。而正是这样一种提升,使得绝对或独立的"气"概念成为可能,换言之,正是这样一种思考有可能最终导致了"气"本原思想的出现。

除《国语》之外,《周礼》中也有"气"这一语词的使用,我们也可以将其看作是西周末年至战国这一时期文献与观念的记录。例如《周礼·冬官考工记·总叙》对地气与种植业甚至手工业的关系所作的总结:"天有时,地有气,材有美,工有巧,合此四者,然后可以为良。材美工巧,然而不良,则不时、不得地气也。橘逾淮而北为枳,鹳鹆不逾济,貉逾汶则死,此地气然也。郑之刀,宋之斤,鲁之削,吴粤之剑,迁乎其地,而弗能为良,地气然也。"在这并不长的一段论述中总共有四处讲到了"地气",这足以说明作者对"地气"这一现象或因素的重视。同时值得注意的是,这里的"气"亦有"宜"的含义,而这样一种认识或理解又包含了"天人"观念的内容。再如《周礼·冬官考工记·栗氏》中所记载的:"凡铸金之状,金与锡,黑浊之气竭,黄白次之;黄白之气竭,青白次之;青白之气竭,青气次之,然后可铸也。"这里所反映的是青铜铸造的情况,值得注意的是,这里的"气"已经不再依附于"地气"或"天气",而是以独立的形态出现。与《国语·周语上》中伯阳父论地震所说的"天地之气"一样,这里的"气"也明显已具有抽象的意义。不过,由于一般认为《考工记》是战国时期的作品,因此这里使用这一材料仅在于其中对应性和连续性的意义,不作过多或详细的展开。

第二章　春秋战国时期哲学与科学的关系

　　春秋战国时期具体分为两个时期,即春秋时期和战国时期。公元前770年周平王东迁标志着东周即春秋时期的开始。春秋时期于公元前476年结束,战国时期随之于公元前475年开启。公元前221年秦王朝的建立宣告战国及整个先秦时期的结束。

　　这一时期,无论是科学还是哲学,都从萌芽阶段发展到了一个成型阶段,尤其是诸子百家的哲学思想,成为中国哲学史上的一个辉煌高峰,也成为人类思想史上的一个辉煌高峰。我们今天来看这一时期,它实际上是处于这样一个位置:一方面,它的开始部分与前一阶段即三代时期一脉相承,在这里,它继承了一个漫长的时期所逐渐萌芽和积累的知识和思维成果;另一方面,它的结束部分又与下一个阶段也即秦汉首尾相衔,它为未来的阶段提供了大量基本定型的知识系统、哲学观念和思维方式。

　　这里最为重要的是,在春秋战国时期,哲学的发展是与科学密切相关的。我们看到,这一时期许多非常重要的哲学概念的产生或使用都与科学活动有关,不少原本是基于知识领域的概念慢慢地发展成为更高层面的哲学概念,并且形成了相应的概念群或概念集合;同时,科学活动还涉及许多重要的方法工具,这些工具逐渐也成为哲学的工具并在哲学中得到更高度的概括。这实际也是春秋战国时期的一个重要特征:科学知识的发展对哲学思想产生重大影响。我们也看到,这一时期不少学派如道、名、墨、阴阳、杂等诸家也都与科学有着各种各样的渊源,其各自的一些基本或核心思想、概念以及问题都有科学知识的深刻背景。当然,我们还看到,在这一时期所形成的一些重要的概念、思想以及思维和方法以后又成为哲学和科学的共有资源、财富,成为科学与哲学活动的共同范本。

第一节 春秋战国时期的知识背景

春秋战国时期是中国古代科学与哲学范式的确立时期,同时也是科学或知识活动为哲学思想提供重要观念、概念以及思维和方法的重要时期,因此考察或了解这一时期的科学背景,对于认识哲学的特性来说就显得尤为重要。

春秋战国时期,农业生产技术的发展非常迅速。这一时期的人们对农作物种类的认识更加丰富,如《诗经》中记录有大量的农作物名称。农业生产中精耕细作的传统已经形成,选种和育种技术更加成熟,园艺技术也有了更大的发展。这一时期的中国人已经学会了在农业生产中使用铁制工具,在不少地区,这些技术的使用已十分普遍。与农业相关的物候、节气知识越来越丰富和精确。文献中对此多有表述和记载。如"深耕易耨"(《孟子·梁惠王上》)、"深其耕而熟耰之"(《庄子·则阳》)、"耕者且深,耨者熟耘也"(《韩非子·外储说左上》),这说的是深耕技术。"凶年,粪其田而不足,则必取盈焉"(《孟子·滕文公上》)、"多粪肥田,是农夫众庶之事也"(《荀子·富国》),这说的是肥田技术。"一岁而再获之"(《荀子·富国》)、"今兹美禾,来兹美麦"(《吕氏春秋·任地》),这说的是一年两熟技术。与农业生产密切相关,这一时期水利灌溉技术越加成熟。《庄子·天地》中就讲到通过杠杆原理来汲取井水或河水的提灌机械:"凿木为机,后重前轻,挈水若抽,数如泆汤。"大型灌溉工程始于春秋,盛于战国。当时最具代表性的是芍陂、漳水十二渠、都江堰和郑国渠四大工程的修建,其中芍陂和都江堰至今仍在发挥作用。特别是都江堰,其包括调节入渠水量的溢洪道——飞沙堰和"旱则引水浸润,雨则杜塞水门"(《华阳国志·蜀志》)等一整套设计,科学性至今仍备受称道。水利除灌溉工程外,还有运河工程,最著名的就是邗沟和鸿沟,其中鸿沟已设计有水闸,而邗沟在隋代还部分地为大运河所利用。

春秋战国时期的天文学取得了更大的进步,并越来越多地由观象向测算发展。由《史记·天官书》、《汉书·艺文志》、《晋书·天文志》等史书记载可知,春秋战国时期各诸侯国对天文观测都非常重视,并有自己的天文学家。如《史记·天官书》在"昔之传天数者:高辛之前,重、黎;于唐、虞,羲、和;有夏,昆吾;殷商,巫咸;周室,史佚、苌弘"之后记载:"于宋,子韦;郑则裨灶;在齐,甘公;楚,唐昧;赵,尹皋;魏,石申。"《汉书·艺文志》记载:"春秋时鲁有梓慎,郑有裨灶,晋有卜偃,宋有子韦。六国时楚有甘公,魏有石申夫。"《晋书·天文志》记载:"其诸侯之史,则鲁有梓慎,晋有卜偃,郑有裨灶,宋有子韦,齐有甘德,楚有唐昧,赵有尹皋,魏有石申夫,皆掌著天文,各论图验。"根据《中国科学技术史稿》的研究,梓慎的活动年代约在公元前 570—前 540 年,卜偃的活动年代约在公元前 675—前 650 年,裨灶约与孔子同时,子韦曾于公元前 480 年答宋景公问,后四人的活动年代约在公元前四世纪。[①] 这之中工作最为出色的是甘德和石申。二者的活动年代约在公元前 4 世纪左右。其中甘德著有《天文星占》八卷,石申著有《天文》八卷。天象观察继续三代以来的传统。春秋时期日食记录约 50 次,仅《春秋》一书就记载了从公元前 722 年到公元前 481 年这 242 年中发生的 37 次日食。鲁庄公七年有世界上关于天琴座流星雨的最早记录,鲁文公十四年有世界上最早的关于哈雷彗星的记录。战国时期的人们对于彗星已经有了很丰富的知识,其结果就是我们在长沙马王堆三号汉墓中所看到的 29 幅各种形状的彗星图。

---

① 参见杜石然等编著《中国科学技术史稿》(上册),第 124—125 页。

而对天象的持续观察,必然会提出定位和量化的要求。这包括将天空划分成相应的区域,建立一个统一的坐标系统,以确定天象发生的位置,这最终导致二十八宿体系的建立。如前一章所见,二十八宿体系在周代已经逐渐形成,之后,其中的某些名称已见于《诗经》,而作为完整的系统最终在春秋时期得以建立。如属于战国早期的曾侯乙墓中出土有一个漆箱盖,上面列有二十八宿全部名称。另据《开元占经》,甘德、石申等还对其他天区作了划分。例如石申就给出 121 颗恒星的赤道坐标值和黄道内外度,此即著名的"石氏星表"。所以《中国科学技术史稿》一书作者认为,至迟在石申时代中国的天文学已经数量化。天文观测的量化尤其体现在太阳回归年长度的确定与行星运行周期的精确测算中。我们知道,周人已经使用圭表测影方法以确定分至日的准确时间,再辅以相应的计算,就可以使回归年长度的测算达到一定的准确度。春秋晚期,伴随观测水平的大大提高,回归年长度已经定为 365¼ 日,这一回归年数值比实际长度仅多 11 分钟,同时这一时期的历法已经采用十九年七闰的置闰周期。相比之下,古希腊人默冬在公元前 432 年才发现十九年七闰法,比我国晚百年左右;至于太阳回归年长度,罗马人于公元前 43 年采用的儒略历才达到比实际长度仅多 11 分钟的数值,但比我国已晚了约五百年。而对行星运行周期的测算则达到了当时天文学量化研究的最高水平。如据《开元占经》可知,甘德和石申已经测出火星的恒星周期为 1.9 年(应为 1.88 年),木星为 12 年(应为 11.86 年)。这表明在这个时候,中国的天文学已经能够比较精确地测算天体运行的周期。①

数学与乐律学在春秋战国时期也有了长足的进步。数学在春秋战国时期有了新的发展。这一时期,筹算技术得到了进一步的发展,文献中多有记载,考古也发现了相应的实物证据。四则运算估计在春秋战国时期也已经十分完备,如战国初年李悝的《法经》在记录家庭收支情况时就运用了加、减、乘等运算。又由于大量重复计算的需要,"九九"乘法口

---

① 以上参考杜石然等编著《中国科学技术史稿》(上册),第 125—130 页。

诀在春秋早期已相当普及,《战国策》中记载了相应的例子。这一时期也已经有了分数概念,如《考工记》、《墨子》、《管子》、《商君书》等著作中都有分数应用的例子。特别是回归年长度和朔望月长度的计算,因都不是整日数,其奇零部分的表达也必然要涉及分数的运用,并且其中有些计算已十分复杂。由此我们也可以看出,到了春秋时期,数学已经与天文学充分结合,用来解决天文学中大量的测算与演算问题。事实上,春秋战国时期之所以能够在天文观测方面取得众多的成果,就是与数学的广泛加入密不可分的。除此之外,实用数学在此时也得到了进一步的发展,一些日后在《九章算术》中的内容,如方田、粟米、衰分、少广、商功等问题,在先秦时期实际已经形成,又《考工记》也记录了诸如车辆、钟磬等制作中的实际数学问题,以解决实际问题为目的的中国数学范式已显露端倪。① 春秋战国时期在音律学方面同样也取得巨大进步。《考工记》对于制钟有详细的记载,其中涉及声学知识的内容。《庄子·徐无鬼》中已记载调瑟时所发生的共振现象:"于是为之调瑟,废于一堂,废于一室。鼓宫宫动,鼓角角动,音律同矣。夫或改调一弦,于五音无当也;鼓之,二十五弦皆动。"这一时期音律学最重大的成就就是发现了三分损益律。《管子·地员》记载:"凡首,先主一而三之,四开以合九九,以是生黄钟小素之首以成宫。三分而益之以一,为百有八,为徵。不无有,三分而去其乘,适足以是生商。有三分而复于其所,以是成羽。有三分去其乘,适足以是成角。"这是一个三分损益律用于五声音阶计算的例证。之后,《吕氏春秋·音律》记载:"黄钟生林钟,林钟生太蔟,太蔟生南吕,南吕生姑洗,姑洗生应钟,应钟生蕤宾,蕤宾生大吕,大吕生夷则,夷则生夹钟,夹钟生无射,无射生仲吕。三分所生,益之一分以上生;三分所生,去其一分以下生。黄钟、大吕、太蔟、夹钟、姑洗、仲吕、蕤宾为上;林钟、夷则、南吕、无射、应钟为下。"这已经用三分损益律算全了十二律的音位。

① 以上内容分别参考了杜石然等编著《中国科学技术史稿》(上册),第130—133页;李迪《中国数学史简编》,第23、24页。

　　春秋时期的医疗活动比起周代又有了进展,这一时期的治疗手段已经包括有砭石、汤剂、针灸、导引等各种方法,望、闻、问、切的诊断方式也已基本成型,并且这一时期也已经确定了阴阳五行作为中医理论的基本格局,可以说,中医的基本疗法和思想已大体具备。至春秋战国之交,医学取得了更大的发展。原先属于不同地区的医疗手段如东方的砭石、西方的汤药、北方的灸焫、南方的针刺以及中原地区的导引开始相互融合为一体。以这一发展为背景,这一时期出现了扁鹊这样的名医。在疗病方面,扁鹊依据需要,主要作"带下医"(妇科)、"小儿医"(儿科)以及"耳目痹医"(五官科)。在诊断方面,扁鹊采用了望、闻、问、切的诊断方式,其中尤擅长望、切两种问诊方式。扁鹊还根据医疗实践,提出了相应的医学思想。如《史记·扁鹊仓公列传》就记载了"病有六不治"的原则:"人之所病,病疾多;而医之所病,病道少。故病有六不治:骄恣不论于理,一不治也;轻身重财,二不治也;衣食不能适,三不治也;阴阳并,藏气不定,四不治也;形羸不能服药,五不治也;信巫不信医,六不治也。有此一者,则重难治也。"这其中的科学思想和无神论思想是显而易见的。伴随着医疗技术的发展,医学典籍也应运而生。1973年马王堆三号汉墓出土的帛书中有一部分是医学著作,经今人整理,分别定名为《足臂十一脉灸经》《阴阳十一脉灸经》《脉法》《阴阳脉死候》《五十二病方》。据研究,这些著作都是春秋战国甚或更早的成果。其中《足臂十一脉灸经》与《阴阳十一脉灸经》包括了十一经脉的脉名、循行路经、主病和灸法四部分内容。与《灵枢》比尚较原始。《脉法》主要论述熨、灸、砭法的部位,其中已经包含有后世中医辨证论治思想的萌芽。《阴阳脉死候》专论三阴三阳脉中的死症,内容与《灵枢·经脉》大抵相似,但却没有《内经》中那种阴阳五行思想充斥的现象,由此也可以判断阴阳五行思想泛滥的时间。以上四书主要是关于脉证和灸法的。而《五十二病方》则记述了治疗五十二种疾病的近三百个古方,涉及多种内外科疾病,风、湿、寒、热等中医病因病机理论已可见雏形。在中药制剂方面,全书列有242种药名。《五十二病方》已经开启了中医药物和方书的范例,后来《神农本草经》、《伤寒杂病论》中的药物分类、加工、配伍以及实用的方书意识都应由此而来。① 而这一时期最为突出的医学理论成果就是《黄帝内经》。一般认为，《黄帝内经》出现于战国中后期，由于其又经后人整理并最终定型于汉代，所以我们将在下一章加以考察。

技术的发展也不能忽视。这一时期最为典型的就是以铸铁为代表的冶铸技术的发展。我国古代用铁的历史大约可以追溯到殷周时期，最初的铁器是以陨铁作为原料，加工也主要是在青铜作坊中。但至春秋时期以后，由于农业生产以及战争活动等种种因素，冶铁业发展迅速，铸铁技术也有了长足的进步。文献与考古资料对此都提供了相应的证据。例如《左传·昭公二十九年》记载的周敬王七年（前513）的铸刑鼎事件，又如属于春秋末期的江苏六合程桥吴墓出土了铁丸和铁条。除此之外，春秋末年已经出现了钢剑，这应当是与战争活动密切相关的。战国时期，铁器的使用已经普遍得到推广。如河北石家庄市庄村赵国遗址出土的铁农具占全部农具的65%，辽宁抚顺莲花堡燕国遗址出土的铁农具占全部农具的85%以上。考古研究表明，冶铁业当时已经成为手工业最重要的部门之一，各地出现了许多著名的冶铁业中心，一些生产规模十分壮观，如山东临淄齐国故都冶铁遗址的面积达四十余万平方米。战国时期的冶铸技术较春秋时期又有了新的提高，铸铁柔化技术已经出现，如洛阳水泥厂战国早期灰坑出土的铁锛和铁𨨏就是生铁铸件经柔化处理而得到的产物。其中铁锛是经过低温退火处理而得到的白心韧性铸件产品；铁𨨏是经过高温退火处理而得到的黑心韧性铸件产品。柔化技术的采用大大增强了铸铁的强度和韧性，它推动和加速了铁器取代木器、铜器的实际进程。此外，对河北易县燕下都出土的部分兵器检测表明，战国后期一些地区已采用渗碳钢技术。需要说明的是，欧洲约于公元前1000年左右已经掌握了块炼铁技术，但直到14世纪才使用铸铁，而我国

---

① 以上内容主要参考了杜石然等编著《中国科学技术史稿》（上册），第137—139页；刘洪涛编著《中国古代科技史》，第122—127页，天津：南开大学出版社，1991。

只用较短的时间就实现了这一技术的突破。又白心韧性铸铁直到18世纪才在欧洲使用,而黑心韧性直到19世纪才在美国研究成功。战国时期的这方面成就比欧美足足早了2000年。① 又当时的文献对此也有所反映,如《管子·轻重乙》中就讲:"一农之事,必有一耜、一铫、一镰、一耨、一椎、一铚,然后成为农;一车必有一斤、一锯、一釭、一钻、一凿、一銶、一轲,然后成为车;一女必有一刀、一锥、一箴、一鉥,然后成为女。"这之中包含了大量的铁质用具,其都应是冶铁业高度发展的结果。为什么我国能在短短的时间内实现冶炼技术如此快速的发展?《中国科学技术史稿》的作者认为:这与我国商周时期高度发展的青铜冶炼技术有着密切的关系。因为它从矿石、燃料、筑炉、熔炼、鼓风和范铸技术等各方面,为生铁的冶炼准备了坚实的技术基础。② 当然,这一时期技术的发展不唯冶铸技术。就文献而言,《周礼·冬官考工记》对以战国时期为主的各种重要技术做了详细的记载。

我们应当看到,春秋战国时期的哲学思想之所以能取得无比的繁荣并达到后人难以企及的高度,在很大程度上就是以当时蓬勃发展的科学作为坚实基础的。

第二节　春秋时期的"阴阳"、"五行"、"气"观念与概念

春秋时期,围绕知识问题,首先形成的概念群或概念集合是"阴阳"、"五行"与"气"。"阴阳"、"五行"观念经过长期的发展,到西周末年已经具有了相当的基础,其中作为概念或者应运而生,或者呼之欲出。进入春秋以后,这两种观念都明显获得了更加充分的发展,其概念的使用已十分普遍,并且各自都已经逐渐思想化。而我们在这里所要考察的就是这两种观念或思想在发展过程中与科学知识的密切关系。"气"观念在这一时期也有了新的发展。伴随着知识的积累和扩大,这一时期人们对

---

① 以上参考杜石然等编著《中国科学技术史稿》(上册),第89—94页。
② 同上书,第91页。

于"气"的认识也更加深入，从自然到生命都有广泛的涉及。同时，"气"观念也与"阴阳"和"五行"思想结合起来，形成"二气"说与"六气"说。除此之外，"气"通畅平和的思想也出现了。①

一、"阴阳"观念的发展与知识的关系

到了春秋时期，"阴阳"观念或思想已经在文献中随处可见，其中多数都包含有自然知识的内容。例如《左传·僖公十六年》记载："十六年春，陨石于宋五，陨星也。六鹢退飞，过宋都，风也。"宋襄公问："吉凶焉在?"而周内史叔兴则认为"是阴阳之事，非吉凶所生也"。叔兴在这里所说的"阴阳之事"大致就相当于我们今天所说的"自然现象"的意思，其明显与自然知识相关。又如春秋时秦国名医医和的论述："六气曰阴、阳、风、雨、晦、明也，分为四时，序为五节，过则为灾：阴淫寒疾，阳淫热疾，风淫末疾，雨淫腹疾，晦淫惑疾，明淫心疾。"(《左传·昭公元年》)我们在这里清楚地看到，医和为了阐明其思想使用了大量的材料，而这些材料可以说无不与自然或科学知识有关。也有些思想家所面对的虽是社会问题，但其所依据的材料仍然涉及大量的自然或科学知识，其中《孙子兵法》就十分典型。如《孙子》第一篇《始计》讲："兵者，国之大事，死生之地，存亡之道，不可不察也。"在接下来"经之以五事"的论述中，孙子涉及了"天"、"地"两个方面的自然或科学知识，这其中包括了一系列阴阳对立的范畴，如："天者，阴阳、寒暑、时制也。地者，远近、险易、广狭、死生也。"孙子讲，这是为了解决"天地孰得"的问题。而我们从这里也可以清楚地看到，对"阴阳"对立现象的关注乃是《孙子》中的一个不可或缺的部分，解决战争问题不能不谙熟自然知识。

正是以知识作为基础，"阴阳"作为普遍规律或法则的观念与思想在

---

① 关于"阴阳"、"五行"及"气"观念在春秋时期发展的详细状况可参见本人《中国哲学的起源——前诸子时期观念、概念、思想发生发展与成型的历史》与《中国哲学起源的知识线索——从远古到老子：自然观念及哲学的发展与成型》中的相关内容。

春秋时期得到了全面的确立。例如齐国晏婴论对立双方相济关系的论述："清浊、大小、短长、疾徐、哀乐、刚柔、迟速、高下、出入、周疏，以相济也。"(《左传·昭公二十年》)晏婴在这段论述中共使用了十对范畴，虽然这些范畴没有直接道出具体事物，但不难看出其与具体事物或现象的关系，不难看出其自然属性，也不难看出其知识属性。还有晋国史墨下面的这段著名论述："物生有两，有三，有五，有陪贰。故天有三辰，地有五行，体有左右，各有妃耦。王有公，诸侯有卿，皆有贰也。"(《左传·昭公三十二年》)史墨在这里所列举及对比的"天有三辰"、"地有五行"、"体有左右"都是自然现象。并且史墨也正是在此基础上概括出具有普遍性的"物生有两，有三，有五，有陪贰"的结论。《国语》中亦有相同的论述与思想，如《周语下》中说："故天无伏阴，地无散阳，水无沈气，火无灾燀。""于是乎气无滞阴，亦无散阳，阴阳序次，风雨时至。"在这里，"阴阳"观念或思想都是建立在自然现象基础之上的。

而在春秋末年范蠡的思想中，我们已经可以看到非常接近于老子那种哲学高度的论述。例如：

> 臣闻古之善用兵者，赢缩以为常，四时以为纪，无过天极，究数而止。天道皇皇，日月以为常，明者以为法，微者则是行。阳至而阴，阴至而阳；日困而还，月盈而匡。古之善用兵者，因天地之常，与之俱行。后则用阴，先则用阳；近则用柔，远则用刚。后无阴蔽，先无阳察，用人无艺，往从其所。刚强以御，阳节不尽，不死其野。彼来从我，固守勿与。若将与之，必因天地之灾，又观其民之饥饱劳逸以参之。尽其阳节，盈吾阴节而夺之。宜为人客，刚强而力疾，阳节不尽，轻而不可取。宜为人主，安徐而重固，阴节不尽，柔而不可迫。凡陈之道，设右以为牝，益左以为牡，蚤晏无失，必顺天道，周旋无究。今其来也，刚强而力疾，王姑待之。(《国语·越语下》)

范蠡以上这段话论述了用兵的法则，强调用兵也即战争必须遵循普遍的自然规律。值得我们注意的是，在论证中范蠡使用了大量的天文科学知识，如"赢缩以为常，四时以为纪，无过天极，究数而止"，"天道皇皇，日月以为常"，"日困而还，月盈而匡"，"因天地之常"，"因天地之灾"，"必顺天道，周旋无究"。事实上，这也是老子学说的思想背景和知识基础。关于老子的思想与知识的关系后面会详细论述。也正是在此基础上，范蠡阐述或论证了阴阳对立与转化的普遍法则或规律，如"阳至而阴，阴至而阳"，"后则用阴，先则用阳"，"凡陈之道，设右以为牝，益左以为牡"。作为思想，这其中既有客观认识，也有主观方法。也是基于同样的知识和思想背景或基础，老子提出"反者道之动"（《老子·四十章》）、"万物负阴而抱阳"（《老子·四十二章》）等著名论断。我们在这里看到范蠡的论述已经十分接近于老子，他已经将"阴阳"抽象为一种更高的哲学概括。①

二、"五行"观念的发展与知识的关系

"五行"思想在春秋以后也得到了极大的发展，同样，这一发展也与科学知识密切相关。首先我们看到，"五行"概念在这一时期已经大量出现，如："则天之明，因地之性，生其六气，用其五行。"（《左传·昭公二十五年》）"故天有三辰，地有五行。"（《左传·昭公三十二年》）几乎在同一时期，"五材"这一概念也大量出现了，如："审曲、面势，以饬五材，以辨民器，谓之百工。"（《周礼·冬官考工记·总叙》）"天生五材，民并用之，废一不可。"（《左传·襄公二十七年》）由此，"五材"或"五行"属性的认识也最终清晰起来，如："故先王以土与金木水火杂，以成百物。"（《国语·郑语》）在这里，可以清晰地看到"五材"与"五行"观念之间的结合，而这无疑是在知识积累基础上所作的概括和总结。

与此同时，春秋时期出现了大量以"五"为核心的语词，例如五行、五材、五色、五味、五声、五义、五属、五正、五大夫、五官、五祀。也就是说，

---

① 事实上，孙子、范蠡与老子的转化思想大致可以放在同一时代或尺度下来理解，虽然其关心的问题有所侧重，但有一点十分相同，即他们都高度重视自然现象与知识，高度重视当时天文学等知识领域所提供的重要认识成果。

在春秋时期已经存在着一个很大的以"五"为核心的语词"集合"。并且，我们可以从中看到由自然现象向社会生活过渡或延伸的趋势，也可以从中看到当时的人们已表现出对"五"类或"五"数的浓厚兴趣。当然，对于"类"和"数"的兴趣也有更为丰富的形态，实际上并非仅局限于"五"类和"五"数。例如：

> 五声和，八风平，节有度，守有序，盛德之所同也。（《左传·襄公二十九年》）

> 先王之济五味，和五声也，以平其心，成其政。声亦如味，一气，二体，三类，四物，五声，六律，七音，八风，九歌，以相成也。（《左传·昭公二十年》）

> 气为五味，发为五色，章为五声。淫则昏乱，民失其性。是故为礼以奉之：为六畜、五牲、三牺，以奉五味；为九文、六采、五章，以奉五色；为九歌、八风、七音、六律，以奉五声。（《左传·昭公二十五年》）

这里的"类"和"数"是丰富多彩的，但这仍然是以"五"为中心，即所谓"声亦如味"、"以奉五味"、"以奉五色"、"以奉五声"，也即仍以"五行"概念为中心，将所有与"五"相关的具体概念汇拢起来，从而编织成一张更大的宇宙图式的"网"。而在这张"网"中，声、色、味、行、材等自然知识具有核心的地位。

当然，也是因此，"五行"观念或思想的泛滥已初见端倪，比附也即比类和附数的思维与观念已经开始浮现。人们开始以"五"作为核心，将一切都简约为"五"的结构内，如此，"五"也就具有了某种必然性。如："画缋之事，杂五色：东方谓之青，南方谓之赤，西方谓之白，北方谓之黑。"（《周礼·冬官考工记·画缋》）这是在类与类之间建立联系。又如："五味实气，五色精心，五声昭德，五义纪宜。"（《国语·周语中》）这显然是企图将一切事物都用"五"来加以囊括。这样的观念在当时已经十分普遍，如："耳不听五声之和为聋，目不别五色之章为昧。"（《左传·僖公二十四

年》)"天有六气,降生五味,发为五色,徵为五声。"(《左传·昭公元年》)
而孙子对此更是下了绝对性的结论,他说:"声不过五,五声之变不可胜
听也;色不过五,五色之变不可胜观也;味不过五,五味之变不可胜尝
也。"(《孙子·兵势》)可以说,春秋时期的人们已经逐渐将有关世界的认
识"定格"在"五"这一结构上,或者说,此时已经开始出现将一切事物
"五"类化或"五"数化处理的思维定势。这样一来,"五"本身成为宇宙最
基本的准则。一般而言,单独将某些现象相比至多只会涉及可比性的问
题,但比较一旦被纳入某种数字结构或框架,则往往会包含神秘的色彩。
如前所见,这种观念在原始思维中已经存在,原始先民相信宇宙中存在
着某种图式。将一切事物纳入"五"这一结构的观念无非重现了原始思
维中的宇宙图式观念。而更重要或更值得我们注意的是,五行观念的建
立源于知识,而五行观念的泛滥实际上也同样源于知识。在这里,我们
看到了某种类似于"科学主义"的现象。事实上,也只有自然知识或"科
学"具有这样的力量,并获得这样的权利。同西方的认识历史一样,自然
知识在这里扮演着某种"真理"的角色。而既然是"真理",它就应当是放
之四海也即以一驭万的。

但总的来说,在春秋时期,这样一种以"五行"观念为核心或基础的
比附思维与观念还刚刚起步,其还仅仅是比附思维与观念的初始形态。
这时的"比附"思维可能还具有某种具体的特征。它还没有发展到极致,
没有发展到荒诞不经的地步。但尽管如此,"比附"倾向已经清晰可见,
历历在目,它的缺陷与隐患已经深深地潜藏其中。到了战国时期,这种
内在的缺陷与隐患终于被进一步甚至无限地放大了。于是,对五行作比
类、附数的理解终于在思想界普遍爆发并泛滥开来。

三、"气"观念的发展与知识的关系

到了春秋时期,"气"观念已经发展出十分丰富的思想,这包括有二
气说和六气说以及自然之气和生命之气等具体的观念内容。事实上,这
一发展从西周末年就开始了,它经历了一段较长的过程。

所谓二气说也就是玥阳说,这应当是最早出现的有关"气"的思想,它是受"☰"与"☷"卦象或符号的启发而产生。关于阴阳二气的思想我们在《国语·周语上》伯阳父关于地震知识的论述中已经可以看到:"夫天地之气,不失其序,若过其序,民乱之也。阳伏而不能出,阴迫而不能烝。于是有地震。今三川实震,是阳失其所而镇阴也。"这是中国思想史上第一次最为明确地将"气"划分为阴阳二气的理论。对比同一时期和不同时期的种种关于"气"的思想与学说,我们可知伯阳父上述概念与理论的提出绝非是偶然的。特别是到了春秋时期,阴阳之气的提法已经十分普遍。如《左传·僖公十六年》中叔兴指出陨石坠宋、六鹢退飞完全是一种自然现象,即"是阴阳之事,非吉凶所生也"。在这里,叔兴虽没有直接点明阴阳与"气"的关系,但对相似资料的考察应当能够断定这里的"阴阳"与"气"之间的关系。而最为重要的是,我们在这里看到,阴阳二气的思想显然是与对自然或知识的认识密切相关的。

除二气说外,春秋时期还形成了六气说。六气说应当是以二气说作为基础,并在此基础上的进一步延伸或展开。其实,所谓六气说,就是一种复合的二气说。如《左传·昭公元年》中记载:

> 天有六气,降生五味,发为五色,徵为五声,淫生六疾。六气曰阴、阳、风、雨、晦、明也,分为四时,序为五节,过则为灾:阴淫寒疾,阳淫热疾,风淫末疾,雨淫腹疾,晦淫惑疾,明淫心疾。

从以上论述中可以清楚地看到,所谓六气,其实应是由二气衍生而来的。六气分别是由三对二气语词或范畴组合而成,即阴阳、风雨、晦明,而其中阴阳二气是最基本的,风雨、晦明应是阴阳二气的进一步具体化,这也是"气"概念由抽象而具体的过程,它与解释的具体需求密切相关。不过,六气说在一定程度上也与五行观念相关。如《左传·昭公二十五年》:"则天之明,因地之恽,生其六气,用其五行。"又如《国语·周语下》:"天六地五,数之常也。"六气说同样是当时的人们对生活与生产知识的总结成果。

自然之气包括天气、地气以及天地之气，其充塞宇宙。例如《国语·鲁语上》记载："宣公夏滥于泗渊，里革断其罟而弃之，曰：'古者大寒降，土蛰发，水虞于是乎讲罛罶，取名鱼，登川禽，而尝之寝庙，行诸国，助宣气也。鸟兽孕，水虫成，兽虞于是乎禁罝罗，獭鱼鳖以为夏犒，助生阜也。鸟兽成，水虫孕，水虞于是乎禁罝罜麗，设阱鄂，以实庙庖，畜功用也。'"韦昭在此段"助宣气也"后注曰："是时阳气起，鱼陟负冰，故令国人取之，所以助宣气也。"由此可知这里的"气"应是指地气。同时，对比《周语上》中关于籍田与农耕的记载，这段话则主要讲的是地气以及节气与动物活动的关系。值得注意的是，"气"本原的思想在这时似乎渐渐生成了，如《左传·昭公二十年》中晏子的话："声亦如味，一气，二体，三类，四物，五声，六律，七音，八风，九歌，以相成也。"这应是天地自然之气观念发展的必然结果。

人是宇宙中的一部分，它同样为"气"所充满，对与人相关的这部分"气"，我们姑且称之为生命之气。而在春秋末年以前这一时期，围绕生命之气而展开的最主要的理论主要是血气说。血气首先应当是作为自然之气的一个部分，它具有明显和明确的物质性含义。例如《左传·襄公二十一年》记载：楚子使薳子冯为令尹，访于申叔豫。叔豫曰："国多宠而王弱，国不可为也。"遂以疾辞……楚子使医视之。复曰："瘠则甚矣，而血气未动。"再如《国语·鲁语上》中的一段记载，展禽曰："夏父弗忌必有殃。……"侍者曰："若有殃焉在？……"曰："未可知也。若血气强固，将寿宠得没；虽寿而没，不为无殃。"在这些表述中，"气"显然被赋予了生理性的意义，甚至是作为生命的物质基础来理解的，这应当是生命或医学知识深入发展的表现，而这样一种理解以后便成为中国古代医学包括养生和治疗活动的一个重要理论基石。

以上无论是二气说、六气说，还是自然之气与生命之气思想，其实都是源于对自然的认识也即知识的基础。

关于早期的"气"观念和思考，我们还应注意作为"气"语词及概念在形成之初就已经包蕴的"通畅"这一含义,而这样一种观念同样是建立在具体知识基础之上的。

按照当时中国人的看法,自然之气是应当而且需要疏导通畅的。因为中国人认为,"气"作为一种物质存在,它绝不是凝固的,而是流动的。如前面所看到的《国语·周语上》中伯阳父论地震的著名论述,又如《国语·周语下》记载:

> 灵王二十二年,谷、洛斗,将毁王宫。王欲壅之,太子晋谏曰:"不可。晋闻古之长民者,不堕山,不崇薮,不防川,不窦泽。夫山,土之聚也;薮,物之归也;川,气之导也;泽,水之钟也。夫天地成而聚于高,归物于下。疏为川谷,以导其气;陂塘污庳,以钟其美。是故聚不阤崩,而物有所归;气不沈滞,而亦不散越。"

这里的"导"即疏导畅通之意。这样一种认识的获得很可能包括了对"气"的感性直观。气,氤氲变化,周流于六虚之间。天地阴阳之气如果不通畅,则便会发生自然灾害。不难看出,有关"导"的认识是以对自然的观察作为基础的。

同样,生命之气也即人体中的血气也是如此。血气畅通,则身心健康;若有所壅蔽,则生疾矣。《国语·周语下》中记载单穆公的话说:"口内味而耳内声,声味乍气。气在口为言,在目为明。言以信名,明以时动。……若视听不和,而有震眩,则味入不精,不精则气佚,气佚则不和。于是乎有狂悖之言,有眩惑之明,有转易之名,有过慝之度。"在这里,血气不畅用"气佚"表达,而"不精则气佚,气佚则不和"的看法又涉及"平和"的思想。又如《左传·昭公元年》中记载子产的话说:"侨闻之:君子有四时,朝以听政,昼以访问,夕以修令,夜以安身。于是乎节宣其气,勿使有所壅闭湫底以露其体,兹心不爽,而昏乱百度。今无乃壹之,则生疾矣。"在这里,血气不畅用"壅闭"来表达,解决的办法就是"节宣其气"。这样一种思想以后在中国的医学理论中有更为丰富的阐述。

第三节　春秋时期的自然之"天"、"天道"、"天人"观念与概念

"天"、"天道"、"天人"是春秋时期又一个与自然和知识密切相关的概念群。自然之"天"的含义是在一个相当长的时间内缓慢萌芽并发展的。这样一种观念最先是寄寓在早期占星术中,也寄寓在早期天人观中。西周末年以后,随着占星术即天文学的迅速发展,"天"的自然含义也越来越清晰,越来越丰富。就天人关系而言,自然天人观与相关的"时"、"宜"观念、概念以及思想在春秋时期都得到了更大的发展,而考察表明,这一时期的自然"天人"观念、概念及其思想在很大程度上也是建立在坚实的天文学知识或自然之"天"观念基础之上的。进而,至春秋时期,自然"天道"观逐渐形成了。这其中十分重要的一个原因就是占星活动由观象向观测的转变,并由此越来越数量化。在春秋时期,天文学中愈来愈注重对天体运行周期的研究,这尤其体现在太阳回归年长度的确定与行星运行周期的精确测算中。而这样一种天文知识的研究最终又以天道观念的形式反映出来。①

一、自然之"天"的产生

至少从周代开始,"天"语词中的自然含义开始逐渐显现出来,也即已经出现了由宗教之"天"向自然之"天"的过渡,例如《尚书》:"秋,大熟,未获,天大雷电以风,禾尽偃,大木斯拔。"(《金縢》)"大玉、夷玉、天球、河图,在东序。"(《顾命》)又如《诗经》:"倬彼云汉,昭回于天。""瞻卬昊天,云如何里?瞻卬昊天,有嘒其星。"(《大雅·云汉》)这里大抵应当都是涉及的自然之"天"。

至春秋时期,"天"语词的使用更加普遍,并且其已经完全取代"帝"

---

① 关于"天"、"天道"、"天人"观念在春秋时期发展的详细状况可参见本人《中国哲学的起源——前诸子时期观念、概念、思想发生发展与成型的历史》与《中国哲学起源的知识线索——从远古到老子:自然观念及哲学的发展与成型》中的相关内容。

语词,这可以说是这一时期的文献《左传》、《国语》中的普遍现象。例如《左传》中:"兄弟而及此,吾从天所与。"(《襄公三十年》)"至于幽王,天不吊周。……至于惠王,天不靖周。"(《昭公二十六年》)同时,上述这种情况也在《诗经》中有所反映。与《大雅》相比,《小雅》中的自然之"天"有了增加,例如:"谓天盖高,不敢不局;谓地盖厚,不敢不蹐。"(《正月》)"维天有汉,监亦有光。跂彼织女,终日七襄。"(《大东》)"上天同云,雨雪氛氛。"(《信南山》)有理由断定,"天"语词完全或更多取代"帝"语词不仅反映了殷周之间信仰的区别,也反映了这一时期天文学知识的迅速发展,而春秋时期自然之"天"观念的广泛生成正是与这一时期天文学的迅速发展密切相关的。从文献记载中,可以看出当时天文学或占星术所涉及的与"天"相关的内容。如《周礼·春官宗伯》中讲保章氏之职是:

> 掌天星,以志星辰日月之变动,以观天下之迁,辨其吉凶。以星土辨九州之地,所封封域,皆有分星,以观妖祥。以十有二岁之相,观天下之妖祥。以五云之物,辨吉凶、水旱降、丰荒之祲象。以十有二风,察天地之和、命乖别之妖祥。

当然,在这里面既有科学的因素,也有宗教的因素,但自然之"天"的内容在当时无疑是大大增加了。并且如前所见,春秋战国时期涌现出了包括鲁国的梓慎,晋国的卜偃,郑国的裨灶,宋国的子韦,齐国的甘德,楚国的唐昧,赵国的尹皋,魏国的石申等在内的一大批著名的天文学家。"天"这一语词或概念的普遍出现应当正是这种天文学知识兴旺发展的观念成果,而其进一步的结果便是自然属性在"天"观念中的增加并有可能取得绝对的支配地位。

也是在这种背景下,"天"的各种自然含义便愈来愈丰富,也愈来愈清晰,这包括对天灾和天地的认识。

对灾异的关注是靠天吃饭的农耕文明的必然现象,随着知识的进步、科学的发展,春秋时期的人们越来越从自然而非神秘或宿命的意义上来看待和理解"天灾"。例如《左传》:"天作淫雨,害于粢盛,若之何不吊？"（《庄公十一年》）"在国，天有灾疠，亲巡孤寡而共其乏困。"（《哀公元年》）又如《国语》："古者，天灾降戾，于是乎量资币，权轻重，以振救民。"（《周语下》）"若将与之，必因天地之灾，又观其民之饥饱劳逸以参之。"（《越语下》）可以看出，上述这些记载所关注的问题与殷人所关注的"帝令雨足（年）"、"帝不令雨"、"上帝降堇"、"帝不降大堇"这样一些问题是一样的。只是在殷人那里主要归之于"帝"，而到了春秋时期这里，其中的宗教内容已被逐渐剥离，自然因素逐渐成为思考中的主要成分。

春秋时期，天地对举的表述也越来越多。虽然说此时的"天地"语词难免仍有不少从宗教之天向自然之天的过渡色彩，甚至不乏神秘色彩，但与天灾意义一样，天地之天的自然含义也已越来越清晰。例如《左传》："地平天成，称也。"（《左传·僖公二十四年》）"舜臣尧，举八恺，使主后土，以揆百事，莫不时序，地平天成。"（《左传·文公十八年》）与此同时，更为一般意义的"天地"概念在西周末年已经出现了，例如：

> 夫天地之气，不失其序，若过其序，民乱之也。（《周语上》）

春秋时期进一步加深了这一内涵。例如："天六地五，数之常也。经之以天，纬之以地。""象物天地，比类百则。""故天无伏阴，地无散阳。""唯不帅天地之度，不顺四时之序。"（均见《周语下》）

二、"天人"

与"天"观念一同进展的是自然天人观，具体地，其包括或展开为"天时"与"地宜"两方面内容，而这正是之前自然天人观念传统的延续和发展。

与西周时期相比，春秋时期有关"天时"这一概念或观念所蕴涵的意义更加完整，这主要体现在以下几个方面：第一，"时"已明确具有规律之意。这是以三代尤其是春秋时期占星活动或天文知识的长期积累和迅速发展作为基础的。这既包括大量的占星或天文知识，如："丙子旦，日在尾，月在策，鹑火中，必是时也。"（《左传·僖公五年》）"陶唐氏之火正阏伯居商丘,祀大火,而火纪时焉。"(《左传·襄公九年》)也包括基于这一基础上发展起来的历法知识,如:"先王之正时也,履端于始,举正于中,归馀于终。"(《左传·文公元年》)"闰以正时,时以作事,事以厚生,生民之道于是乎在矣。"(《左传·文公六年》)第二,"顺时"或遵循规律。"顺时"首先是以农耕活动或知识作为基础发展起来的。由于这里的遵循规律是针对农事活动,因此这一层含义中所突现的"时"是指遵守时令、时节或即农时。这一层含义与上面第一层含义相比较,更为直接地指向了人与天即自然的具体关系,或具有更明确的实用意义。例如:"故务其三时,修其五教,亲其九族,以致其禋祀。"(《左传·桓公六年》)"修民事,田以时。"(《左传·襄公四年》)"山泽各致其时,则民不苟;陆、阜、陵、墐、井、田、畴均,则民不憾;无夺民时,则百姓富;牺牲不略,则牛羊遂。"(《国语·齐语》)"四封之内,百姓之事,时节三乐,不乱民功,不逆天时,五谷睦熟,民乃蕃滋。"(《国语·越语下》)这其中的"务其三时"、"田以时"、"各致其时"、"无夺民时"、"不逆天时"都明确而清晰地表达出一种遵循农时规律的天人观念甚至思想。第三,"审时",也即赋予遵循规律以认识论的意义,例如《国语·齐语》中所说:

> 令夫工,群萃而州处,审其四时,辨其功苦,权节其用。
>
> 令夫商,群萃而州处,察其四时,而监其乡之资。
>
> 令夫农,群萃而州处,察其四时,权节其用,耒、耜、枷、芟。及寒,击草除田,以待时耕;及耕,深耕而疾耰之,以待时雨;时雨既至,挟其枪、刈、耨、镈,以旦暮从事于田野。

这里所说的"审其四时"、"察其四时"都具有在主观上重视认识规律之意,即强调主体在认识和把握客观规律中的作用,显然,这应当已经赋予了天人关系以认识论的意义。而后来《易传》等学派及思想对于"时"的强调就正是以此为基础的。

"地宜"观念同样是天人关系的一个重要方面。如前所见,地宜观念在周代就已经十分明显,相应的"宜"概念也已经出现,而这样一种观念和概念在春秋时期的表达也更加丰富和具有概括性。例如《左传·成公二年》中记载：

> 先王疆理天下，物土之宜，而布其利。故《诗》曰："我疆我理，南东其亩。"今吾子疆理诸侯，而曰"尽东其亩"而已，唯吾子戎车是利，无顾土宜，其无乃非先王之命也乎？

对照前面所看到的《周礼》中的"掌土化之法以物地，相其宜而为之种"（《地官司徒·草人》）、"以土宜之法辨十有二土之名物"（《地官司徒·大司徒》），这里的"物土之宜"、"无顾土宜"显然在思维及其表述上都有相关性或连续性。而春秋时期对于地宜观念及思想表述得最为清晰和透彻的要数《管子·地员》。《管子·地员》开篇就说："渎田悉徙，五种无不宜"，"其木宜杬、蓄与杜松，其草宜楚棘"；"赤垆，历强肥，五种无不宜"，"其草宜白茅与藘，其木宜赤棠"；"黄唐，无宜也"，"其草宜黍秫与茅，其木宜樐扰桑"；"斥埴，宜大菽与麦，其草宜萯藟，其木宜杞"；"黑埴，宜稻麦，其草宜萍蓿，其木宜白棠"。这里讲了土壤与植物或农作物的对应关系。并且很明显，这样一种认识是沿《禹贡》、《周礼》的传统发展而来的。又如："凡草土之道，各有谷造，或高或下，各有草土。叶下于莞，莞下于苋，苋下于蒲，蒲下于苇，苇下于藋，藋下于蒌，蒌下于荓，荓下于萧，萧下于薜，薜下于萑，萑下于茅。凡彼草物，有十二衰，各有所归。"在这里，《地员》已经注意到地势的细小差别与植物或耕作之间的对应关系。我们因此也可以看到"宜"观念与"类"观念之间的内在关系，思维与观念在这里体现了交叉或重合。其实，土壤或地势分类的目的就在于给人们的耕种活动以明确的信息指示，就此而言，交叉或重合又是完全符合知识发展的内在逻辑的。以上考察表明，地宜观念几乎又都与中国人长期和丰富的农业实践有关，正是在不断积累的耕作经验中，地宜观念及思想得到了有效的培育。

此外，春秋时期以"时"、"宜"观念及概念为基础，又发展出了"因"这一概念。不过与"宜"相比，"因"似更偏重于顺应的含义；而与"时"相比，

"因"似又有适宜的含义。从实际使用情况来看，"因"概念似要稍晚于"宜"概念。一般而言，"因"概念大约是在春秋末年和战国初年才确立起自己在自然天人观念和思想中的标识地位的。"因"同样可以细化为"因天"、"因地"、"因时"。例如："因天材，就地利。"（《管子·乘马》）这是"因天"。又如："则天之明，因地之性，生其六气，用其五行。"（《左传·昭公二十五年》）这是"因地"。再如："取与之必因于时也。时则动，不时则静。"（《管子·宙合》）这是"因时"。"因"概念的出现使得"时"、"宜"观念与概念之间也有了连接，其共同组成了一个自然含义十分丰富的概念群。

三、"天象"与"天数"

在对"天"的认识过程中，"天象"与"天数"知识日益积累和丰富起来，并成为架通科学与哲学的重要观念和概念桥梁。

"天象"早在三代就是天文学知识发展成果的最直接和最基本的反映。而从春秋时期的文献记载中，可以看到这一知识及其在观念上的成熟。例如《左传》："童谣云：丙之晨，龙尾伏辰，均服振振，取虢之旂。鹑之贲贲，天策焞焞，火中成军，虢公其奔。"（《僖公五年》）（其中"鹑之贲贲，天策焞焞，火中成军，虢公其奔"一句亦见于《国语·晋语二》）这里的龙尾指尾宿，为苍龙七宿之六；鹑即鹑火，柳宿，为朱雀七宿之三。"夏数得天，若火作，其四国当之，在宋、卫、陈、郑乎？宋，大辰之虚也；陈，大皞之虚也；郑，祝融之虚也，皆火房也。"（《昭公十七年》）这里的虚是指分野；火房，即大火星所在位置。由以上考察可见，"天象"首先是一种知识。当然，"天象"的知识形态与观念形态是重叠的，其也可以看作是由知识而观念的过渡形态。需要说明的是，"天象"作为观念在占星术中本有着强烈的宗教色彩或目的，这即使在春秋时期也不例外，例如昭公十年春正月，有星出于婺女，郑裨灶言于子产曰："七月戊子，晋君将死。今兹岁在颛顼之虚，姜氏、任氏实守其地。居其维首，而有妖星焉，告邑姜也。邑姜，晋之妣也。天以七纪，戊子，逢公以登，星斯于是乎出。吾是以讥之。"(《左传·昭公十年》)但应当看到，随着科学因素在占星术中所占的比重越来越大，"天象"观念中的自然成分也就必然会随之相应增加。而以上述发展作为基础，"天象"语词在春秋时期也广泛出现了，例如：

> 夫天事恒象，任重享大者必速及。(《国语·周语上》)
>
> 天事必象，十有二年，必获此土。(《国语·晋语四》)
>
> 天事恒象，今除于火，火出必布焉，诸侯其有火灾乎？(《左传·昭公十七年》)

"天数"知识、观念及语词在此时也逐渐形成了。我们看到，"天数"首先与占星、天文、历法知识有关。其实这样的表述最早已经可以在《尚书》中找到，如《洪范》曰："四、五纪：一曰岁，二曰月，三曰日，四曰星辰，五曰历数。"这里的历数实际就是指天数而言的。至春秋时期，类似的表述多了起来。例如《国语》："天六地五，数之常也。""故天无伏阴，地无散阳，水无沈气，火无灾燀，神无间行，民无淫心，时无逆数，物无害生。"(均见《国语·周语下》)"吾闻以乱得聚者，非谋不卒时，非人不免难，非礼不终年，非义不尽齿，非德不及世，非天不离数。"(《国语·晋语一》)又如《左传》："史赵曰：亥有二首六身，下二如身，是其日数也。"(《左传·襄公三十年》)"夏数得天，若火作，其四国当之，在宋、卫、陈、郑乎？"(《左传·昭公十七年》)在这些表述中，"数之常也"、"时无逆数"、"非天不离数"、"其日数也"、"夏数得天"大抵都是从历数或自然之数而言的，间或出现的命数意义，也在很大程度上有自然的含义。同时，"天数"无疑又是观念的，并往往具备神奇的性质。如上面所见，"以数合之，以声昭之"，且声数相应，人神共有，这样的"数"无疑是观念的，并且是神奇的。而这种神奇观念又通常与特定的数字密切相关，如十二就是这样一个神奇的数字，其可以用于纪月，一年是十二个朔望月；也可以用于纪时，一昼夜分为十二个时段，也叫十二时辰；与十干相对应的十二支既可用于纪时，又可用于纪年；岁星运行十二年为一周天。此外乐律也是十二个，即由六律和六吕构成。所以《左传·哀公七年》中说：

> 周之王也，制礼，上物不过十二，以为天之大数也。

很明显，以上无论是"天象"，还是"天数"，作为观念都是以知识作为基础的，并且其也再次证明了知识对于观念的"力量"。而以上这样一种关于"天象"与"天数"的认识，又进一步成为自然"天道"观的基础。

四、"天道"

春秋时期，在原有"天命"观的基础上，同时也是在"天象"与"天数"认识和观念的基础上，"天道"这一语词或概念终于大量出现了。

最初，"天道"与"天命"可能有着十分密切的关系，其中不少"天道"的含义就是"天命"。例如："天道赏善而罚淫，故凡我造国，无从非彝，无即慆淫，各守尔典，以承天休。"（《国语·周语中》）"叔孙氏惧祸之滥，而自同于季氏，天之道也。"（《左传·昭公二十七年》）但在此过程中，"天道"的含义会渐渐清晰和独立起来，我们在文献中也能读出由"天意"向"天道"的这种过渡。例如《国语·周语下》记载的以下这则："夫天道导可而省否，苌叔反是，以诳刘子，必有三殃：违天，一也；反道，二也；诳人，三也。"这里的"天道"有从天意向天道过渡的性质，其保留有天意也即神的内容，但同时也已具有自然或法则的含义。这其中，一些"天道"语词的自然性质已经十分明显和明确。例如"川泽纳污，山薮藏疾，瑾瑜匿瑕，国君含垢，天之道也。"（《左传·宣公十五年》）这里的"天道"就是指自然界及人类社会中事物共存的本性。

而从文献记载来看，春秋时期许多"天道"语词或概念都与天象观测活动以及天数观念存在着直接的关联，这种现象正说明了天文学或占星术对于"天道"观念及思想直接而深刻的影响。例如《左传》的这段记载：

> 晋侯问于士弱曰："吾闻之，宋灾，于是乎知有天道，何故？"对曰："古之火正，或食于心，或食于咮，以出内火。是故咮为鹑火，心为大火。陶唐氏之火正阏伯居商丘，祀大火，而火纪时焉。相土因

之,故商主大火。商人阅其祸败之衅,必始于火,是以日知其有天道也。"(《左传·襄公九年》)

士弱在回答晋侯有关天道的提问时使用了大量的天文学知识。士弱告知晋侯,火正(为官名,职掌祭火星)在祭火星时用心昧陪祭。这里的心即心宿,又称大火;昧即柳宿,又称鹑火。火星即运行在这两个星宿之间。士弱又说到,陶唐氏的火正阏伯居于商丘,用火星来确定时节。之后殷人先祖相土也沿袭这一方法。又春秋时期关于岁星也即木星方面的知识经常在文献记载中出现。例如"董叔曰:天道多在西北。南师不时,必无功。"(《左传·襄公十八年》)据杨伯峻,这里的天道即指木星所行之道,是年木星在黄道带经过娵訾,于十二支中为亥,故云天道在西北。而从以下这一段记载中我们更可以清楚地看到占星术的天文知识性质及其与"天道"概念以及自然天道观的关系:

> 二至二分,日有食之,不为灾。日月之行也,分,同道也;至,相过也。(《左传·昭公二十一年》)

这里的"分"是指春分、秋分,"至"是指夏至、冬至。而"道"则是指包括黄道、赤道在内的天道。① 并且我们在这里看到,更为简约的"道"的语词也出现了。

在此基础上,春秋时期的人们已经围绕"天道"形成了一些重要的认识与观念。

首先,"天道"是周而复始、循环不已、运行不殆的,这在春秋时期已经成为一种普遍的认识,而这种认识无疑是以天文观测作为基础建立起

---

① 除此之外,音乐或乐律也明显有着"天数"的特征。例如《国语·周语下》中记载:例如:"古之神瞽考中声而量之以制,度律均钟,百官轨仪,纪之以三,平之以六,成于十二,天之道也。"这里所谓"天之道也",实际也就是指"天之数也"。按韦昭:"神瞽,古乐正,知天道者也,死以为乐祖,祭于瞽宗,谓之神瞽。"由此可见,古时知天道者不唯星占家,乐律以及凡与数术相通者都有可能对天道即自然规律有所知晓。并且天道或规律在这里是一种自然或数字结构,这也使我们了解到春秋时期关于自然规律认识的丰富性和复杂性。关于天数及其与天道的关系问题还可参考本人《中国哲学起源的知识线索——从远古到老子:自然观念及哲学的发展与成型》。

来的,这包括太阳回归年和五星周期等。如《国语·晋语四》中这一段记载:"天事必象,十有二年,必获此土。二三子志之。岁在寿星及鹑尾,其有此土乎!天以命矣,复于寿星,必获诸侯,天之道也。"这里的岁即岁星,也即木星。通过长期的天文观测,当时的中国人已知木星每十二年绕天一周,因此将周天分为十二等分,也即十二次,分别是:星纪、玄枵、娵訾、降娄、大梁、实沈、鹑首、鹑火、鹑尾、寿星、大火、析木;木星每年出现在黄道带上十二次的某个位置;这其中说到的寿星与鹑尾即十二次中的两个,其中自轸十二度至氐四度为寿星之次,自张十七度至轸十一度为鹑尾之次。这里所看到的"十有二年,必获此土"、"岁在寿星及鹑尾,其有此土乎"、"复于寿星,必获诸侯,天之道也",其实都包含了对"天道"周而复始、循环往复的理解。可以猜测和想象,有关木星的知识在当时对于周而复始、循环不已的"天道"或法则观念的确立有着重要的意义。值得注意的是,这样一种周而复始、循环往复的"天道"观对以后社会历史观的深刻甚至是决定性的影响。

与此相关,"天道"观念或意义又有了进一步的延伸,这就是物极必反这一更具哲学思维的思想。"物极必反"早在《易经》以及所发展出的"阴阳"转化思想中就有所表达。但是到了春秋末年,在"物极必反"这一思想中,我们已经看到融入了大量的天文学或占星术的知识内容,也因此,我们看到了"阴阳"观念与"天道"观念这两者的有机结合。例如范蠡:

> 盈而荡,天之道也。(《左传·庄公四年》)
>
> 盈必毁,天之道也。(《左传·哀公十一年》)
>
> 范蠡曰:臣闻古之善用兵者,赢缩以为常,四时以为纪,无过天极,究数而止。天道皇皇,日月以为常,明者以为法,微者则是行。……凡陈之道,设右以为牝,益左以为牡,蚤晏无失,必顺天道,周旋无究。(《国语·越语下》)

可以清楚地看到,范蠡上述这些"天道"或"天之道"概念都是与"阴阳"转化观念或思想高度统一的。并且,在"物极必反"与"周而复始"、"循环往复"之间也是存在着联系的,而维系这种联系的正是其中的天文学或占星术依据。

事实上,这一时期围绕"天道"还有更多的认识与思想出现。如这一时期衍生出了更多的与"天道"含义相近的语词或概念,它们与"天道"一起构成了一个观念群。例如范蠡语:"臣闻之,得时无怠,时不再来,天予不取,反为之灾。嬴缩转化,后将悔之。天节固然,唯谋不迁。"(《国语·越语下》)以上使用了"节"这一概念,对照范蠡其他论述,明显有天道之意。再如:"古之善用兵者,因天地之常,与之俱行。"(《国语·越语下》)以上使用了"常"这一概念,其天道之意十分明显。另外,"数"这一语词与概念也与"天道"有相通之意,下面将专门论述。以上论述或思想虽不用"天道"这一概念,但其规律或法则的含义却与"天道"相同,它是在相同的知识基础上建立起来的。由此,我们也可以看到自然天道观内涵及表达的丰富性,这些都为自然天道观日后的进一步发展奠定了基础。同样,也是在这一过程中,"天道"自然无为的思想也产生了,例如:

> 天道盈而不溢,盛而不骄,劳而不矜其功。(《国语·越语下》)

有意义的是,以上这样一种循环、转化以及自然法则和自然无为的"天道"观与老子及道家学派的思想显然是高度一致的,这昭示了上述观念或思想在当时发展的共同认识背景以及某种客观必然性。

这里需要指出的是,定型于春秋时期的自然"天道"观所突出和强调的核心就是宇宙自然的法则或规律,这样一种对宇宙自然法则或规律的强调在其他哲学系统中并不多见,它成为中国哲学具有标识性的观念。而究其根源,这样一种观念的确立就在于有占星术或天文学这样一个牢固的基石。我们已经知道,在早期文明中,巴比伦与中国的占星术是最为突出的。但古代巴比伦并没有将此上升到哲学的高度。换言之,只有中国在占星术与哲学之间建立的联系,形成了通道。这也就不难解释为什么古代中国早早地就确立起自然运行法则或规律在哲学思考中的地

位,并始终将其贯穿在以后的哲学问题之中,而其他诸文明的哲学系统
为什么没有这样的观念或是这样的观念不甚明确或显明。而就一部完
整的中国古代哲学史来看,这其中也包括在整个中国古代占星术与天文
学一直居于显赫地位的原因。正是坚实的知识基础构成了基本的哲学
问题,当然,相关的宗教关怀也成为重要的帮衬和辅助。这也可以导致
进一步的判断或推论,即人类早期各个哲学系统的知识背景是非常不同
的,也因此其所关心或探究的问题也可能是非常不同的。哲学史研究没
有理由将某一种认识或问题作为圭臬来范围其他的思考传统。

第四节　春秋时期的"类"、"象"、"数"观念与概念

"类"、"象"、"数"是春秋时期第三个重要的概念集合。春秋时期知
识领域的"类"观念更加成熟,这尤以《管子·地员》和《尔雅》两部著作为
代表。在这两部著作中,我们可以看到这一时期知识活动中"类"观念的
深入和细化,其具体沿地理学和生物学两个门类展开。同时,我们在这
里也已经明显可以看到朝着语词逻辑方向的运动,我们可以感受到知识
与逻辑之间所建立起来的连接。由此,语词学中的"类"观念也形成了。
而日后的"名实"、"同异"之辩恰恰就是以这种知识和语词活动中的"类"
观念作为基础的。春秋时期的"象"观念主要由天文学或占星术提供知
识背景或基础,但也大量涉及物候、冶铸、探矿、医疗等方面的知识内容;
"数"观念不仅涉及数学,也涉及乐律学和天文学,并且其又在很大程度
上与"五行"观念相遇。①

一、"类"知识与观念

首先来看地理学中的"类"观念,这可以《管子·地员》为例。

---

① 关于"类"、"象"、"数"观念在春秋时期发展的详细状况可参见本人《中国哲学的起源——前
诸子时期观念、概念、思想发生发展与成型的历史》与《中国哲学起源的知识线索——从远古
到老子:自然观念及哲学的发展与成型》中的相关内容。

《管子·地员》中的"类"观念明显是由《山海经》、《禹贡》以及《周礼》的传统发展而来的。

首先,《管子·地员》中已经出现了对地理形态的分类。其将丘陵分为 15 种类型,将山地分为 5 种类型。以丘陵为例,分别有:坟延(平缓低丘)、陕之芳(谷地)、祀陕(较高谷地)、杜陵(较大土阜)、延陵(延展大土阜)、环陵(高大块状土阜)、蔓山(长形的低山)、付山(多土的小山)、付山白徒(有白土的小山)、中陵(中等土阜)、青山(青色的土山)、赤壤勎山(有小石和红土的小山)、陞山白壤(多磊石和白土的山)、徙山(不高的土山)、高陵土山(高丘陵土山),[①]并同时给出了其"至于泉"的高度,如"坟延者六施,六七四十二尺而至于泉"、"陕之芳七施,七七四十九尺而至于泉"等等。以上分类更多地超越了实用,具有某种一般或纯粹知识的特征。而在土壤分类方面,《管子·地员》明显继承了《禹贡》和《周礼》的传统,其将一般地区分成 18 种类型,依次为:粟土、沃土、位土、蕴土、壤土、浮土、怷土、泸土、塏土、飘土、沙土、塥土、犹土、扌土、殖土、彀土、凫土、桀土。与此同时,《地员》又指出不同的土壤在生产力上的细微差别,如讲:"群土之长,是唯五粟";"五沃之状,飘怷橐土";"五泸之状,强力刚坚";"五沙之状,粟焉如屑";"五桀之状,甚咸以苦"。在现代土壤科学中,通常是按照砂粒、粉砂粒、黏粒的百分数将土壤划分为砂土、壤土、黏壤土、黏土 4 类 12 个等级。对照研究表明,《地员》的上述土壤分类较之《禹贡》、《周礼》更加深入,并且与现今的土壤分类标准已十分吻合。[②]

其次来看生物学中的"类"观念,《尔雅》是其典型代表。《尔雅》中关于生物分类的概念十分清晰,这是因为《尔雅》本身就是语词类的著作,具有界说性。在《尔雅》中,涉及这方面的内容共有七篇,分别是《释草》、《释木》、《释虫》、《释鱼》、《释鸟》、《释兽》、《释畜》。《释草》、《释木》两篇,是第一次明确地将植物分为草本和木本两大类,其中《释草》篇中包含有

---

① 参见中国科学院自然科学史研究所地学史组主编《中国古代地理学史》,第 40 页,北京,科学出版社,1984。

② 同上书,第 208—211 页。

一百多种植物,《释木》篇中包含有几十种植物,这样一种分类与现在分类学的认识是基本一致的。又《释虫》、《释鱼》、《释鸟》、《释兽》四篇,也是第一次将动物分为虫、鱼、鸟、兽四大类。但这还只是大类的划分,《尔雅》的分类更加深入和细致。在植物分类中,如《释草》中将藿(山韭)、茖(山葱)、蒵(山蕲)、蒚(山蒜)等排列在一起,属葱蒜类,这同现在分类学的葱蒜属相当;又《释木》中的桃李类、松柏类、桑类也是如此,一些划分方式同样与现在分类学相当。在动物分类中,《释虫》一篇所列举的动物相当于现在分类学的无脊椎动物,其中昆虫有 66 种,占全篇 82.5%,故以虫命篇十分准确。《释鱼》一篇鱼类比较宽泛,其主要相当于现在分类学中的鱼类、两栖类和爬行类,也即属冷血动物。《释鸟》与《释兽》两篇与现在分类法更为吻合。其言"二足而羽谓之禽,四足而毛谓之兽"(《释鸟》),对鸟兽作了准确的区分。又《释虫》中把蜩、蚻、蟪、蝒、蜺等排列在一起,同属蝉类,这与现在分类学中的同翅目蝉科相当;另动物中的蚁类、蜂类、蚕类、贝类、甲虫类、蛇类、蛙类等也都有分门别类的叙述。正如有学者所指出的:《尔雅》中上述有关动植物的一些分类原则与方法已初步具有现今分类学的"属"或"科"的概念。① 这其中,有些分类是非常具体和细致的,例如《释畜》中的马属:

> 駉驈,马。野马。駮,如马,倨牙,食虎豹。騊駼,騴,善升甗。騉騟,枝蹄,騴,善升甗。小领,盗骊。绝有力,駥。膝上皆白,惟馵。四骹皆白,驓。四蹄皆白,首。前足皆白,騱。后足皆白,翑。前右足白,启。左白,踦。后右足白,骧。左白,馵。驈马白腹,騵。骊马白跨,驈。白州,驠。尾本白,騴。尾白,駺。馰颡,白颠。白达,素县。面颡皆白,惟駹。回毛在膺,宜乘。在肘后,减阳。在干,茀方。在背,阕广。逆毛,居馻。騜:牝,骊;牡,玄;驹,褭骖。牡曰骘,牝曰骊。驈白,駮。黄白,騜。駵马黄脊,騝。骊马黄脊,騽。青骊,騥。

---

① 参见杜石然等编著《中国科学技术史稿》(上册),第 101、102 页;邹树文《中国古代的动物分类学》,载李国豪主编《中国科技史探索》,上海,上海古籍出版社,1986。

青骊骍，驔。青骊繁鬣，騥。骊白杂毛，骓。黄白杂毛，駓。阴白杂毛，駰。苍白杂毛，骓。彤白杂毛，騢。白马黑鬣，骆。白马黑唇，駩；黑喙，騱。一目白，瞷；二目白，鱼。

事实上，《尔雅》的知识分类不仅涉及生物学，也涉及地理学，这包括《释丘》、《释山》、《释水》三篇。如《释丘》："丘：一成为敦丘，再成为陶丘，再成锐上为融丘，三成为昆仑丘。""左高，咸丘。右高，临丘。前高，旄丘。后高，陵丘。偏高，阿丘。宛中，宛丘。"又如《释水》："济为濋，汶为澜，洛为波，汉为潜，淮为浒，江为沱，過为洵，颍为沙，汝为濆。""河水清且澜漪，大波为澜，小波为沦，直波为径。"①

总之，由以上考察可以看出，《尔雅》这部语词学著作有着明显的知识分类特征，并且，这种分类也与分辨有着密切的联系，它十分重视区分对象的差异性。我们应充分注意和认识《尔雅》知识及语词分类的意义或重要性。应当看到，这样一种具体而微的区分显然是与战国时期逻辑学中关于"同异"问题的讨论密切相关的，例如公孙龙有关白马非马问题的讨论就与《尔雅》上述对马的分类直接或密切相关。知识与语词中的分辨或分类为逻辑学和哲学中有关概念问题的讨论打下了坚实的基础。

二、"象"知识与观念

"象"知识与观念中最重要的无疑是"天象"，不过这部分内容在前面有关"天"的考察中已经有过接触，故这里主要考察物候、冶铸、探矿、医疗方面的状况。

在前面的考察中我们已经了解到，通过物候之"象"来获知自然消息的传统早在夏代已经形成。由《诗经》可知，周人也使用这一方法（事实上，在传统农业中物候方法始终是一种重要的方法）。如《豳风·七月》中的"七月流火，八月萑苇"（七月火星西移，八月芦苇茂盛）、"七月鸣鵙，

---

① 若不以知识为线索而仅论事物与语词界说，那么《尔雅》所涉及的内容还要更为广泛。

八月载绩"(七月伯劳鸣唱,八月纺织正忙)等。正是在长期的观察活动中,中国思维逐渐培育起一种十分独特的方法:观"象"方法。[1] 中国人在长期的观察活动中注意到,许多事物或性质通常有固定的"象"相伴随。这就意味着"象"具有各种提示作用。这既包括对于某种存在的提示,也包括对于某种性质的提示;其既包括对即将发生什么的提示,也包括对应当怎样去做的提示。也即是说,既可以通过表面之"象"来把握某种潜藏的东西,也可以通过已有之"象"来推知某种未来的东西。[2] 当然,方法也就是观念。

冶铸活动对于"象"的利用也是非常成功的。如《周礼·冬官考工记·栗氏》中记载:

> 凡铸金之状,金与锡,黑浊之气竭,黄白次之;黄白之气竭,青白次之;青白之气竭,青气次之,然后可铸也。

这里说的是对冶铸火候的掌握,其中充分运用了观"象"这一方法。金属加热时,由于燃料蒸发、分解、化合、激发等作用,会生成不同颜色的火焰和烟气。熔炼初期,燃料中含有氢、一氧化碳和碳氢化合物,故燃烧时火焰呈黑色,也即"黑浊之气"。接着,由于氧化物、硫化物的挥发又会使烟气变成黄色,即"黄白之气"。而随着炉温进一步升高,蓝色也即"青白之气"的比重会越来越多。最终,由于锌的挥发,白色所剩无几,青焰占了绝对的优势,这也就到了"炉火纯青"的状态。[3]

观"象"的方法也被用于探矿活动。在青铜时代,铜矿的发现意味着权力维系与作用的保障。在铁器时代,铁矿的发现又是社会与国家经济命脉之所在。在长期的探矿活动中,古代中国人积累起非常丰富的经

---

[1] 就思维而言,这也就是所谓"表象"和"意象"。例如黑格尔在其《小逻辑》一书中就从哲学的视角对"表象"概念作了深入的分析,而刘文英在《漫长的历史源头——原始思维与原始文化新探》一书中又基于原始思维的角度对"意象"概念作了充分的论述。

[2] 这同样也体现在占卜活动中。

[3] 参见田长浒《中国金属技术史》,第74页,成都,四川科学技术出版社,1988;闻人军:《考工记导读》,第32、33页,成都,巴蜀书社,1988。

验,而其中十分重要的一条即是根据"象"来判定矿物的存在与类别。如《管子·地数》中记载:

> 伯高曰:上有丹砂者,下有黄金;上有慈石者,下有铜金;上有陵石者,下有铅、锡、赤铜;上有赭者,下有铁。此山之见荣者也。
>
> 管子对曰:山上有赭者,其下有铁;上有铅者,其下有银。一曰上有铅者,其下有鉒银;上有丹砂者,其下有鉒金;上有慈石者,其下有铜金。此山之见荣者也。

地表有赭类物,其下可能有铁矿;地表有铅类物,其下可能有银矿;地表如果有丹砂,其下可能有金矿,如此等等。

医疗活动也是如此。春秋末年名医扁鹊(一说姓秦名越人)所使用的诊断方法就是"象"方法。《史记·扁鹊仓公列传》中引扁鹊的话说:

> 越人之为方也,不待切脉、望色、听声、写形,言病之所在。闻病之阳,论得其阴;闻病之阴,论得其阳。病应见于大表,不出千里,决者至众,不可曲止也。

由此可知,扁鹊诊断疾病使用了包括切脉、望色、听声、写形在内的多种观察方法,也即观"象"方法,这其中又尤以切脉最为突出,所以《史记·扁鹊仓公列传》中说:"至今天下言脉者,由扁鹊也。"之后,以《黄帝内经》为代表的中国古代医疗活动更是使用观"象"方法的重镇。

应当看到,正是这些具体的知识活动充实和丰满了"象"观念的内涵,并为其思想化打下了坚实的基础。

三、"数"知识与观念

如前所述,"数"最为基本的意义是计算与度量。

计算与度量首先是物体上的。例如《国语·周语上》中讲:"王治农于籍,蒐于农隙,耨获亦于籍,狝于既烝,狩于毕时,是皆习民数者也,又何料焉。"这里的数是指户数,也可引申为人数。又如《左传·昭公二十六年》中讲:"豆、区、釜、钟之数,其取之公也薄,其施之民也厚。"这里的数是指容器的容量。与此相关,数自然是指数目,例如:"史赵曰:亥有二首六身,下二如身,是其日数也。"(《左传·襄公三十年》)"日之数十,故有十时,亦当十位。"(《左传·昭公五年》)而数这一语词前面再加上"盈"这一语词,又可以解释为满数。例如:(郑伯)"使以十月入,曰:良月也,就盈数焉。"(《左传·庄公十六年》)"万,盈数也;魏,大名也。以是始赏,天启之矣。天子曰兆民,诸侯曰万民。今名之大,以从盈数,其必有众。"(《左传·闵公元年》)

同样,计算或度量不仅是物体的,也可以是时间的。在西周和春秋时期,数这一语词又用于历法、历数的表达,例如:"四、五纪:一曰岁,二曰月,三曰日,四曰星辰,五曰历数。"(《尚书·洪范》)又如"夏数得天,若火作,其四国当之,在宋、卫、陈、郑乎?"(《左传·昭公十七年》)而既然是指时间,它一定可以用来表示时间的久暂。例如:"吾闻以乱得聚者,非谋不卒时,非人不免难,非礼不终年,非义不尽齿,非德不及世,非天不离数。"(《国语·晋语一》)这里的"不离数"是指不能长久。又如:"瞽史之纪曰:'唐叔之世,将如商数。'"(《国语·晋语四》)这里的"如商数"是指能够像商代一样长久。当然,在这层意义上所使用的"数"也具有命数、气数、运数的含义,这也是中国古代观念中一个很重要的内容。相比之下,时间之数较之物体之数更加接近哲学的思考。

在春秋时期,这种计算与度量的能力已经达到相当的高度,这突出地体现在"三分损益法"——我国最早的乐律计算方法上。《管子·地员》中记载:"凡将起五音,凡首,先主一而三之,四开以合九九,以是生黄钟小素之首以成宫。三分而益之以一,为百有八,为徵。不无有,三分而去其乘,适足以是生商。有三分,而复于其所,以是成羽。有三分,去其乘,适足以是成角。"在这里,三分损益法被用于五声音阶的定律。事实上,作为乐律,其不仅仅是一种计算或度量知识,同时也是对规律或法则的深刻认识,这就有了观念或哲学的意义。

以此为基础,"数"还具有了某种更为一般的规律或法则的含义。例如《国语·周语下》中讲:

故天无伏阴,地无散阳,水无沈气,火无灾燀,神无间行,民无淫
心,时无逆数,物无害生。

这里的"数"是指四时秩序,也是指自然规律、法则。又例如《国语·周语
上》中讲:"若国亡不过十年,数之纪也。夫天之所弃,不过其纪。"《国
语·越语下》中讲:"臣闻古之善用兵者,赢缩以为常,四时以为纪,无过
天极,究数而止。"在这里,"数"都是指某种限度,或大限、极限,并且其中
也都有命数、气数、运数、天数的含义。而以此为基础,又可以发展出度
数的含义,例如:"声章过数则有衅,有衅则敌入,敌入而凶,救败不暇,谁
能退敌?"(《国语·晋语一》)这里的"数"是一般原则或方法意义的,它是
指一种"度"即合理性,这同样成为日后哲学思考中的一个重要内容。又
例如:

是以和五味以调口,刚四支以卫体,和六律以聪耳,正七体以役
心,平八索以成人,建九纪以立纯德,合十数以训百体。出千品,具
万方,计亿事,材兆物,收经入,行姟极。(《国语·郑语》)

百姓、千品、万官、亿丑、兆民经入畡数以奉之,明德以昭之,和
声以听之,以告遍至,则无不受休。(《国语·楚语下》)

这里的"数"大抵都具有本根、本原的意义,后来战国时期以《易传》为代
表的对"数"的高度重视并将其本原化,其相当意义上可追溯至此。

第五节 无神论观念及其意义

考察春秋时期观念与知识的关系时,或在考察诸子的科学思想或自
然哲学思想之前,还有一个重要内容不得不接触,这就是春秋时期的无
神论思潮。我们看到,从西周末年开始,知识界与思想界中出现了一个
理性或无神论思潮的进步过程。需要说明的是,这里所说的无神论思潮
并非是对神的绝对否定,而是大致包含以下这样几层含义:在一定程度
或意义上对神的怀疑;在某一特定时间或情境中对神的忽略、搁置;将人

与神的关系拆解开来；对巫术及鬼神迷信的拒斥。这种无神论思潮的核心应当是理性的增长。当然，这样一个进步是缓慢发生发展的，它伴随着思维的进步，也伴随着知识的进步。到了春秋时期，这种无神论思潮就开始广泛地显现出来。总之，这种以理性作为中介的无神论观念，与科学和哲学都有着密切的联系，它的出现受惠于知识的发展，而它的泛化也将反过来进一步促进科学与哲学的发展。①

一、无神论观念的萌芽

相关文献记录了春秋时期无神论观念萌芽的过程。如《左传·庄公十四年》记载：

> 初，内蛇与外蛇斗于郑南门中，内蛇死。六年而厉公入。公闻之，问于申繻曰："犹有妖乎？"对曰："人之所忌，其气焰以取之。妖由人兴也。人无衅焉，妖不自作。人弃常，则妖兴，故有妖。"

申繻在这里回答鲁庄公"犹有妖乎"的提问时说："妖由人兴"，也即是说，妖是由人决定的，这是理性的表现。但申繻却也并没有否定妖的存在，所谓"人无衅焉，妖不自作。人弃常，则妖兴，故有妖。"又如《左传·僖公二十一年》：

> 夏，大旱。公欲焚巫、尪。臧文仲曰："非旱备也。修城郭、贬食、省用、务穑、劝分，此其务也。巫、尪何为？天欲杀之，则如勿生；若能为旱，焚之滋甚。"公从之。是岁也，饥而不害。

鲁国发生大旱，僖公欲通过火焚巫师和畸人止旱。臧文仲制止说："非旱备也"，即与止旱无益，因为"巫、尪何为？"就是说，自然灾害与巫无关。僖公听从了臧文仲的意见，结果"是岁也，饥而不害"。

---

① 关于无神论观念在春秋时期发展的详细状况可参见本人：《中国哲学的起源——前诸子时期观念、概念、思想发生发展与成型的历史》与《中国哲学起源的知识线索——从远古到老子：自然观念及哲学的发展与成型》中的相关内容。

事实上,在当时涉及祭祀、祈禳的一些活动中,都隐约可以看到这种理性的萌芽。例如:"我先王熊挚有疾,鬼神弗赦而自窜于夔,吾是以失楚,又何祀焉?"(《左传·僖公二十六年》)"无神,何告?若有,不可诬也。"(《左传·襄公十四年》)这些例子都或多或少涉及对于人神关系的新的认识。再如以下两例:

> 是岁也,有云如众赤鸟,夹日以飞三日。楚子使问诸周大史。周大史曰:"其当王身乎!若禜之,可移于令尹、司马。"王曰:"除腹心之疾,而置诸股肱,何益?不穀不有大过,天其夭诸?有罪受罚,又焉移之?"遂弗禜。

> 初,昭王有疾,卜曰:"河为祟。"王弗祭。大夫请祭诸郊。王曰:"三代命祀,祭不越望。江、汉、雎、漳,楚之望也。祸福之至,不是过也。不穀虽不德,河非所获罪也。"遂弗祭。孔子曰:"楚昭王知大道矣。其不失国也,宜哉!"(《左传·哀公六年》)

前一例讲楚国出现异常天象,周太史主张禳祭去灾,而楚昭王却没有听从,即"弗禜"。后一例讲楚昭王生病时,占卜结论是河神作祟,但楚昭王也未与理会,即"弗祭"。所以孔子说:"楚昭王知大道矣。"

而以下这段《左传·庄公三十二年》记载中的无神论思想似更加明显:

> 秋,七月,有神降于莘。惠王问诸内史过曰:"是何故也?"对曰:"国之将兴,明神降之,监其德也;将亡,神又降之,观其恶也。故有得神以兴,亦有以亡。虞、夏、商、周皆有之。"王曰:"若之何?"对曰:"以其物享焉。其至之日,亦其物也。"王从之。内史过往,闻虢请命,反曰:"虢必亡矣,虐而听于神。"神居莘六月。虢公使祝应、宗区、史嚚享焉。神赐之土田。史嚚曰:"虢其亡乎!吾闻之:国将兴,听于民;将亡,听于神。神,聪明正直而壹者也,依人而行。虢多凉德,其何土之能得?"

在这里,内史过讲:"虢必亡矣",因为"虐而听于神"。"虐"即虐民。史嚚讲:"虢必亡乎",因为"国将兴,听于民;将亡,听于神"。强调"民"对于"神"在国家治理中的优先地位,这无疑应当是理性的表现。

二、自然知识对于无神论观念产生的作用

值得注意的是,对自然知识了解的增加在无神论观念的产生过程中起着积极的推动作用。如前所见,《左传·僖公十六年》记载:

> 十六年春,陨石于宋五,陨星也。六鹢退飞,过宋都,风也。周内史叔兴聘于宋,宋襄公问焉,曰:"是何祥也? 吉凶焉在?"对曰:"今兹鲁多大丧,明年齐有乱,君将得诸侯而不终。"退而告人曰:"君失问。是阴阳之事,非吉凶所生也。吉凶由人。"

在这里,周内史叔兴将陨石坠落和六鹢退飞都看作纯粹的自然现象,即"是阴阳之事,非吉凶所生也"。显然,对于自然了解的增加和深入使得当时的人们更多地从"阴阳"也即自然而非"吉凶"的角度来解释现象或看待问题。

这其中,自然天道知识及其观念在其中的作用可能尤为重要,例如《左传·昭公十八年》:

> 夏五月,火始昏见。丙子,风。梓慎曰:"是谓融风,火之始也。七日,其火作乎!"戊寅,风甚。壬午,大甚。宋、卫、陈、郑皆火。梓慎登大庭氏之库以望之,曰:"宋、卫、陈、郑也。"数日,皆来告火。裨灶曰:"不用吾言,郑又将火。"郑人请用之,子产不可。子大叔曰:"宝,以保民也。若有火,国几亡。可以救亡,子何爱焉?"子产曰:"天道远,人道迩,非所及也,何以知之? 灶焉知天道? 是亦多言矣,岂不或信?"遂不与。亦不复火。

面对天象,梓慎预测了风与火灾的联系,裨灶则企图进一步证明火灾的天命必然性,而子产却坚持了自己对天道问题的自然理解和判断,提出"天道远,人道迩",没有通过祭祀消灾,火灾也未发生。从这则例子中我们可以清楚地看到自然天道观对于无神论思想的影响。又如《左传·昭

公二十六年》：

> 齐有彗星，齐侯使禳之。晏子曰："无益也，只取诬焉。天道不
> 謟，不贰其命，若之何禳之？且天之有彗也，以除秽也。君无秽德，
> 又何禳焉？若德之秽，禳之何损？《诗》曰：'惟此文王，小心翼翼。
> 昭事上帝，聿怀多福。厥德不回，以受方国。'君无违德，方国将至，
> 何患于彗？《诗》曰：'我无所监，夏后及商。用乱之故，民卒流亡。'
> 若德回乱，民将流亡，祝、史之为，无能补也。"公说，乃止。

齐国出现彗星，齐景公欲祭祀消灾，晏子却认为没有必要，理由是"天道
不謟，不贰其命"，也就是说天道是独立于人的意志的，既然独立于人的
意志，"若之何禳之？"这样一种天道观无疑同样受到当时天文学知识的
影响，同时它又反过来影响无神论思想。完全可以想象，正是这种具有
自然与必然性质的天道观在驱逐神的过程中起到了重要且不可替代的
作用。

除此之外，医疗和军事活动对于无神论观念的发生发展应当也具有
重要和特殊的意义。在这两类活动中，理性与无神论的思想往往表现得
更加彻底。例如《左传·昭公元年》记载："晋侯求医于秦，秦伯使医和视
之，曰：'疾不可为也，是谓近女室，疾如蛊。非鬼非食，惑以丧志。良臣
将死，天命不祐。'"医和在这里讲疾病与鬼神无关。以后至战国时期，扁
鹊更明确指出："信巫不信医，六不治也。"（《史记·扁鹊仓公列传》）医与
巫又有了进一步的分离。又《孙子·用间》讲："先知者，不可取于鬼神，
不可象于事，不可验于度，必取于人，知敌之情者也。"这是说战事的判断
只能是"知敌之情"而"不可取于鬼神"。《孙子·九地》也讲："是故其兵
不修而戒，不求而得，不约而亲，不令而信，禁祥去疑，至死无所之。"这里
的"禁祥去疑"，就是指去除鬼神迷信对于军事活动的干扰。事实上，在
医疗和军事活动中，除了尊重客观事实与规律外，没有任何其他方法可
以遵循。换言之，如果一味取于鬼神，只能导致相应活动的失败。而这
也是中国古代知识活动及其所形成的认识为观念与思想层面所提供的

极其宝贵的资源。

总之，从以上的记载中，我们可以清楚地看到这一时期知识的进步对于无神论思想的深刻影响。

三、无神论观念对于哲学和科学发展的意义

反过来，无神论观念的发展对于哲学和科学无疑也具有重大的意义。

关于这一点，雅斯贝斯有深刻的论述。雅斯贝斯的代表性理论就是"轴心说"，而所谓"轴心说"就是指神话时代的结束和理性与精神时代的到来。"神话时代及其宁静和明白无误，都一去不返。像先知们关于上帝的思想一样，希腊、印度和中国哲学家的重要见识并不是神话。理性和理性地阐明的经验向神话发起一场斗争（理性反对神话），斗争进一步发展为普天归一的上帝之超然存在，反对不存在的恶魔，最后发生了反对诸神不真实形象的伦理的反抗。""这一人性的全盘改变可称为精神化。""哲学家首次出现了。人敢于依靠个人自身。中国的隐士和云游哲人，印度的苦行者，希腊的哲学家和以色列的先知，尽管其信仰、思想内容和内在气质迥然不同，但都统统属于哲学家之列。人证明自己有能力，从精神上将自己和整个宇宙进行对比。他在自身内部发现了将他提高到自身和世界之上的本原。"[1]雅斯贝斯实际上是将无神论作为一种界分，它划定了前轴心时期与轴心时期的边界，划定了神学与哲学的边界。

就中国古代来说，无神论思潮的充分发展直接导致了知识分子集体理性的增强。也可以这样说，正是无神论思潮与理性精神的充分发展，开启了诸子时代的到来，这在一定意义上是符合雅斯贝斯的判断的，而这也就是下面所要考察的内容。尤其需要说明的是，春秋时期形成的无神论思潮及理性倾向对中国古代思想传统影响甚巨。这其中尤以儒家最为典型和重要。在未来的两千年中，这种倾向始终是一座灯塔，照耀

---

[1] 〔德〕卡尔·雅斯贝斯：《历史的起源与目标》，第9、10页，北京，华夏出版社，1989。

着儒家的前进历程;同时,它也是稳定的支柱,给儒家思想的理性取向以坚定的信心和力量。

第六节　道家思想中的科学问题

现在我们已经来到诸子时代。我们先从道家思想说起。

李约瑟对道家在中国古代科学中的地位有极高的评价,他说:"道家对自然界的推究和洞察完全可与亚里士多德以前的希腊思想相媲美,而且成为整个中国科学的基础。"[①]的确,在道家思想中有一种亲近自然、探索本原的兴趣和态度,而这样一种兴趣或态度对于知识或科学来说的确具有某种更为开放的性质,它指向人事之外的更为广阔的世界,这也是为什么道家的思想更容易与科学活动相容的重要原因。

一、对知识与智慧、技术与技艺的看法

道家始于老子,老子在知识与智慧、技术与技艺问题上实际是有系统而明确的看法的。以下列出的是老子在这一问题上的主要及相关论述:

是以圣人之治,虚其心,实其腹,弱其志,强其骨。常使民无知无欲,使夫智者不敢为也。为无为,则无不治。(《老子·三章》)

明白四达,能无知乎?(《老子·十章》)

五色令人目盲,五音令人耳聋,五味令人口爽,驰骋畋猎,令人心发狂,难得之货,令人行妨。是以圣人为腹不为目,故去彼取此。(《老子·十二章》)

大道废,有仁义;智慧出,有大伪;六亲不和,有孝慈;国家昏乱,有忠臣。(《老子·十八章》)

绝圣弃智,民利百倍;绝仁弃义,民复孝慈;绝巧弃利,盗贼无

---

① 〔英〕李约瑟:《中国科学技术史》第二卷《科学思想史》,第1页。

有。此三者以为文不足。故令有所属,见素抱朴,少私寡欲,绝学无忧。(《老子·十九章》)

俗人昭昭,我独昏昏。俗人察察,我独闷闷。(《老子·二十章》)

天下神器,不可为也,不可执也。为者败之,执者失之。(《老子·二十九章》)

始制有名,名亦既有,夫亦将知止,知止可以不殆。(《老子·三十二章》)

不出户,知天下;不窥牖,见天道。其出弥远,其知弥少。是以圣人不行而知,不见而明,不为而成。(《老子·四十七章》)

为学日益,为道日损。损之又损,以至于无为。(《老子·四十八章》)

塞其兑,闭其门,终身不勤。开其兑,济其事,终身不救。(《老子·五十二章》)

民多利器,国家滋昏;人多伎巧,奇物滋起;法令滋彰,盗贼多有。(《老子·五十七章》)

古之善为道者,非以明民,将以愚之。民之难治,以其智多。故以智治国,国之贼;不以智治国,国之福。(《老子·六十五章》)

小国寡民。使有什伯之器而不用,使民重死而不远徙。虽有舟舆,无所乘之,虽有甲兵,无所陈之,使民复结绳而用之。(《老子·八十章》)

知者不博,博者不知。(《老子·八十一章》)

在这些论述中,老子确对知识、智慧、技术、技巧提出了质疑或否定性的看法。但这其中有一个背景必须加以注意,即国家的统治管理。也就是说,老子的上述意见几乎都是在这一背景或前提下提出的。应当看到,作为中国古代的一个知识和管理阶层,道家与绝大多数古代知识阶层一样,对知识特别是技术抱有某种轻蔑甚至否定的态度,儒家也是如此,并且,这也是世界范围的普遍现象。

后来庄子也在一定程度上表达了同样的看法,其最经典的例子保存在《庄子·天地》的一段对话中。子贡南游于楚,反于晋,过汉阴,见一丈人方将为圃畦,凿隧而入井,抱瓮而出灌,搰搰然用力甚多而见功寡。子贡曰:"有械于此,一日浸百畦,用力甚寡而见功多,夫子不欲乎?"为圃者仰而视之曰:"奈何?"曰:"凿木为机,后重前轻,挈水若抽,数如泆汤,其名为槔。"为圃者愤然作色而笑曰:"吾闻之吾师,有机械者,必有机事;有机事者,必有机心。机心存于胸中,则纯白不备;纯白不备,则神生不定;神生不定者,道之所不载也。吾非不知,羞而不为也!"槔,又名桔槔,是一种汲水工具。从老圃的回答看,其明确地拒绝使用这种机械技术,其实这也是庄子的看法,并且庄子在这里明显继承了老子的思想传统。不过,在《庄子》中,也有对出神入化的技艺的生动记录或描绘,例如:

> 郢人垩漫其鼻端,若蝇翼,使匠石斫之。匠石运斤成风,听而斫之,尽垩而鼻不伤,郢人立不失容。(《徐无鬼》)

> 梓庆削木为鐻,鐻成,见者惊犹鬼神。鲁侯见而问焉,曰:"子何术以为焉?"对曰:"臣工人,何术之有? 虽然,有一焉。臣将为鐻,未尝敢以耗气也。"(《达生》)

庄子上述思想其实并不矛盾。若归纳概括庄子的看法,我们会发现其极力反对使用技术,但并不反对高超的技艺。这其实恰恰反映了道家的基本思想:崇尚自然,包括自然而然所达到的高超技艺境界;反对人为,这主要是指对于自然天性的违背,包括各种人工器械。这同样也可以理解为庄子对于经验和工具的态度:怀疑工具,但重视个体经验,特别是在经验基础上所形成的直观或直觉。

二、"道"与"自然"

"道"与"自然"是道家哲学的核心概念。老子说:

> 人法地,地法天,天法道,道法自然。(《老子·二十五章》)

道之尊,德之贵,夫莫之命而常自然。(《老子·五十一章》)

这里首先值得我们注意的是,老子用自然来描述或解释"道"的性质,其目的就在于否认"道"有意志性,防止将"道"人格化,也就是将天道与天命完全区别开来。天道是什么? 天道就是自然,它与神无关。换言之,老子就是要将那种具有人的性格与意识特征的天命神学从天道观中完全剔除出去。老子还特别解释说,道的本性就是:"生之,畜之。生而不有,为而不恃,长而不宰,是谓玄德。"(《老子·十章》)又说:"吾不知谁之子,象帝之先。"(《老子·四章》)道生长了万物但不据为己有,推动了万物但并不自恃其功,养育了万物但并不为之主宰。我不知道它是从哪里产生的,但它肯定出现于上帝之先。从这些论述中,我们不难看出"道"具有明显的无神论性质。之后庄子也坚持了这一性质或立场,其讲:"是亦近矣,而不知其所为使,若有真宰,而特不得其朕。"(《庄子·齐物论》)这就是说,不存在什么造物主,这同样是无神论的。可见,道家在这个问题上与儒家的理性倾向应当是一致或相同的,它代表或反映了一个时代的精神。只是这样一种性质在后来的道教那里被改变了。

这里尤其重要的是,"道"与"自然"这两个概念(包括对于变化的认识和理解)与科学知识之间所存在着的密切关系。

从知识的根源上来说,"道"实际上由"天道"而来。如老子说:

天乃道,道乃久,没身不殆。(《老子·十六章》)

寂兮寥兮,独立不改,周行而不殆。(《老子·二十五章》)

并且在老子这里,也明显可以看出由"天道"而"道"的逻辑进程。如:"大曰逝,逝曰远,远曰反。"(《老子·二十五章》)"反者道之动。"(《老子·四十章》)这里最为关键也最为重要的是,在哲学上,"道"解释为规律与法则,而哲学上的规律与法则之意乃是天文学或占星术中天道意义的延伸和扩展。在天文学或占星术中,天道就是天体的运行,其周而复始,运行不殆,换言之,就是具有某种周期性或规律性。这可以说是天文学或占星术所赋予当时观念或思想的最为重要的认识成果,也是赋予老子的最为重要的认识成果。我们知道，老子不仅是哲学家，他首先是一个史官，对天道的关心乃是其重要的职责。也因此，老子能够架通科学的"天道"与哲学的"道"之间的关系，可以说，老子从科学走向哲学，从"天道"发展出"道"应当是合乎逻辑的，也是不难理解的。既然如此，只有（或只要）当我们将老子的上述思想放在天文学知识的背景之中，我们便可以读懂其中的深意，包括"天乃道，道乃久"、"周行而不殆"、"大曰逝，逝曰远，远曰反"、"反者道之动"等等，这些经典的论述实际上无不是对天体运行的哲学提炼。①

其实，如前所见，对于天道的认识在当时是很普遍的，它不特为老子所有，我们看到在范蠡的一些表述中已包含了相类似的思想，如："天道皇皇，日月以为常，明者以为法，微者则是行。""凡陈之道，设右以为牝，益左以为牡，蚤晏无失，必顺天道，周旋无究。"（《国语·越语下》）但老子比起范蠡无疑又更进了一步。正是老子在"天道"的基础上进一步抽象出"道"的绝对一般的含义，如此就将在天文学中所获得的对于自然法则的认识推广于对一切事物，也即赋予周期性或规律性以普遍的意义，从而发展出纯粹的哲学，这显然超出了范蠡所认识与理解的高度。例如："故有无相生，难易相成，长短相形，高下相倾，音声相和，前后相随。"（《老子·二章》）"夫物芸芸，各复归其根。"（《老子·十六章》）"故物或行或随，或歔或吹，或强或羸，或挫或隳。"（《老子·二十九章》）

总之，天文学或占星术不仅造就了"天道"观念与概念，也造就了老子的"道"，造就了老子的哲学，造就了中国哲学对于规律、法则的特殊兴趣，以及造就了中国哲学对于变化的周期性与循环性的独特理解。当然，老子还进一步将这种源自自然的法则向社会作推演和延伸，所谓"人法地，地法天，天法道，道法自然。"（《老子·二十五章》）也因此，我们又可以这样说，是老子的知识背景深刻地影响了其哲学思想，不仅如此，还

---

① 有关老子"道"的知识背景还可参考本人《中国哲学起源的知识线索——从远古到老子：自然观念及哲学的发展与成型》中的专门论述。

深刻地影响了整个中国哲学,就此而言,正是"冥冥之中"的天文学或占星术规定了中国哲学的走向和面貌。

"自然"这一概念同样有其深刻的知识根源。老子的许多重要思想就是建立在对自然万物及其变化的广泛观察的基础之上的。例如:"上善若水。水善利万物而不争。"(《老子·八章》)"专气致柔,能婴儿乎?"(《老子·十章》)"故飘风不终朝,骤雨不终日。孰为此者?天地。"(《老子·二十三章》)而崇尚自然也就是对自然法则的尊重。也正是在这一认识或观念的基础上,老子反对"人为",主张"无为",因为"人为"会违背自然规律或法则,所以在观念上,"人为"就成了"自然"的对立面。庄子的思想更向我们清楚地展现"自然"的知识根源以及与"人为"的对立状态,其在很大程度上将老子的思想推向极致。在庄子看来,一切事物都是自然而然的。"物固有所然,物固有所可。无物不然,无物不可。"(《庄子·齐物论》)而"人为"实际就是牺牲"自然",如《庄子·秋水》中所记载的这则寓言:"曰:'何谓天?何谓人?'北海若曰:'牛马四足,是谓天;落马首,穿牛鼻,是谓人。故曰:无以人灭天,无以故灭命,无以得殉名。谨守而勿失,是谓反其真。'"在这里,我们其实可以清楚地看到由知识而观念,由自然而法则,进而形成天道与人为对立的思想发展的完整过程。当然,这一自然观一旦形成,也为日后相当部分的哲学与科学思想奠定了基础。

三、"道"与宇宙理论的提出

在天文观测以及对天道问题思考的基础上,老子不仅发展出了"道"的哲学概念和思想,也发展出了相应的宇宙理论。但在以往对于老子"道"的哲学思想的考察中,这一问题并未得到深究。但当我们将哲学与科学结合起来思考时,这一问题的深意就变得明朗起来。

老子有关"道"的哲学思想其实在相当程度上就是结合宇宙论问题展开的。例如:

视之不见名曰夷,听之不闻名曰希,搏之不得名曰微,此三者不可致诘,故混而为一。其上不皦,其下不昧,绳绳不可名,复归于无物。是谓无状之状,无物之象,是谓惚恍。迎之不见其首,随之不见其后。(《老子·十四章》)

孔德之容,惟道是从。道之为物,惟恍惟惚。惚兮恍兮,其中有象;恍兮惚兮,其中有物。窈兮冥兮,其中有精。其精甚真,其中有信。(《老子·二十一章》)

有物混成,先天地生。寂兮寥兮,独立不改,周行而不殆,可以为天下母。吾不知其名,字之曰道。强为之名曰大。大曰逝,逝曰远,远曰反。(《老子·二十五章》)

通常,对老子这些思想材料的研究总是过多地甚至仅仅是从哲学的角度加以解读,将其作本根或本原的理解,而忽略或抽空了其中的知识基础,于是往往会导致理解与解读的玄虚和空泛。事实上,以上老子的诸多思想既是对于"道"的哲学的经典阐述,同时也都应当与对宇宙状态或结构的观察和思考有关。确切地说,就是天文观察或占星活动中给老子或当时的人们所留下的混沌印象,其"是谓惚恍",即"其上不皦,其下不昧"、"恍兮惚兮"、"窈兮冥兮",这些应当都是对宇宙观察感觉的真实写照。并且我们还要注意作为老子哲学思想的重要概念"无"与宇宙理论的关系。"视之不见名曰夷,听之不闻名曰希,搏之不得名曰微","绳绳不可名,复归于无物","是谓无状之状,无物之象","道之为物,惟恍惟惚;惚兮恍兮,其中有象;恍兮惚兮,其中有物",这些都是从宇宙理论的角度对"无"的混沌状态的描写。这样一种以"无"为特性的混沌状态是很难用语言来描述或把握的,也就是"道可道,非常道;名可名,非常名。"(《老子·一章》)这种难以把握无论是对于思想,还是对于知识来说都是一样的,也就是超出了经验的范围,或称作"超验"。进一步,"道"与"无"都不仅仅是状态意义的,其也是源头意义的。老子说:"天下万物生于有,有生于无。"(《老子·四十章》)"道生一,一生二,二生三,三生万物。万物负阴而抱阳,冲气以为和。"(《老子·四十二章》)这里实际就讲到了宇宙的发生及其演化,自无至有,从少到多,由一而万。老子的上述宇宙理论成为中国古代宇宙理论的最早源头,以后历代的宇宙理论即是以此作为基础。

不仅如此,我们从老子的思想这里其实也可以看到科学与哲学互涵和互动的典型例证。老子的以上论述应当是对天道问题长期思考的结果,是大胆的富有创造性的猜测,其中既有知识作为依据,但又充满了想象的睿智。我们在这里看到了这样一个过程,即首先是知识哺育了思想,科学哺育了哲学,即从天文学到天道观,并由天道观到宇宙论的哲学;而后是宇宙论的哲学又反哺科学,老子的宇宙论实际是哲学层面的猜想和假设,而之后的天文学意义上的宇宙理论将更多地会以科学思想的面貌出现。

总之,我们不能抽去知识背景来理解老子的哲学思想。可以这样说,老子"道"与"无"的思想既是哲学的,也是自然科学的;既是本原与本体论的,也是宇宙理论的。老子是结合思想与知识,哲学与科学,尤其是结合宇宙的发生与演化问题对"道"与"无"这两个概念作了完整而生动的阐述。正是在这个意义上,我们也可以认为老子的哲学实际已经是站立在本体论的高度,这一本体论是显现为哲学的,但它的基础是科学的,是宇宙论的。当然,若从科学的角度考察,我们也可以认为老子有关"道"的哲学为宇宙理论打下了坚实的基础。这种"奇妙"的关系正显示了唯有伟大的哲学家才有的睿智。①

庄子继承了老子的思考路径与方法,他对于"道"的问题的探索同样也具有明显的宇宙论色彩,例如《庄子·齐物论》中说:

> 有始也者,有未始有始也者,有未始有夫未始有始也者。有有也者,有无也者,有未始有无也者,有未始有夫未始有无也者。

---

① 有关老子的宇宙理论还可参考本人《中国哲学起源的知识线索——从远古到老子:自然观念及哲学的发展与成型》中的专门论述。

又如《庄子·大宗师》中说：

> 夫道，有情有信，无为无形；可传而不可受，可得而不可见；自本自根，未有天地，自古以固存；神鬼神帝，生天生地；在太极之上而不为高，在六极之下而不为深；先天地生而不为久；长于上古而不为老。

再如《庄子·天地》中说：

> 泰初有无，无有无名；一之所起，有一而未形。物得以生，谓之德；未形者有分，且然无间，谓之命；留动而生物，物成生理，谓之形。

庄子也就宇宙概念作过解释："出无本，入无窍。有实而无乎处，有长而无乎本剽，有所出而无窍者有实。有实而无乎处者，宇也；有长而无本剽者，宙也。有乎生，有乎死，有乎出，有乎入，入出而无见其形，是谓天门。天门者，无有也，万物出乎无有。有不能以有为有，必出乎无有。"（《庄子·庚桑楚》）庄子以上思想涉及宇宙的有始无始与有限无限等问题。此外，这里还涉及"或使"与"莫为"的问题。我们知道，差不多与庄子同时，有"或使"与"莫为"的争论。季真主"莫为"，接子主"或使"，但庄子借大公调之口表达了自己的观点："斯而析之，精至于无伦，大至于不可围，或之使，莫之为，未免于物，而终以为过。或使则实，莫为则虚。有名有实，是物之居；无名无实，在物之虚。可言可意，言而愈疏。……或之使，莫之为，疑之所假。吾观之本，其往无穷；吾求之末，其来无止。无穷无止，言之无也。……道之为名，所假而行。或使莫为，在物一曲，夫胡为于大方！言而足，则终日言而尽道；言而不足，则终日言而尽物。道，物之极，言默不足以载。非言非默，议有所极。"（《庄子·则阳》）显然，庄子的这些论证与老子的论证是一脉相承的。同时，在庄子的思考中，宇宙论问题特别是宇宙起源问题更加明确、更加清晰、更加具体，这应当看作是向秦汉之际以及汉代宇宙理论发展的中间或过渡环节。此外，庄子还以提问的方式探索过宇宙或自然运动变化的原因问题，如《庄子·天运》说："天其运乎？地其处乎？日月其争于所乎？孰主张是？孰维纲是？

孰居无事推而行是？意者其有机缄而不得已邪？意者其运转而不能自止邪？云者为雨乎？雨者为云乎？孰隆施是？孰居无事淫乐而劝是？风起北方，一西一东，在上彷徨，孰嘘吸是？孰居无事而披拂是？敢问何故？"类似的提问方式其实也可以在屈原的《天问》中看到，这在当时想必也有一定的普遍性。

另，庄子对宇宙生成后生物的发展变化也作过猜测：

> 种有几？得水则为，得水土之际则为蛙蟆之衣，生于陵屯则为陵舄，陵舄得郁栖则为乌足。乌足之根为蛴螬，其叶为胡蝶。胡蝶胥也化而为虫，生于灶下，其状若脱，其名为鸲掇。鸲掇千日为鸟，其名为乾余骨。乾余骨之沫为斯弥，斯弥为食醯。颐辂生乎食醯，黄軦生乎九猷，瞀芮生乎腐蠸。羊奚比乎不箰，久竹生青宁，青宁生程，程生马，马生人，人又反入于机。万物皆出于机，皆入于机。
> （《庄子·至乐》）

虽然这段描述或猜测总体来说并不科学，但是其有关事物发展最初原因即"几"或"机"的思想，有关一个动植物的种是从另外一个种演变来的思想却是非常天才的。难怪李约瑟会称这段话为"一种非常接近进化论的论述"，并说："我们怀疑，这些古老的道家思想是否曾被那些写进化论史的人考虑过。"[①]同样重要的是，日后的宇宙演化理论实际也将生物进化问题包括在内，追根问底，可以在庄子的思想中找到源头，我们在这里同样看到了哲学对于科学的反哺和启发。

除老子与庄子外，道家还有《黄帝四经》中《道原》篇的相关宇宙思想也值得注意，其讲："恒无之初，迵同太虚。虚同为一，恒一而止。湿湿梦梦，未有明晦。神微周盈，精静不熙。故未有以，万物莫以。故无有形，大迵无名。"尤其值得注意的是，《道原》中的一些描述已经与后来的宇宙理论十分接近。例如："天弗能覆，地弗能载。小以成小，大以成大，盈四

---

① 〔英〕李约瑟：《中国科学技术史》第二卷《科学思想史》，第88、90页。

海之内,又包其外。"这之中涉及"天覆地载"的思想。又如:"是故上道高而不可察也,深而不可测也。显明弗能为名,广大弗能为形。独立不偶,万物莫之能令。天地阴阳,四时日月,星辰云气,蚑行蛲动,戴根之徒,皆取生,道弗为益少;皆反焉,道弗为益多。"这之中又涉及"天地上下"、"阴阳剖分"的思想。之后,《淮南子》中的宇宙理论明显已经与此相衔接。

四、养生思想的源头

就具体知识而言,道家的养生思想同样是中国古代科学的一个重要的思想端点。

这样一种思想同样可以追溯到老子。老子主张无欲,其讲:"五色令人目盲,五音令人耳聋,五味令人口爽,驰骋畋猎令人心发狂。"(《老子·十二章》)又提倡守真,其讲:"含德之厚,比于赤子。蜂虿虺蛇不螫,猛兽不据,攫鸟不搏。骨弱筋柔而握固。"(《老子·五十五章》)老子特别强调守弱无争的思想,"知其雄,守其雌,为天下谿。为天下谿,常德不离,复归于婴儿。知其白,守其黑,为天下式。为天下式,常德不忒,复归于无极。知其荣,守其辱,为天下谷。为天下谷,常德乃足,复归于朴。"(《老子·二十八章》)这段话既是对社会和人生问题的认识,也包含有对生命或贵生问题的体会。而这些都是道家乃至整个中国古代养生理论的源头活水。

庄子在养生思想方面尤为重视,其继承并发挥了老子的思想。庄子主张顺应,讲"一受其成形,不亡以待尽,与物相刃相靡,其行尽如驰"。(《庄子·齐物论》)又主张齐物,讲"不谴是非,以与世俗处"。(《庄子·天下》)这些都是对老子思想的继承与发挥。庄子尤其继承了老子减少物欲的思想,主张不为外物所累,这体现出其养生着重在于养神的思想。如庄子说:"至人无己,神人无功,圣人无名。"(《庄子·逍遥游》)"道与之貌,天与之形,无以好恶内伤其身。"(《庄子·德充符》)"古之真人,不知说生,不知恶死;其出不䜣,其入不距,翛然而往,翛然而来而已矣。"(《庄子·大宗师》)又《黄帝四经·道法》中也有类似的思想,如《经法·道法》

中说:"生有害,曰欲,曰不知足。"可见,减少或去除物欲是道家养生理论的共同主张或基本思想。养神的根本目的自然是在于养生。庄子借广成子的话说:"至道之精,窈窈冥冥;至道之极,昏昏默默。无视无听,抱神以静,形将自正;必静必清,无劳女形,无摇女精,乃可以长生。目无所见,耳无所闻,心无所知,女神将守形,形乃长生。"(《庄子·在宥》)而为了养神,庄子又提供了相应的"术",例如"坐忘"。庄子讲:"堕肢体,黜聪明,离形去知,同于大通。"(《主子·大宗师》)又讲:"慎汝内,闭汝外,多知为败。"(《庄子·在宥》)"坐忘"就是为了达到养神和养生的目的。同时,"坐忘"又涉及调整气息,这又包含了一定的气功和导引方面的知识。如庄子说:

> 古之真人,其寝不梦,其觉无忧,其食不甘,其息深深。真人之息以踵,众人之息以喉。(《庄子·大宗师》)

> 吹呴呼吸,吐故纳新,熊经鸟申,为寿而已矣;此道引之士,养形之人,彭祖寿考者之所好也。(《庄子·刻意》)

如此,便能够像广成子所说的:"我守其一以处其和,故我修身千二百岁矣,吾形未常衰。"(《庄子·在宥》)

通过上述考察,我们大致了解了道家返璞归真思想的养生内涵。虽然从"道"的视角来看,有关养生的理论和知识或许并非道家的核心思想,但假如去除某种潜在的西方哲学的影子,道家的这一思想很可能也反映了中国哲学的某种特征。正因如此,这些思想不仅直接影响到同时期的其他学派与学说,例如《吕氏春秋》中的养生理论,以后也深刻影响道教的养生理论,甚至还通过这种种养生理论对后来的医学产生深远影响。

五、其他思想

除上述主要思想外,道家还有其他一些思想值得注意。

这其中之一是与绝学弃知的认识相关。由于道家主张"不出户",

"不窥牖","塞其兑,闭其门","堕肢体,黜聪明,离形去知",这实际就表明了在认识上持一种既否定感性经验,又否定理性思维的态度,这不仅关乎哲学思维,也关乎科学活动。尽管老子与庄子在此问题上表现出明显的悖论,即所思与所说的不一,但作为一种思想的提出,其必然会对后世的理解产生一定的影响。与上述问题有关的还有直觉思维问题,对此,庄子有明显的偏好和推崇,如他说:"方今之时,臣以神遇而不以目视,官知止而神欲行。依乎天理,批大郤导大窾,因其固然,枝经肯綮之未尝微碍,而况大辄乎!"(《养生主》)"斫轮,徐则甘而不固,疾则苦而不入,不徐不疾,得之于手而应于心,口不能言,有数存焉于其间。臣不能以喻臣之子,臣之子亦不能受之于臣,是以行年七十而老斫轮。"(《天道》)而直觉问题无论是对于哲学还是科学都是十分重要的。道家又特别关注自然或事物的发展变化问题,李约瑟认为"道家深刻地意识到变化和转化的普遍性,这是他们最深刻的科学洞见之一"[①]。事实上,道家这方面的思想将对以后的中国科学思想产生深刻的影响,特别是在如炼丹术的知识活动中以及在葛洪等的思想中。另外,总体而言,与墨家相比较,道家典籍中对具体科学活动的记载相对有限,但一些相关记录仍十分重要,如《庄子·徐无鬼》中记述了共振:"于是为之调瑟,废一于堂,废一于室,鼓宫宫动,鼓角角动,音律同矣。夫或改调一弦,于五音无当也;鼓之,二十五弦皆动,未始异于声,而音之君已。"这一记载在后来中国物理思想史上留下了明显的痕迹。

这些方面的内容都是在考察道家的科学问题时所不能忽略的。

第七节　儒家、法家与知识的关系

在先秦儒家的思想中,或者说在儒家所关心的问题中,科学知识的确不占有重要的位置,或许也正是在这个意义上,李约瑟有儒家"对于科

---

① 〔英〕李约瑟:《中国科学技术史》第二卷《科学思想史》,第176页。

学的贡献几乎全是消极的"①感慨。应当看到,李约瑟对于儒家评价在总体上或许是合理的,当然,这主要是限于先秦儒家。实际上,法家也是如此。当然,也应看到,由于儒家和法家的现实倾向,在一些方面对于日常生产和知识也是有益的,同时,儒家与法家的理性态度或与神秘主义的一定距离对于知识的发展来说也是有帮助的。

一、对待知识与技术的基本态度

儒家的态度为我们所熟知,其的确有轻视知识的倾向,特别是有轻视劳力的倾向。《论语·子路》记载:樊迟请学稼。子曰:"吾不如老农。"请学为圃。曰:"吾不如老圃。"樊迟出。子曰:"小人哉!樊须也。上好礼,则民莫敢不敬;上好义,则民莫敢不服;上好信,则民莫敢不用情。夫如是,则四方之民襁负其子而至矣,焉用稼!"何以樊迟学稼为圃,孔子斥其为小人。《论语·卫灵公》中记载了孔子的"解释":"君子谋道不谋食。耕也,馁在其中矣;学也,禄在其中矣。君子忧道不忧贫。"子夏的话也准确表达了孔子或儒门的观念:"百工居肆以成其事,君子学以致其道。"《论语·子张》这实际上又讲到了分工。对此,孟子有更丰富的阐述。"无君子莫治野人,无野人莫养君子。""有大人之事,有小人之事。""或劳心,或劳力,劳心者治人,劳力者治于人。治于人者食人,治人者食于人。天下之通义也。"《孟子·滕文公上》事实上,在古代,对知识的这种看法与对统治的看法是无法分开的。这实际也是人类早期思想界的普遍看法。

法家同样轻视工匠的技术,并视作"奇技淫巧"。如《管子·五辅》中说:"故曰:五经既布,然后逐奸民,诘诈伪,屏谗慝,而毋听淫辞,毋作淫巧。若民有淫行邪性,树为淫辞,作为淫巧,以上謟君上而下惑百姓,移国动众,以害民务者,其刑死流。"又"事有本,而仁义其要也。今工以巧矣,而民不足于备用者,其悦在玩好。……古之良工,不劳其知巧以为玩

①〔英〕李约瑟:《中国科学技术史》第二卷《科学思想史》,第1页。

好。是故无用之物,守法者不失。"还有《管子·治国》中说:"凡为国之急者,必先禁末作文巧,末作文巧禁,则民无所游食,民无所游食则必农。……是以先王知众民、强兵、广地、富国之必生于粟也,故禁末作,止奇巧,而利农事。今为末作奇巧者,一日作而五日食。农夫终岁之作,不足以自食也。然则民舍本事而事末作。舍本事而事末作,则田荒而国贫矣。"可见这在当时是很普遍的观念。而我们在前面已经看到,道家思想中也有类似观念。

我们应当看到,各诸子学派所关心的问题是不同的,或有所侧重的,这是思想所形成的自然分工,其都有各自的合理性,对此我们不能站在今人的角度提出任何不切合历史实际的非分的要求,更不能苛责古人,当然,也因此,对那些没有知识兴趣的学派,我们也不必或不应抱有更多的期许。但有两点也是需要提示的。第一,在古代,不少思想家对知识特别是技术表示出忽视甚至轻蔑的态度,不过这绝非中国仅有,而是古代社会普遍具有的特点,这应当视作一种常态或正常现象。第二,尽管如此,在这一时期,仍有许多思想家以及学派不同程度地从科学知识中汲取养分,并且,由这些思想家与学派所建立起来的自然观和知识观日后又对整个中国哲学以及科学产生了深刻的影响。相比较而言,儒家和法家在这方面的意义就显得十分微薄。

二、儒家思想中的一些知识内容

但我们也要看到,儒家虽轻视知识,但并非决然排斥知识。从文献记载来看,儒家学者也都具备一定的科学知识。如据《孟子·万章下》记载,孔子曾做过"委吏"即会计工作,所以孔子具备一定的数学知识是无疑的。孔子讲:"为政以德,譬如北辰,居其所而众星共之。"(《论语·为政》)这表明孔子对天文知识有一定的掌握。孔子又讲:"工欲善其事,必先利其器。"(《论语·卫灵公》)应当说如没有对工匠技术的透彻了解,他是不可能说出如此深刻的话的。又如孟子讲:"天之高也,星辰之远也,苟求其故,千岁之日至,可坐而致也。"(《孟子·离娄下》）这是说根据天的运行规律，千年之后的冬至之日也是可以推算出来的。《梁惠王上》和《离娄上》中讲："权，然后知轻重；度，然后知长短。""不以规矩，不能成方圆。"这表明孟子有一定的数学造诣。荀子应当也具备一定的天文学知识，这从他相关的论述即可看出："列星随旋，日月递炤，四时代御，阴阳大化，风雨博施，万物各得其和以生，各得其养以成，不见其事，而见其功，夫是之谓神。"（《荀子·天论》）也正是由于荀子对事物生长和发展规律有深刻的认识，所以才会得出"天行有常"的结论。又荀子在逻辑知识中对"类"的把握也十分突出，如对"共名"和"别名"的认识，而这同样是与其对生物等知识的熟悉掌握密切相关的，同时这也应当视作整个春秋战国时期有关生物分类知识发展进步的必然结果和重要一环。

同时，在儒家思想中，与重民理论有关的生态观念占有一定的分量，这些观念虽然朴素，但实际上反映了与知识相关的宜时也即天人观念，如前所见，它实际上也是对古老传统或思想的继承。例如《论语·述而》中记载："子钓而不纲，弋不射宿。"又如《孟子·梁惠王上》中说："不违农时，谷不可胜食也；数罟不入洿池，鱼鳖不可胜食也；斧斤以时入山林，材木不可胜用也。谷与鱼鳖不可胜食，材木不可胜用，是使民养生丧死无憾也；养生丧死无憾，王道之始也。"再如《荀子·王制》中说："草木荣华滋硕之时，则斧斤不入山林，不夭其生，不绝其长也。鼋鼍鱼鳖鳅鳣孕别之时，罔罟毒药不入泽，不夭其生，不绝其长也。春耕、夏耘、秋收、冬藏，四者不失时，故五谷不绝，而百姓有余食也。污池渊沼川泽，谨其时禁，故鱼鳖优多，而百姓有余用也。斩伐养长不失其时，故山林不童，而百姓有余材也。"同时，这些记载又都反映了儒家学者有一定的农学知识与观念。

还有知识观与教育观。儒家从孔子开始就对"知"的问题有较多思考，如孔子说："知之为知之，不知为不知，是知也。"（《论语·为政》）又说："多闻阙疑，慎言其余，则寡尤；多见阙殆，慎行其余，则寡悔。"（《论语·为政》）具体地，孔子说：

> 小子,何莫学夫《诗》?《诗》可以兴,可以观,可以群,可以怨。迩之事父,远之事君;多识于鸟兽草木之名。(《论语·阳货》)

孔子在这里讲到了"多识于鸟兽草木之名"。又子夏也说:"虽小道,必有可观者焉",只是"致远恐泥,是以君子不为也"。(《论语·子张》)这些论述对日后的知识活动都不同程度地产生了影响,其激励并庇佑着后世学者们在科学上的种种努力。

类似的还有《荀子》和《大学》中更具方法论的观点。如荀子讲:

> 以类行杂,以一行万。(《荀子·王制》)
> 以近知远,以一知万。(《荀子·非相》)

这赋予人们通过知识来把握世界的信心。而"夫道者,体常而尽变,一隅不足以举之。曲知之人,观于道之一隅而未之能识也。"(《解蔽》)"万物为道一偏,一物为万物一偏。愚者为一物一偏,而自以为知道,无知也。"(《天论》)这又对知识的全面性提出了要求。而《大学》则强调:"致知在格物,物格而后知至。"《大学》的作者认为:"物有本末,事有终始,知所先后,则近道矣。"我们须看到,作为一种观念,它在宋代以后将产生极为深刻的影响。

此外还有一点需要注意,这就是儒家继承了西周末年以来的无神论传统或理性精神。孔子在天命鬼神问题上持明确的理性主义的怀疑或存疑态度,如前所指出,这一直是儒家思想的一个重要传统,并贯穿中国古代社会与文化,这包括在以后儒道释三家思想中,儒家也是保持了最为理性主义的意识和面貌。应当看到,这样一种理性主义的倾向或精神对于科学的发展同样也是有助益的,它是科学精神坚定的支持者和同盟者,同时,也是科学发展必不可少的一个重要条件。而相比较而言,道家的后继者道教则重新返回到神祇和巫术的世界,从这个意义上说,儒家对于理性有更深刻的认识和更执着的坚守。

三、法家思想中的一些知识内容

法家也是如此。法家重视农耕，因此也就必然重视与农耕相关的种种因素或条件。如《管子》中就有不少相关思想。管子有明确的节气观念，在《幼官》中，将一年分为三十个节气，每十二天发生一次变化。同样，管子也非常重视土壤的条件与状况，如《地员》就对不同的土壤作了划分。管子重视"因天材，就地利"的原则，如选择国都，其讲："凡立国都，非于大山之下，必于广川之上，高毋近旱而水用足，下毋近水而沟防省，因天材，就地利，故城郭不必中规矩，道路不必中准绳。"(《乘马》)与当时许多思想家一样，管子对于天文学知识也是有所接触的，如《重令》中说："天道之数，至则反，盛则衰。"这与范蠡、老子等人的思想是一致的。又管子也接触到空间问题，如《心术上》中说："道"是"其大无外，其小无内"。管子对于度量知识及工具显然有深入的掌握，如《法法》中说："规矩者，方圜之正也。虽有巧目利手，不如拙规矩之正方圜也。故巧者能生规矩，不能废规矩而正方圜。"当然，除管子外，其他法家人物也都不同程度地涉及一些科学知识，如《韩非子·有度》中说："故绳直而枉木斫，准夷而高科削，权衡县而重益轻，斗石设而多益少。"

法家又尤其重视"理"这一概念。与老子的"道"一样，法家的"理"也是以自然知识作为基础或背景的。如《管子》中说："是故阴阳者，天地之大理也。"(《四时》)又说："故必知不言、无为之事，然后知道之纪。殊形异执，不与万物异理，故可以为天下始。"(《心术上》)韩非子更多地使用了"理"这一概念。如《韩非子·解老》中说：

道者，万物之所然也，万理之所稽也。理者，成物之文也；道者，万物之所以成也。

物有理，不可以扫薄。物有理不可以相薄，故理之为物之制。万物各异理，万物各异理而道尽，稽万物之理，故不得不化。不得不化，故无常操。

> 凡理者，方圆、短长、粗靡、坚脆之分也。故理定而后可得道也。故定理有存亡，有死生，有盛衰。

> 有形则有短长，有短长则有小大，有小大则有方圆，有方圆则有坚脆，有坚脆则有轻重，有轻重则有白黑。短长、大小、方圆、坚脆、轻重、白黑之谓理。理定而物易割也。

并且韩非子将老子或道家"道法自然"的思想延续到"理"的解释中来，其强调"守成理，因自然"。(《韩非子·大体》)"理"这一概念日后对于科学活动及其思想具有重要的意义，特别是在宋代以后，成为科学与哲学的核心概念，其在很大程度上要追溯至此。

在认识方法上，法家也有重要的思想贡献。法家对待或处理事务，重视严谨和审慎的态度。如《管子》中说："慎观终始，审察事理。"(《版法解》)这应当理解为其"法"的精神的贯彻和体现。而韩非子在前人的基础上更是提出一整套严格的科学方法，其中就包括强调参伍、比较，即全面地看待问题。他说：

> 参伍之道：行参以谋多，揆伍以责失。……言会众端，必揆之以地，谋之以天，验之以物，参之以人。四征者符，乃可以观矣。(《韩非子·八经》)

更可贵的是，韩非子有明显的检验认识的思想。其提出"参验以审之"这一思想，强调"循名实而定是非，因参验而审言辞"。(《韩非子·奸劫弑臣》)韩非子认为："无参验而必之者，愚也；弗能必而据之者，诬也。"(《韩非子·显学》)尽管这些论述有明显的统治管理的性质，但其中也有明显的导向检验认识或知识可靠性的内容，而最重要的是这些论述实际成为检验认识思想的重要起点。

此外，在理性态度上，法家与儒家也是相同的，其也成为去魅思想及实践的一个重要源头。

第八节 名家及各种逻辑思想与科学的关系

本节的内容相对丰富或复杂。就名家而言，不同思想家所关心的问题是有所不同的，公孙龙的思想主要是一种逻辑思想，但惠施则更接近于自然哲学家。而就逻辑思想来说，又并不限于名家的公孙龙，后期墨家、荀子都有丰富的逻辑思想。所以本节是名家与逻辑思想这两个概念及其所代表的问题的集合。

一、惠施"历物十事"的科学思想

惠施的科学思想主要保存在《庄子·天下》中。庄子讲惠施："惠施多方，其书五车，其道舛驳，其言也不中。"然后讲惠施的十件"历物之意"，分别是：（1）"至大无外，谓之大一；至小无内，谓之小一。"（2）"无厚，不可积也，其大千里。"（3）"天与地卑，山与泽平。"（4）"日方中方睨，物方生方死。"（5）"大同而与小同异，此之谓小同异；万物毕同毕异，此之谓大同异。"（6）"南方无穷而有穷。"（7）"今日适越而昔来。"（8）"连环可解也。"（9）"我知天下之中央，燕之北、越之南是也。"（10）"泛爱万物，天地一体也。"这实际也是十个与自然知识密切相关的论题或命题。

这其中，第一、二、三、六、九等五个命题与空间问题有关，这个空间或是宇宙意义上的，或是几何意义上的，或是地理意义上的。如第一个命题"至大无外，谓之大一；至小无内，谓之小一"是就空间而言的。"至大无外"是指大到不能再大，即不可再扩展；"至小无内"是指小到不能再小，即不可再分割。前者可以说是宇宙意义的，后者可以说是几何意义的。当时类似的思考其实也并非只见于惠施。如《管子·心术上》中说"道"是"其大无外，其小无内。"又《庄子·秋水》中也说："何以知毫末之足以定至细之倪？又何以知天地之足以穷至大之域？"可见，关于"至大"和"至小"这样的空间问题是当时许多思想家及不同学派都关心的问题。第二个命题"无厚，不可积也，其大千里"也涉及空间问题。其在于辨明体积与面积是两个不同的概念。"无厚,不可积也"是指没有体积,但这并不影响"其大千里"也即有面积。第三个命题说"天与地卑,山与泽平"在于说明高下的相对性。这与老子所说的"高下相倾"具有相似性。第六个命题"南方无穷而有穷"与第九个命题"我知天下之中央,燕之北、越之南是也"都涉及地理问题。南方究竟是"无穷"还是"有穷"? 天下之中央究竟何在? 惠施并没有简单依从通常的看法。冯友兰认为惠施在这里所讲的,主要不是当时人的地理知识,而是辩证法。[1] 冯友兰先生这里使用的"辩证法"一词可能多少有些绝对或高扬,或许使用辩证思维来描述会更妥帖一些。惠施的这两条命题很可能包含有对地理空间的某种猜测或假设,即空间的相对性问题。以上这些命题可归为一组。

第四、第七这两个命题也可归为一组,即都涉及时间问题。"日方中方睨,物方生方死"无疑是沿时间轴而展开的,但其中又涉及事物的运动变化,涉及生命与死亡的问题。对这个问题,庄子也有过思考,即"方生方死,方死方生。"(《庄子·齐物论》)这其中不排除两位思想家有过交流并有相同的识见。"今日适越而昔来"是讲"今"、"昔"的相对性,实际也是讲时间的相对性,这与上面空间问题中的第六、第九两个命题的思考具有相似性。同理,以上两个命题中也包含有辩证思维的因素。

而命题五"大同而与小同异,此之谓小同异;万物毕同毕异,此之谓大同异"和命题十"泛爱万物,天地一体也"则涉及同异问题。"大同"就是大类,"小同"就是小类,这两者之间的同异都是知识意义上的,是细微意义上的同异关系。而从哲学的角度来看,万物就共性而言无所不同,即"毕同",就个性而言无所不异,即"毕异",这应当是本质意义上的同异关系。惠施在这里实际上就科学意义的同异与哲学意义的同异作了区分,在前面已经指出,同异也即类的问题是这一时期科学和哲学共同关心的重大问题。自然,惠施更倾向于用哲学思维来思考问题,这也就是"泛爱万物,天地一体也"。而这实际上是取消了事物之间的差别,这同

---

[1] 参见冯友兰《中国哲学史新编》第二册,第154页,北京,人民出版社,1984。

样也是庄子的观点。

除此之外，《庄子·天下》又记载："惠施以此为大，观于天下而晓辩者，天下之辩者相与乐之。""相与乐之"也就是提出相类似的思想，这或许也可以视作是与惠施观点相同或相近的一个学派，这些思想包括："卵有毛；鸡三足；郢有天下；犬可以为羊；马有卵；丁子有尾；火不热；山出口；轮不蹍地；目不见；指不至，至不绝；龟长于蛇；矩不方；规不可以为圆；凿不围枘；飞鸟之景未尝动也；镞矢之疾，而有不行不止之时；狗非犬；黄马骊牛三；白狗黑；孤驹未尝有母；一尺之棰，日取其半，万世不竭。"《庄子·天下》说："辩者以此与惠施相应，终身无穷。"这其中有些论点是很有价值的，如"飞鸟之景未尝动也"、"镞矢之疾，而有不行不止之时"、"一尺之棰，日取其半，万世不竭"。其中前两条涉及连续性问题，后一条则阐述了无限分割的观点。但可以看出，上述辩者的不少论点似乎都有违常识，这其中也不能排除《庄子·天下》所说的"以反人为实，而欲以胜人为名，是以与众不适"的可能，但是这些论点或猜测涉及大量的自然知识应当是毋庸置疑的。

总的来说，从以上这些命题中，既可以看到惠施及其学派的科学思想，也可以看到这些科学思想背后的哲学观。在这些观点与思想中涉及天文、地理、生物、物理等种种知识问题，也涉及空间、时间、有限、无限、生命、变化等科学思想与哲学思想，还包括形式与辩证逻辑以及取类、比较等种种思维和方法问题。因此，有关惠施及其学派的资料尽管不算充足，但其中所包含的科学、哲学及二者相互关系的信息仍是十分丰富的。

二、公孙龙的科学逻辑

与惠施有所不同，公孙龙所关注的完全是一种形式逻辑思想。应当指出的是，公孙龙的形式逻辑思想与当时的科学知识是密切相关的，换言之，其实际上是建立在知识基础上的一种科学逻辑。而这一科学基础就是当时生物学知识与地理学知识的"高度"发展以及所涉及的分类问题。对此，我们在前面也已经有所考察，《尔雅》这部语词学著作对不同

事物有极其细致的划分。如《释畜》的马属中对马所作的种种区分,包括
骒验马、駮、騠蹄、騠骎、駹、騽、骖等等。而分类的深入发展必然会导致
逻辑问题,并且,科学分类也需要逻辑学的支持和指导。具体地,这涉及
"名实"、"同异"、"指物"等不同问题。这其中"名实"与"同异"问题是当
时哲学与逻辑学中所普遍关心的问题。不过,公孙龙逻辑思想的最大特
点是关心概念的准确性,这显然与对具体知识的关心直接相关,这也可
以说是公孙龙逻辑思想的基础或背景,公孙龙的一整套逻辑思想正是在
这种基础之上或背景之下循序展开的。

公孙龙的《白马论》就是这一整套逻辑思想的第一步,其最直接地关
注了知识分类与概念对应的关系,是逻辑与科学的径直衔接。公孙
龙说:

> 马者,所以命形也;白者,所以命色也。命色者非命形也。
> 求马,黄、黑马皆可致;求白马,黄、黑马不可致。
> 故黄、黑马一也,而可以应有马,而不可以应有白马。

我的看法是,公孙龙在这里首先关注的并不是西方哲学中那种个别与一
般的关系问题,而主要是关注或强调事物的差异性以及与之对应的概念
的差异性,这种差异性也可以表述为确定性,其直接与《尔雅》中的知识
及语词分类相呼应。

公孙龙在《通变论》中再次申述了与《白马论》相同的观点。

> 羊与牛唯异,羊有齿,牛无齿,而牛之非羊也,羊之非牛也,未
> 可,是不俱有而或类焉。羊有角,牛有角,牛之而羊也,羊之而牛也,
> 未可,是俱有而类之不同也。羊牛有角,马无角;马有尾,羊牛无尾。
> 故曰:羊合牛非马也。

这里直接涉及"类"的问题。羊与牛有类似之处,但类似中又有不同,而
牛羊与马又有更大的不同。《白马论》主要是讲概念的确定性,而《通变
论》则是在此基础上进一步讲分类的准确性,这与《尔雅》中的分类同样
是密切相关的。当然,公孙龙的观点未必正确,因为这涉及比较中的原

则与方法问题,《墨经》对此有所批评。

　　而《名实论》则是真正在哲学层面对上述观点与思想的概括。"天地与其所产焉,物也。物以物其所物而不过焉,实也。实以实其所实而不旷焉,位也。出其所位,非位;而位其所位焉,正也。以其所正,正其所不正;不以其所不正,疑其所正。其正者,正其所实也;正其所实者,正其名也。其名正,则唯乎其彼此焉。谓彼而彼不唯乎彼,则彼谓不行;谓此而此不唯乎此,则此谓不行。其以当不当也。不当而当,乱也。故彼彼当乎彼,则唯乎彼,其谓行彼。此此当乎此,则唯乎此,其谓行此。其以当而当也。以当而当,正也。故彼彼止于彼,此此止于此,可。彼此而彼且此,此彼而此且彼,不可。夫名,实谓也。知此之非此也,知此之不在此也,则不谓也。知彼之非彼也,知彼之不在彼也,则不谓也。"应当看到,公孙龙在这里所强调的就是名实相符,这是对前面的逻辑思想的高度概括。但这种哲学层面的概括仍是以具体知识或事物的严格区分作为基础的,这就是"其正者,正其所实也;正其所实者,正其名也"。"谓彼而彼不唯乎彼,则彼谓不行;谓此而此不唯乎此,则此谓不行。其以当不当也。不当而当,乱也。""以当而当,正也。故彼彼止于彼,此此止于此,可。彼此而彼且此,此彼而此且彼,不可。夫名,实谓也。"

　　与《名实论》相同,《指物论》也表现出更为明显的哲学特征。《指物论》一般被认为是最关心所谓"共相"问题的,并表达了某种概念独立性的观点。但事实上,《指物论》所关注的问题仍是《白马论》与《名实论》中的问题,也可以说是《白马论》与《名实论》的延续。在公孙龙看来,概念虽具有某种独立性,但不可能脱离具体事物而存在。《指物论》开篇就对"物"与"指"的关系作了区别:"物莫非指,而指非指。""物"就是事物,其都可以被指称或命名,而"指"就是名称或概念,其不用再加以指称或命名。以下,《指物论》分设问与回答两个方面来展开。而在自问自答中,公孙龙始终坚持这样的观点:"物"与"指"是相互依存的,无"物"则无"指",无"指"亦不能称"物";并且在物指关系中,"物"应是首位的,是根本的。即使是设问,这样的观点也同样体现出来,例如:"天下无指,物无可以谓物。""指也者,天下之所无也;物也者,天下之所有也。""天下无指者,生于物之各有名,不为指也。"而公孙龙所反复强调的主要有两个方面。第一,就是"物"(实)的可"指"(名)性,有"物"(实)必有"指"(名)。如公孙龙说:"物不可谓非指者,非有非指也。非有非指者,物莫非指也。"又说:"物不可谓无指也。不可谓无指者,非有非指也。非有非指者,物莫非指。"这些都在于强调,天下所有事物都可以用概念加以指称。第二,公孙龙同时又强调,"指"(名)并不能脱离"物"(实)而存在,如公孙龙说:"指非指也"、"天下无物,谁径谓指?""且夫指固自为非指,奚待于物而乃与为指?"这些都指明了概念之于事物的依附关系,不存在虚构或脱离于事物的概念。总之,在《指物论》这里,我们可以清晰地看到公孙龙一以贯之的观点,名(指)实(物)的对应性。应当说,这一物指关系,与其对《名实论》的看法也即名实关系是如出一辙的,也是与《白马论》和《通变论》的看法一脉相承的。此外我们还应看到,公孙龙的上述两层思想很可能是有所指的,即其所指的很可能就是儒家有所重名的理论与道家有所轻言的理论。

当然,《指物论》的确相对深奥,其难免有艰涩之处;况且由于说理与辩难的复杂,也难免有岐出之处;甚至出现一些悖论或失误也是可以理解的。但最为重要的是,《指物论》的主旨是清楚的,其观点也是基本正确的。

通过以上考察可以看到,在公孙龙这里,总体而言"名"是落实于"实"的,"同"是依从于"异"的,"指"也是应答于"物"的。公孙龙认为,个别概念都应具有确定性,这种概念确定性的依据就是事物的差异性,不同概念只能对应于不同事物。以此为基础,公孙龙的逻辑思想主要并不是将一般或抽象的概念置于最重要的地位,而是将个别或具体的概念置于最重要的地位。这样一种特点的性质就是首先是从具体知识出发,而不是从抽象概念出发。换言之,其立足点是具体知识,而非抽象语词。总之,在公孙龙这里,逻辑思想首先是指向具体事物,而非一般概念。即知识基础是第一位的,而哲学思考是依从于此的。从这个意义上说,公孙龙的逻辑思想也是与科学最为贴近的逻辑思想。换言之,从公孙龙这里可以清楚地看到科学对于逻辑的深刻影响,一种科学逻辑是怎样建立在科学知识的基础之上的,或者说,科学知识与科学逻辑之间所具有的必然联系。当然,公孙龙的思想也有迷失之处,而这恰恰是在从具体科学知识走失之时。了解这一点很重要,因为这有助于我们准确理解公孙龙逻辑思想的内容,也有助于我们准确把握其逻辑思想的特征。

三、公孙龙的科学分析方法

公孙龙的另一篇论文《坚白论》与以上诸篇有所不同,其主要不是关心事物与概念的关系问题,而是探讨事物的物理性质与感觉经验的关系。

《坚白论》一上来即自设问答:"坚白石三,可乎? 曰:不可。曰:二,可乎? 曰:可。曰:何哉? 曰:无坚得白,其举也二;无白得坚,其举也二。"公孙龙对此的解释是:"视不得其所坚而得其所白者,无坚也;拊不得其所白而得其所坚者,无白也。"我们由此知道,在公孙龙看来,认识与具体的感觉密切相关。难者认为:"其白也,其坚也,而石必得以相盈。"即无论坚白于感觉有什么不同,其都是充盈于石的。应当说,这是一般或普通的看法,是常人的看法,也可以说是正常的看法。但公孙龙却说:"得其白,得其坚,见与不见离。——不相盈,故离。离也者,藏也。"公孙龙认为,不同感觉的分离也就是相应属性的隐藏。现代心理学与思维学已经告诉我们,认识是综合的,不同的感觉在大脑中会进行加工,由此得到一个完整的认知。以往的哲学史研究也多以此入手,认为公孙龙有割裂感觉与知觉的错误。应当说,若真是如此,公孙龙的思想无疑存在着某种困境。

不过应当看到,公孙龙很可能并不是从思维的角度来阐述坚白问题的,也不是从纯粹哲学的角度来阐述坚白问题的,自然也不是以常人的眼光来看待此问题。因此用哲学思维的"标准"或日常的眼光来要求和判断公孙龙的坚白理论或许并不合适,因为其不完全是一个"路数"。

公孙龙关于坚白问题的看法其实在很大程度上是基于科学的视角。与哲学的综合性不同，也与日常的经验性不同，科学是偏重于分析的，逻辑学其实也是偏重于分析的。公孙龙讲：

> 物白焉，不定其所白；物坚焉，不定其所坚。不定者兼，恶乎其石也？

> 坚未与石为坚而物兼，未与物为坚而坚必坚，其不坚石物而坚，天下未有若坚而坚藏。

> 白固不能自白，恶能白石物乎？若白者必白，则不白物而白焉，黄黑与之然。石其无有，恶取坚白石乎？

这之中实际是在关注事物的性质或特征问题，并且不同的性质或特征具有相对的确定性，同时，它们又与感觉或认识有关。就如同今天分析钻石，硬度多少，亮度多少。并且，硬度与亮度本身就是两种重要的物理性质，不同事物的硬度、亮度又有区别。对于物理来说，这样的性质还有很多，而它们之于感觉又有所不同。公孙龙其实就是在探讨这种物理性质与感觉特征之间的对应关系，而这种探讨就方法来说是分析性的。事实上，这一认识与其逻辑学中对于同异问题的认识具有相关性，即注重具体性、差异性和对应性。尽管从认识论的角度来看，这一探讨似乎存在着问题，但我们要看到其中的科学方法，看到其中的科学倾向、态度或精神，要看到它与哲学思考之间的区别，我们不能随意以哲学的名义来加以裁定，更不能随意将其贴上唯心主义或不可知论的标签。

四、《墨经》与荀子在"类"或种属问题上的逻辑思想

这里不是一般地考察后期墨家与荀子的逻辑思想，这方面内容在前面相应的卷册中有专门论述。我们在这里主要是关注后期墨家和荀子逻辑思想与科学知识之间的关系问题，而这同样主要体现在"类"的问题上，这也是上面所看到的公孙龙所关心的问题。

《墨经》讲："名：达、类、私。"（《经上》）又说："名：物，达也，有实必待

文名也命之。马，类也，若实也者，必以是名也命之。臧，私也，是名也，止于是实也。"（《经说上》）在这里，《墨经》将"名"也就是概念分为三个层次，从最高到最低依次是达名、类名和私名。《墨经》对公孙龙的"白马非马"说提出了批评："白马，马也；乘白马，乘马也。骊马，马也；乘骊马，乘马也。"（《小取》）可以看出，《墨经》比起公孙龙更重视不同层位概念的关系，这与公孙龙重视和强调概念的确定性有所不同，这应当是视角的差异，无所谓正确与否。对公孙龙在《通变论》中牛与马不同的论证，《墨经》也作了批评："牛马之非牛，与可之同，说在兼。"（《经下》）又说："狂，牛与马惟异，以牛有齿，马有尾，说牛之非马也，不可。是俱有，不偏有偏无有。曰牛与马不类，用牛有角，马无角，是类不同也。若举牛有角马无角，以是为类之不同也，是狂举也，犹牛有齿、马有尾。"（《经说下》）《墨经》的看法是"异类不吡"。（《经下》）这里的"吡"通"比"。为此，《墨经》举例说："木与夜孰长？智与粟孰多？爵、亲、行、贾，四者孰贵？"（《经说下》）《墨经》的这一批评是有道理的。从这里，我们也可以看到思想或理论只有在争论中才能相长。荀子同样对"类"的问题十分关注，其讲："故万物虽众，有时而欲遍举之，故谓之物。物也者，大共名也。推而共之，共则有共，至于无共然后止。有时而欲偏举之，故谓之鸟兽。鸟兽也者，大别名也。推而别之，别则有别，至于无别然后止。"（《荀子·正名》）与《墨经》一样，荀子也涉及了概念的分层问题，并且这样一种分层也是有知识作为依托的。相对来说，公孙龙的逻辑思想更偏重科学，而《墨经》与荀子的逻辑思想则更偏重于哲学。

　　"类"又涉及"同异"问题。关于"同异"问题，如《墨经》说："同：重、体、合、类。"（《经上》）"同：二名一实，重同也；不外于兼，体同也；俱处于室，合同也；有以同，类同也。"（《经说上》）又说："异：二、不体、不合、不类。"（《经上》）"异：二必异，二也；不连属，不体也；不同所，不合也；不有同，不类也。"（《经说上》）在这里，《墨经》对"同异"作了区分，而这又应当是与公孙龙的逻辑思想相一致的。荀子也说："同则同之，异则异之。单足以喻则单，单不足以喻则兼。单与兼无所相避则共，虽共，不为害矣。

知异实者之异名也,故使异实者莫不异名也,不可乱也,犹使同实者莫不同名也。""物有同状而异所者,有异状而同所者,可别也。状同而为异所者,虽可合,谓之二实。状变而实无别而为异者,谓之化;有化而无别,谓之一实。此事之所以稽实定数也,此制名之枢要也。"(《荀子·正名》)荀子在这里也是从"同异"问题出发阐述了名实相符的思想。事实上,后期墨家与荀子在这里又都不同程度地注意到了差异性,这与公孙龙的思想也是相同的,并且这也是与《尔雅》的知识和语词背景有着紧密联系的。

总之,无论是《墨经》,还是荀子,与公孙龙一样,其关于"类"的逻辑思想都有科学知识作为背景或基础。这是一个大的知识环境,也是一个大的逻辑思维环境,也正是在这样一个环境中,其各自都取得了相应的成果。这一点十分重要,我们从这里可以看到具体事物或知识在公孙龙、后期墨家以及荀子名实思想中的地位,延伸开去,也看到有无这种背景之于不同名实观的意义。以具体知识为基础的名实观,其总体倾向是大致相同的,这也与以孔子为代表的主流的儒家名实观形成鲜明的对照。

不过,这其中也有不足。无论是《墨经》,还是荀子,在讨论了概念的一般种属关系之后便止步不前了。他们并没有能继续将种属问题与本质问题结合起来加以研究,他们并没有发现种属问题之于探讨事物本质的重要意义。换言之,他们并没有发现种属问题之于定义规范性的重大意义(公孙龙并不关心这一问题,因此不对此负责)。就此而言,《墨经》与荀子可谓是与定义形式的发现失之交臂,因为他们已具备了这一发现的前提条件。同时,对种属问题的研究来说,《墨经》与荀子也可谓是功败垂成,因为种属关系在定义中的应用是种属问题研究的最大收获和最高境界。对比古代希腊,亚里士多德最早揭示了定义的逻辑结构,这就是"属加种差"。亚里士多德将类视为属,而将类所包含的子类或个体视之为种。不同子类或个体之间的差异也即是种差。定义的方法就是"把定义者置于属内,然后再加上种差"。例如:"人是有理性的生物。"在这里,人这一概念也即被定义项是由定义项也即属(生物)和种差(有理性的)所组成的。这样一来,通过"属加种差"这一方式,一方面即将被定义的事物限定在一个类之内,另一方面又将其与同类内的其他事物区别开来。于是,由这一方法所导致的概念便具有十分科学的性质。不仅如此,上述定义方式又影响到推理,其确保了三段论推理的科学性。① 总的来说,先秦时期,是古代中国人在种属问题认识上达到最高成就的时期,也是离科学定义形式和推理形式最为接近的时期,但其最终离目标理想仍差那么"一步",而正是这"一步",铸定了中国思维、思想在日后界定事物以及与此相关的推论事物方面严谨性或科学性不足的命运。当然,从根本上说,这乃是中国思维的特征与兴趣使然。但是,思想成果距理想目标仅"一步之遥"而未能登顶,并由此深刻影响甚至也可以说改变日后的思维格局,这终究是让人唏嘘遗憾的。②

第九节　后期墨家思想中的科学内容

总的来说,与其他学派相比,墨家位于社会的下层,有着明显的平民特征。同时,相比较其他学派而言,由于较特殊的职业性质,墨家思想中的科学内容也更加突出和充分。墨家可以说是一个具有典型的科学特征或性质的学派,在一定程度上也可以将其视作科学学派。本节所考察的主要是后期墨家的科学思想,这些思想主要保存在《墨经》之中,包括《经上》、《经下》、《经说上》、《经说下》。需要指出的是,与先秦其他思想相比,《墨经》中的科学思想显得更加科学,或更加"纯粹"。而一般哲学史著作对于这类哲学家或学派的更为"纯粹"的科学思想通常不太会加以注意,习惯性做法就是一省了之。这不仅是《墨经》,也包括以后的王充、葛洪、沈括甚至朱熹。事实上,这正反映出现有哲学史研究对于中国

---

① 有关古代希腊逻辑思维与古代中国逻辑思维的比较,可参考本人的著作《中国思维形态》。
② 但从根本上说,古代希腊定义方式的取得又是与其成熟的几何学及公理体系密切相关的,其有着强大的理论与学者背景和传统,而对比之下,这是具有强烈工匠色彩或传统的墨家所不具备的,荀子同样无法达到这种源自整体的科学理论高度。就此而言,仍是科学活动最终决定了逻辑学,并且也影响到了哲学。

古代哲学与科学关系的认识所存在的误区，包括对中国古代哲学的认识所存在的误区，简要地说，就是"忽略"科学在其中的意义或位置（这一点与西方哲学史的撰述很不相同）。其实，在这些科学思想与哲学思想之间存在着连通的"经络"，它是相关哲学思想的底层和基石，当抽掉了这些学者或学派的科学思想时，也就很难完整解读其思想上层的哲学认识。

一、早期墨家思想的知识倾向

墨家对于科学的重视以及相关的科学思想早在其创始人墨子这里就已经形成。例如《墨子》中以下两则记载就讲述了墨子与当时名闻天下的巧匠公输般比试技艺的故事。第一则即我们所熟悉的"公输子削竹木以为鹊，成而飞之，三日不下。公输子自以为至巧"。于是墨子谓公输子曰："子之为鹊也，不如匠之为车辖，须臾刘三寸之木，而任五十石之重。"（《墨子·鲁问》）第二则讲的是公输般为楚王制作云梯欲取宋，于是墨子又与公输般比试攻防技艺。"子墨子解带为城，以牒为械，公输般九设攻城之机变，子墨子九距之。公输般之攻械尽，子墨子之守圉有余。"（《墨子·公输》）从这两则故事中不难看出墨子对各种技术的精通。类似这样的技术知识在《墨子》的《备城门》等篇中还有详细记载。并且，由此也可以推测，道家与法家对技术的一些相关批评是有所指的。

从墨子的思想中，我们可以看出，墨家是一个从事日常手工技术也即有着丰富的实践知识与经验的学派，而这也正是这一学派关注科学知识并且有丰富科学思想的原因。

二、《墨经》的自然观

后期墨家的科学思想主要体现在《墨经》之中，其主要包括有自然观、数学思想、力学与光学思想等内容，以下依次考察。

《墨经》中关乎自然观的内容约有 40 余条，所涉内容包括宇宙、时空、物质以及变化等。

《墨经》关于宇宙和时空问题有明确的界说。《经上》说："久，弥异时也；宇，弥异所也。"《经说上》说："久，合古今旦莫；宇，蒙东西南北。"这里的"久"是指时间的总和，宇是指空间的总和。"宇"和"久"也就是指"宇宙"。冯契先生指出，这样的时、空范畴，是对经验中的时间、空间的概括，是可以度量的。[①] 在前面的考察中，我们知道先秦时期的人们已经使用"宇宙"这一概念。例如《庄子·庚桑楚》中所说的"有实而无乎处者，宇也；有长而无本剽者，宙也。"以后到了汉初，《淮南子·齐俗训》中说："往古来今谓之宙，四方上下谓之宇。"可以看到，《墨经》对于宇宙的界说与《淮南子》对于宇宙的界说总体来说是一致的，也即是前后相沿的。

而时间与空间又涉及有限和无限的问题，《墨经》对此也作了思考：

> 始，当时也。（《经上》）
>
> 始，时或有久，或无久。始当无久。（《经说上》）

在这里，"始，当时也"与"始当无久"就是指确定的某一时刻，也即没有一个较长的时间长度，因此是"无久"。而时间有"无久"与"有久"之分，也即无绵延长度的和有绵延长度的。又有：

> 穷，或有前不容尺也。（《经上》）
>
> 穷，或不容尺，有穷；莫不容尺，无穷也。（《经说上》）

这里所谓"不容尺"就是指有限的局部空间，也称作"有穷"，也就是有限；"莫不容尺"是说可以无限地度量下去，故称作"无穷"，也就是无限。而空间的无限与时间的无限又是相关联的：

> 宇，或徙，说在长宇久。（《经下》）
>
> 长宇，徙而有处宇。宇，南北在旦有在莫，宇徙久。（《经说下》）

在这里，"长宇久"与"宇徙久"都是指空间与时间的无限，也即无穷。从前面庄子和惠施的相关论述中可以了解到，关于有限和无限问题的思考

---

① 参见冯契《中国古代哲学的逻辑发展》（上册），第 255 页。

在当时绝非是偶然或个别的现象。

而空间与时间又与物体的运动有关。《经上》说："动，或徙也。""止，以久也。"物体的运动或静止是与时间和空间密切相关的，或者说是以时空的形式表现出来的。物体的运动表现为空间位置的变化，即"或徙也"。而静止的物体实际就是在某一空间位置处于一段长久的时间，也即"以久也"。

必须指出的是，《墨经》中的自然观与其科学思想实际是一体的，是同一种兴趣关怀的不同侧面，因此也只有更为深入地了解后期墨家的具体科学思想，才能对这一学派的性质和面貌有真正的了解和把握。

三、《墨经》的数学思想

《墨经》对于数学问题有十分具体的思考，这其中尤以对几何学问题的思考为突出。据研究，《墨经》中直接指称数学以及同数学相关的命题约有 30 个，集中讨论了基本的数学概念，特别是几何学方面的问题。如关于量、圆、方等的概念，关于点、线、面、体等各种几何要素及其相互关系的考察。例如其关于圆的定义："圆，一中同长也。"（《经上》）这里的"一中同长"是与现代数学中圆是"对中心一点等距离的点的轨迹"的定义相同的。又如其关于量的概念："异类不吡，说在量。"（《经下》）这也就是说，量的概念实际是与类的概念或质的概念相对应的，不同类或不同质者不同量。此外，《墨经》中也广泛涉及点、线、面、体等概念。如"体：若二之一，尺之端也。"（《经说上》）这其中"体"即是立体或三维空间，"尺"可解释为"线"，"端"可解释为"点"。

这里涉及一个十分重要的概念，这就是"端"。《墨经》认为：

> 端，体之无厚而最前者也。（《经上》）
>
> 非半弗斫则不动，说在端。（《经下》）
>
> 非：斫半，进前取也。前则中无为半，犹端也。前后取，则端中也。斫必半，无与非半，不可斫也。（《经说下》）

这大意是说,如果取一尺而斫之,日取其半,最终一定会到达"非半弗斫则不动"或"前则中无为半"的时候,其"无与非半,不可斫也",而这个点也就是"端",也就是所谓"体之无厚而最前者也"。总之,"端"就是物体不可再分割的那个点。《墨经》的这一观点与《庄子·天下》中"一尺之棰,日取其半,万世不竭"这样一种看法是相对立的,这一看法认为物体是可以无限分割的,但《墨经》的看法显然与此相反。

而重要的是,这个"端"究竟是哲学意义上的,还是知识意义上的,究竟是物理学意义上的,还是几何学意义上的。正如李申所指出,近一个世纪以来,"端"究竟是几何学上的点,还是和原子论相当,争论颇多。不少学者认为,《墨经》中对"端"的看法与古代希腊的原子论十分相似,它可看作是我国古代原子论的萌芽。一般来说,从事哲学与物理学的学者可能会持这一看法。但《墨经》的"端"与原子论显然是有所区别的。李申虽也赞同原子说,但其注意到:古希腊哲人不仅认为原子不可分割,而且认为正是原子的集合构成了物。而墨家只是承认了物有不可分割的最小单位存在,如端、小一,却没有把端、小一明确说成建筑物质世界的最小砖块。因此,端、小一在不可分割这一点上说,相当于原子,但墨家却未借此建立起新的质料说,因此未达到原子论。[①] 如此,《墨经》的"端"可能从几何学的意义来解释更加合适。如前所见,《墨经》本身就说:"体:若二之一,尺之端也。"(《经说上》)这说明,"端"实际是从量度的分割意义上来说的。事实上,从学派性质的角度说,这也是与墨家的工匠及其知识特征相适应的。应当看到,古代希腊关于原子的猜测有明显的学者或思辨特征。而墨家则有明显的经验性,这是以其实践知识作为背景的。我们在讨论其思想时应当充分注意其所被赋予的知识特征或背景。尽管从几何学的角度来理解"端",有可能"降低""端"这一概念的理论意义,但这很可能更符合客观事实。不仅如此,若从科学作为哲学的

①　参见卢嘉锡总主编、席泽宗分卷主编《中国科学技术史·科学思想卷》,第 116 页,北京,科学出版社,2001。

基础来看,其将会使墨家理论在整体上获得统一。

在《墨经》中,"体"又称之为"厚",而"面"则称之为"无厚",而点、线、面、体这些几何要素实际上都是存在于它们的关系之中的。《墨经》中使用了如下概念来描述这类关系,包括:平、中、直、间、有间、纑、盈、攖、比、次等,其中一些概念也不仅仅是指数学意义上的关系。这里主要择其中与数学相关者略作考察。平行与垂直是两种极为重要的位置关系,《墨经》对此作了考察,例如"平,同高也。"(《经上》)这是用同样的高低来定义"平"。又如"直,参也。"(《经上》)这是用三点共线来定义"直"。《墨经》还就对称关系下过定义,如:"同长,以正相尽也。"(《经上》)这是两条线段相等的定义。"中,同长也。"(《经上》)这是线段中点的定义,如圆心,由中心至两端,长度均相等。其他又如"有间,中也。"(《经上》)"有间,谓夹之者也。"(《经说上》)这里的"间"是指区间,"夹之者"是指夹于两端的那部分空间。此外,《墨经》对数位关系也已经有了认识,其讲:"一少于二而多于五。"(《经下》)一少于二但多于五,这表明,在不同的位置上,"一"的大小是不同的,在个位上,其小于二,而在十位上,其大于五。这表明《墨经》不仅有十进制的数位概念,并且在理论上对其做了分析。[1] 事实上,《墨经》这种对于"数"的分层思考与其对于"类"的分层思考也是相统一的。

类似这样的思考、定义或命题在《墨经》中还有不少,从这些定义中不难看到墨家学派从事生产或知识实践的影子,当然,这些定义或概念的形成在很大程度上也与墨家的逻辑知识有关。

总体来看,《墨经》的数学思想主要是关于几何学的,这与后来中国数学朝向代数学的发展形成鲜明的对照。遗憾的是,《墨经》这种知识以及样式在以后的中国数学发展中基本丧失了。对比希腊的经验来看,几何学的发展与天文学密切相关,并且其研究群体主要是学者,这担保了

---

[1] 以上数位问题考察参考了刘洪涛编著《中国古代科学史》和袁运开、周瀚光主编《中国科学思想史(上)》两书中的相关内容。

其发展的坚实基础以及公理系统的理论性。而这些条件显然是以工匠为主体的墨家所不具备的。墨家的几何学主要是一种基于工匠活动的日用几何学。从这个意义上说,墨家几何学的丧失其实也是必然的。而秦汉以后数学的发展基本是沿着日常生产的方向,注重解决实际问题,这就不存在理论的"担忧",当然,也没有对抽象理论有相应要求的几何学的生存空间,这是后话,在下一章中还会进一步考察。

四、《墨经》的力学思想

《墨经》中的力学知识首先体现在其有关"力"的概念的定义中。如"力,形之所以奋。"(《经上》)"力,重之谓下,与重奋也。"(《经说上》)这里所使用的"奋",具有移动的含义。力也就是使"形"即物体发生位移,也可以说,是使物体由静而动且动而愈速的原因,也是使物体由下而上运动的原因。这可以说是对"力"所下的一个朴素但科学的定义。

《墨经》具体考察了杠杆平衡的问题。《墨经》说:"负而不挠,说在胜。"(《经下》)"负,衡木加重焉而不挠,极胜重也。右校交绳,无加焉而挠,极不胜重也。"(《经说下》)这里的"挠"即是"翘","极"即是重心,于重心处系绳以作支点,可见这一实例就是中国秤。使秤两端重量平衡,则"负而不挠"。如果将绳索右移,即"右校交绳",则重心与支点分离,"极不胜重",平衡被打破。这旦实际阐明了杠杆平衡的基本条件:重心与支点相重合。《墨经》又说:"衡,加重于其一旁,必捶。权重相若也,相衡,则本短标长。两加焉,重相若,则标必下,标得权也。"(《经说下》)这里的"正"是指在称重时,秤杆在平衡状态下必然呈现水平状态。若任意加重一边重量,则这一边就会下垂,即"加重于其旁,必捶"。并且,杠杆是否平衡既有重量因素,又有力臂长短的因素。在力臂长短相等的情况下,重的一方必下垂;而在重量相等的情况下,力臂长的一段必下垂,这就是"权重相若也,相衡,则本短标长。两加焉,重相若,则标必下,标得权也"。

《墨经》中又涉及滑轮问题。如:"挈,有力也。引,无力也。""挈,长重者下，短轻者上。上者愈得，下者愈亡。绳直权重相若，则正矣。收，上者愈丧，下者愈得。"（《经说下》）《墨经》这里实际是在讨论滑轮的作用，其已经明确指出滑轮可以改变力的方向。这里所说的"挈"即指提拉力，"引"即指地球引力。物体上升，是提拉力大于引力，即"上者愈得，下者愈亡"，而物体下降，是引力大于提拉力，即"上者愈丧，下者愈得"。

《墨经》对斜面问题也作了相应的研究。《墨经》中说："倚者不可正，说在梯。"（《经下》）"两轮高，两轮为輲，车梯也。重其前，弦其前。载弦其前，载弦其轮，而县重于其前。是梯挈且挈则行。凡重，上弗挈，下弗收，旁弗劫，则下直。扡，或害之也。流梯者不得流，直也。今也废石于平地，重不下，无旁也。若夫绳之引轮也，是犹自舟中引横也。倚、倍、拒、坚，邪倚焉则不正。"（《经说下》）提升重物时，利用斜面可以省力。

此外，《墨经》还考察了其他一些力学问题。例如球体的平衡问题："正，丸，无所处而不中县，抟也。"（《经说下》）这是说球形物体放在平面难以安定，这实际接触到了随遇平衡的问题。又如"堆之必柱，说在废材。"（《经下》）"堆，䣂石絫石耳。夹㡍者法也。方石去地尺，关石于其下，县丝于其上，使适至方石，不下，柱也。"（《经说下》）"废"是放置的意思。"夹㡍者"意指砖石交错叠垒。唯此，能达到堆物的平衡。[1]

当然，《墨经》以上论述主要集中于静力学的平衡问题，其还是一种比较朴素的力学思想。但尽管如此，这些论述对于更为一般意义的科学和哲学思考仍是具有重要意义的。

五、《墨经》的光学思想

《墨经》中所记录的光学知识与思想同样是十分丰富的。

《墨经》光学思想中一个十分重要的内容就是考察在不同条件下，物体影子的变化状况。如《墨经》考察了物体在静止和运动条件下不

---

[1] 以上内容的叙述参考了蔡宾牟、袁运开主编《物理学史讲义——中国古代部分》（北京，高等教育出版社，1985）和袁运开、周瀚光主编《中国科学思想史（上）》两书中的相关内容。

同的光影情况。"景不徙,说在改为。"(《经下》)"光至,景亡;若在,尽古息。"(《经说下》)物体运动并不意味着其影子也在发生对应运动,影子看上去在移动,其实只是新影不断产生,旧影不断消失的过程。而物体一旦静止下来,则影子的变化也就停止了。在这里,《墨经》对运动物体影子动与不动的关系给予了辩证的解释。《墨经》还对本影和半影现象做了解释。"景二,说在重。"(《经下》)"景,二光夹一光;一光者景也。"(《经说下》)一个光源照射物体,就只有一个影子。而当两个光源照射物体,就会产生重影现象,即两个半影夹持一个本影。在这里,《墨经》实际考察了光源数量的不同与影子的关系。《墨经》又说:"景之大小,说在杝正远近。"(《经下》)"景,木杝,景短大。木正,景长小。光小于木,则景大于木。非独小也,远近。"(《经说下》)这是说,光影的大小与木杆"杝"这一物体的放置以及和光源的距离有关。由以上这些思想,我们可以看到《墨经》实际注意到了影响光影的多种因素。并且,我们可以猜测,《墨经》为了获取准确的知识和合理的解释,一定做过大量相应的实验观察,这也应当是中国古代最早的科学实验。

这其中,《墨经》中的小孔成像实验为我们所熟知。在黑暗小屋朝阳一面的墙上开一小孔,使一人于屋外对着小孔站立,在阳光照射下,屋内相对的墙上会出现一个倒立的人影。《墨经》对此的记述是:"景倒,在午有端与景长,说在端。"(《经下》)"景,光之人煦若射。下者之人也高,高者之人也下。足敝下光,故成景于上;首敝上光,故成景于下。"(《经说下》)在这里,"光之人煦若射"一句以十分生动和形象的描述表达了光的直线传播的思想,当然,只有当孔足够小,才能产生这种"景倒"、"足敝下光,故成景于上;首敝上光,故成景于下"的物像。无疑,这也是反复实验后所取得的认识。

除此之外,《墨经》中的光学知识与思想还包括平面镜成像、凸面镜成像、凹面镜成像实验等。关于平面镜成像。《墨经》说:"临鉴而立,景倒,多而若少,说在寡区。"(《经下》)"临正鉴,景寡。貌能、白黑、远近、杝正,异于光鉴。"(《经说下》)这种成像方式也包括水面。"倒"是指左右相反。其成像没有凹面镜和凸面镜那样富于变化,故曰"寡"。关于凹面镜成像。《墨经》说:"鉴位,景一小而易,一大而正,说在中之外内。"(《经下》)"鉴:中之内,鉴者近中,则所鉴大,景亦大;远中,则所鉴小,景亦小,而必正。起于中缘正而长其直也。中之外,鉴者近中,则所鉴大,景亦大;远中,则所鉴小,景亦小。而必易。合于中而长其直也。"(《经说下》)这里的"中"、"缘"是指球心或焦点。凹面镜成像有两种情况。一种情况是在球心或焦点以内。愈近球心或焦点,则像愈大;反之则愈小。在这种情况下,像必定是正立的,即"必正"。另一种情况是在球心以外。在这种情况下,影像都是倒立的,即"必易"。关于凸面镜成像,《墨经》中说:"鉴团,景一。"(《经下》)"鉴,鉴者近,则所鉴大,景亦大;亓远,所鉴小,景亦小,而必正。景过正,故招。"(《经说下》)"景一"是凸面镜成像的特点,其成像只有一种,这也是相对凹面镜一小一大两种成像而言的。物体离镜近则像大,离镜远则像小,而无论远近,物像都是正的。"景过正,故招"的解释殊异,此略。在还没有发现反射定律的情况下,《墨经》对不同镜面的成像规律作了深入的概括。如同小孔成像一样,这表明《墨经》的实验水平已经达到相当的高度。[1]

六、关于墨家科学思想的评价

《墨经》中的科学知识与思想还能举出许多。

蔡宾牟与袁运开在所主编的《物理学史讲义——中国古代部分》中将墨家在科学上的成就归结于以下原因:一、与直接的生产技术经验有关;二、重视对自然的研究;三、有比较正确的认识论和方法论;四、有一套相应的逻辑方法。[2] 其中后两点是很重要的。我们应当看到,《墨经》中的这些知识与思想是与其哲学认识论特别是逻辑学密切相

---

[1] 以上内容的叙述参考了蔡宾牟、袁运开主编《物理学史讲义——中国古代部分》和袁运开、周瀚光主编《中国科学思想史(上)》两书中的相关内容。

[2] 参见蔡宾牟、袁运开主编《物理学史讲义——中国古代部分》,第79—81页。

关的。在认识论方面，《墨经》可能主要是基于其科学活动的经验主义立场。我们看到《墨经》对物、知、闻、行、心、虑、意等一系列概念及其之间的关系作了考察和分析，其总体路径是沿经验——理论方向展开的，也是沿个别——一般方向展开的，其中，个体亲身实践所获得的经验被特别地加以重视。也正是在这个意义上讲，一般的研究都认为《墨经》或后期墨家具有比较明显的经验主义特征。而最重要的是，所有这些应当都有其坚实的科学实践的基础，科学的经验特征同样也赋予了哲学的经验特征。同时，在前面的考察中我们已经看到，《墨经》或后期墨家也有较完整的逻辑学，其中体现了更多的理性主义的特点，这固然也是由逻辑学的本质所决定的。后期墨家所提供的一系列逻辑思维的原则，分别涉及类、故、理或者概念、判断、推理等逻辑思维的工具与手段。而这样一些状况和特征同样也是与其对数学、力学等知识的深刻认识密切相关的。与其认识论所不同的是，由于是作为原则，因此在这里的思维表现出更多的一般性，这就导致其思维中又具有更多的推理特征。

从更深层的角度来看，墨家哲学的确有明显的经验论的特征，其科学思想亦不例外。冯契指出："一般说来，后期墨家立足于经验事实，运用形式逻辑方法来讨论问题，而对思辨哲学不感兴趣，这是它的优点。""后期墨家似乎由于厌恶思辨而对阴阳学说和气一元论也不加理睬了，因而它忽视了当时同天文、历法、医学、农学等有密切联系的另一种朴素唯物主义自然观，也忽视了与阴阳学说有密切联系的朴素辩证法。这可以说是后期墨家自然观的弱点。"①事实上，墨家哲学与科学思想在秦汉之后迅速"消失"，这在很大程度上也与此有关，因为经验特征要求事实或真实，战国后期逐渐泛滥的阴阳及五行学说显然已经开始远离这种客观真实的经验，而慢慢被概念化甚至神秘化。所以之后人们所关心或感兴趣的中心"问题"中并没有墨家的思想"踪迹"或"份额"，墨家在这些

---

① 冯契：《中国古代哲学的逻辑发展》（上册），第 258、259 页。

"问题"中是"主动""缺位"的。当然,墨家在秦汉以后的"消失"或"缺位"可能还存在更为复杂的原因,如墨家的地位、后世学者对相关知识以及逻辑问题兴趣的不足等等。不管怎样说,墨家思想对于后来科学活动的影响是相对有限的,这的确是一个事实,并且它也成为中国哲学史和中国科学史上一桩极大的憾事。李约瑟在谈到墨家时也曾不无遗憾地说:"中国科学史上的最大悲剧也许是道家的自然洞见没有能和墨家的逻辑结合起来。"①当然这事实上是不可能的,因为道家反对技术和智慧。但我们不妨假设,如果墨家的科学观念和思想能够深刻影响后来的知识活动,那么,中国古代科学就绝不会是我们现在所看到的这样一种面貌。

第十节　阴阳五行家和《易传》与科学的关系

冯友兰在其《中国哲学史新编》第二册中将阴阳五行家(亦称阴阳家)与《易传》对举,认为这是先秦时期所提出的两种重要的世界图式。这两种世界图式各有自己的体系,其中阴阳家不讲八卦,《易传》不讲五行。而这两种世界图式事实上与科学都有较密切的关系,它们是以相应的知识作为基础,建立起自己对世界的看法。

一、阴阳五行家的世界图式

阴阳五行家的核心思想是阴阳五行学说,然后又结合"气"等概念孕育出无限的变化。我们应当看到,这样一种学说在当时既具有哲学的性质,同时也具有科学或知识的性质,并且,在阴阳五行家这里,几乎所有的知识都是为了证明宇宙图式而服务的。阴阳五行家与道家有某种相似之处,即都非常关注自然现象及其变化,但二者又有不同,与道家相比,阴阳五行家具有明显的巫术性质或特征。阴阳五行家的学说或思想

---

① 〔英〕李约瑟:《中国科学技术史》第二卷《科学思想史》,第202页。

驳杂诡谲，所属五运、月令、数术、方仙等种种支派观点与兴趣各异，但当时的种种科学知识却无不杂糅其中。甚至可以这样说，该学派从产生之日起，就以对知识的掌握相标榜甚或"炫耀"。

五运派大致可以认为是阴阳五行家的正宗或嫡出，邹衍是其代表性人物。该学派主要讲五德终始与王朝更迭的关系，或以为这是一个社会历史学派。邹衍五德终始说或五运派的理论基础是阴阳特别是五行理论。邹衍的五德终始说在《吕氏春秋·应同》中有所保存：

> 凡帝王者之将兴也，天必先见祥乎下民。黄帝之时，天先见大螾大蝼。黄帝曰：土气胜。"土气胜"，故其色尚黄，其事则土。及禹之时，天先见草木秋冬不杀。禹曰："木气胜"。木气胜，故其色尚青，其事则木。及汤之时，天先见金刃生于水。汤曰："金气胜"。金气胜，故其色尚白，其事则金。及文王之时，天先见火，赤乌衔丹书集于周社。文王曰："火气胜"。火气胜，故其色尚赤，其事则火。代火者必将水，天且先见水气胜。水气胜，故其色尚黑，其事则水。水气至而不知，数备，将徙于土。

这种解释虽然荒谬，但它并非诉诸神意，而是完全出于自然（其实这也是方术或巫术与有神信仰间的重要区别）。不仅如此，我们应当看到，在对自然历史和社会历史的描述中，阴阳五行家学说虽强调某种循环论（事实上，循环论也是当时知识与思想界对自然的普遍认识），但其中的确包含有对自然规律和社会规律的探索和思考，其理论的展开始终有当时科学知识作为依托。并且，该学派与当时相关的知识部门也是关系甚密。邹衍的一个重要理论是"大九州"学说，这一学说中包含了丰富的地理学知识与思想。按邹衍的"大九州"学说，宇宙间陆地为大瀛海所围合，陆地共有九大块、八十一小块，中国或"赤县神州"只是"于天下乃八十一分居其一分耳"。（《史记·孟子荀卿列传》）今天来解读邹衍的这一理论，并不在于它的准确性，而在于它对当时地理观念的突破，以及若干猜测的惊人合理性。

除五运派外,阴阳五行家还有许多其他分支。月令派是将阴阳五行学说与十二个月的时令相结合,用以解释一年的物候变迁、时序变化。由于主要是讲时令,因此这一派的论证资料大多来自农学和生物学,同时也涉及天文、气象的内容,其学说在日后自然也主要对天文、历法、物候等知识领域产生影响。数术派是用阴阳五行理论来解释个人与国家的运命气数,由于解释方法有异,又形成天文、历谱、五行、形法诸家,进而又与蓍龟、杂占构成更大的命占系统。显然,这里有明显的占命色彩,因而也有明显的宗教或巫术成分。但这一派同样大量涉及天文、历法以及数学方面的知识,并且其对日后的影响较之月令派来得更为显著。即便是方仙道这样一个方术甚至巫术性质极为明显的旁支也包括了对当时众多科学知识的接触和利用,包括天文、地理、物理、药物、造船、航海等等。又阴阳五行家的学说对于当时的医学也产生了重要作用。《黄帝内经》的形成正是战国中后期阴阳五行理论开始盛行与泛滥的时候,而它显然受到这些学说或思想的深刻影响,这就有了中医学中的阴阳五行学说与五运六气学说。完全有理由说,如果没有阴阳五行学说的深刻影响,中医学就绝不是今天所看到的这个样子。从一定意义上说,阴阳五行家对于后来中国科学持续影响最大的部门是医学。此外,阴阳五行学说在当时还影响了作为杂家的《吕氏春秋》,在后来又分别影响了道家理论如刘安的《淮南子》和儒家学说如董仲舒的《春秋繁露》。

从今天的视角来看阴阳五行家,其最典型或最突出的特征就是宇宙图式。阴阳五行家学说的最大特点是将整个世界安排在一个图式之中,并且还用"充实"的材料来对它加以"证明"。这其中五行结构又尤为重要,从当时和稍后的文献中可以看到相关的观念。例如《礼记》中的《月令》:

> (孟春之月)其日甲乙,其帝大皞,其神句芒,其虫鳞,其音角,律中大蔟,其数八,其味酸,其臭羶。······(孟夏之月)其日丙丁,其帝

炎帝,其神祝融,其虫羽,其音徵,律中中吕,其数七,其味苦,其臭
焦。……(孟秋之月)其日庚辛,其帝少皞,其神蓐收,其虫毛,其音
商,律中夷则,其数九,其味辛,其臭腥。……(孟冬之月)其日壬癸,
其帝颛顼,其神玄冥,其虫介,其音羽,律中应钟,其数六,其味咸,其
臭朽。

我们在这里其实可以看到阴阳五行家对于知识的充分利用,这包括天文
学、地理学、数学、音律学、生物学等等,只不过所有这些知识都是向"五
行"这一宇宙图式辐辏的。李约瑟说国外学者艾伯华曾列出过一百多种
五行结构。① 《中国科学思想史》中也列出了 48 种。② 相比之下,阴阳五
行家有关阴阳的思想并非其特点。李约瑟在谈到其中的阴阳派时也指
出:"阴阳派是很不引人注目的,它的成员很难与其他自然主义学家相区
别。"③因此,在一定意义上,把阴阳五行家或阴阳家称作五行家要更为合
适和贴切。

　　阴阳五行家的思想或阴阳五行学说之所以能在当时和后来的一段
时间内产生巨大影响,这其中很重要的一个原因就在于它所表现出的
"科学"性,尽管在今天看来,这种"科学"性显得诡谲甚至神秘。事实
上,如果没有这种"科学"性,它就不可能成为两汉思想的理论基础,就
不可能支持两汉思想近四百年的持续发展。并且由此也可以看出科学
对于哲学的基础或重要意义。不过,阴阳五行学说虽然诡谲甚至神
秘,但总的来说,其绝大部分理论是将世界的变化看作自然的,而非神
意的,这一点与它后来的"挚友"——两汉天命神学仍有很大的不同。
对此,李约瑟的评价更为积极,他说阴阳五行家"发展了一种有机的自
然主义哲学,并且赋予中国的原始科学思想以特有的基本理论"。④ 又

---

① 参见〔英〕李约瑟:《中国科学技术史》第二卷《科学思想史》,第 284 页。
② 参见袁运开、周瀚光主编《中国科学思想史(上)》,第 471、472 页。
③ 〔英〕李约瑟:《中国科学技术史》第二卷《科学思想史》,第 286 页。
④ 同上书,第 1 页。

说："五行概念本身实质上是一种自然主义的、科学的概念。"①事实上,历史中的知识并非总是正确的或科学的,它需要通过检验加以证实或证伪,但我们并不能因此否认种种探索知识的努力,尽管一些努力完全有可能是谬误的或失败的。当然毫无疑问,在阴阳五行家思想与学说的深处,始终有一种巫术的因素或根源,这是中国文化的连续性使然,也是中国知识的连续性使然。即使我们给予其中肯、客观的评价,对这一点也是不能忽视和否认的,并且应当看到,这一点在阴阳五行家这里体现得尤为突出。

二、《易传》的世界图式

《易传》与《易经》是一脉相承的。但是与《易经》相比,其中的哲学与科学内容都无疑大大增加了,这是发展与时代使然。

从哲学思想上说,《易传》大量使用了阴阳概念,这与阴阳五行家主要偏重于五行适成对照。例如:"乾,阳物也;坤,阴物也。""一阴一阳之谓道。""阴阳不测之谓神。""八卦成列,象在其中矣。""刚柔相推,变在其中矣。""是故《易》者,象也;象也者,像也。""阳卦多阴,阴卦多阳。""六爻相杂,唯其时物也。"《易传》也强调变化或转化,如:"生生之谓易。""参伍以变,错综其数。""一阖一辟谓之变,往来不穷谓之通。""变通者,趣时者也。""日往则月来,月往则日来,日月相推而明生焉。寒往则暑来,暑往则寒来,寒暑相推而岁成焉。""《易》之为书也不可远,为道也屡迁,变动不居,周流六虚,上下无常,刚柔相易,不可为典要,唯变所适。"在这里,"道"也是《易传》的核心概念。《易传》如此清晰地使用阴阳、道等概念并阐述对立和转化思想,这明显的是受到道家思想传统的影响。也正是在这个意义上,《易传》并不能视作典型的儒家思想传统。

《易传》的上述哲学思想同样有深厚的知识背景,或者说,《易传》哲

---

① 〔英〕李约瑟:《中国科学技术史》第二卷《科学思想史》,第261页。

学思想的展开往往有知识作为背景或依据。如《易传·系辞上》开首一段文字：

> 天尊地卑，乾坤定矣。卑高以陈，贵贱位矣。动静有常，刚柔断矣。方以类聚，物以群分，吉凶生矣。在天成象，在地成形，变化见矣。是故刚柔相摩，八卦相荡。鼓之以雷霆，润之以风雨。日月运行，一寒一暑。乾道成男，坤道成女。

这是《易传》最基本的哲学思想，它完全是建立在对自然认识的基础之上的，这其实也是《易传》的基本状况。《易传》中有很丰富的天文学和气象学知识。例如"日往则月来，月往则日来，日月相推而明生焉。寒往则暑来，暑往则寒来，寒暑相推而岁成焉。"(《系辞下》)这里包含着基本的天文气象知识。《易传》中对某些自然现象有更多的描述，例如"风行天上"、"风行地上"、"风行水上"、"天下有风"、"山下有风"、"泽上有风"等记载，对不同种类或区域的风作了考察。以上这些知识应正是《易传》"阴阳不测之谓神"思想的科学依据，也是"生生之谓易"思想的科学依据。如前所见，《易经》中已经包含有一定的天文学知识，《易传》实际是继承和发展了这一内容。

《易传》中的天文、气象以及地理知识又往往与农学和生物学知识密切相关，这反映出以农耕为中心的知识观。例如《乾卦·文言》中讲："与天地合其德，与日月合其明，与四时合其序。"《泰卦·象传》中讲："财成天地之道，辅相天地之宜。"在《易传》中，"时"、"宜"这样一些概念使用得很频繁，例如"象其物宜"(《系辞上》)、"唯其时物"(《系辞下》)。又《易传》提出"三才之道"："《易》之为书也，广大悉备，有天道焉，有人道焉，有地道焉。兼三才而两之，故六。六者非它也，三才之道也。"(《系辞下》)这一思想显然也包括了农业、天文等知识背景。

与此同时，《易传》在论述其哲学思想时也涉及宇宙或事物的起源和演化问题。例如"《易》有太极，是生两仪，两仪生四象，四象生八卦。"(《系辞上》)这也是作为哲学的《易传》与作为占卜的《易经》之间的一个重大区别。对于《易传》这样一个关心宇宙图式的学派与学说而言，对宇宙起源问题的关心应是其题中之义。尽管说《易传》本身实际并未就此在知识上有更多的阐述，但汉代以后，"太极"这一概念就已经成为宇宙理论中的一个基本概念。这样一个概念与老子及道家的"道"一起，成为日后中国哲学本体论与天文宇宙理论的基础。事实上，由于对宇宙问题的关注，《易传》的哲学同样具有某种本体论的特征。这也进一步提示我们，本体论作为一种哲学形态，其很可能与宇宙理论有着十分密切的关系，换言之，哲学的本体论事实上不可能离开宇宙论的问题，至少在中国是如此。这种状况以后在宋代会有更为充分的体现。

《易传》中的数学知识与思想更具特点，并且也占据着极为重要的位置。一般认为，《易传》继承了《易经》的传统，其对排列和组合思想有了更自觉的认识。与此相关，由于推算的需要，《易传》对于奇数和偶数的认识也更加深入。不过，《易传》对后世哲学以及数学最深刻的影响可能还是其所提供的数字结构，以及由此而形成的一种对于数字神秘主义的理解或憧憬，尤其是其继承和发挥了《易经》的卦象结构，并由此开启了"象数学"这样一种知识和学术传统。如《易传·系辞上》中说：

> 大衍之数五十，其用四十有九。分而为二以象两，挂一以象三，揲之以四以象四时，归奇于扐以象闰，五岁再闰，故再扐而后挂。天数五，地数五，五位相得而各有合。天数二十有五，地数三十，凡天地之数五十有五，此所以成变化而行鬼神也。《乾》之策二百一十有六，《坤》之策百四十有四，凡三百有六十，当期之日。二篇之策，万有一千五百二十，当万物之数也。是故四营而成《易》，十有八变而成卦，八卦而小成。引而伸之，触类而长之，天下之能事毕矣。

可以清楚地看到，在这里，"数"与"象"是高度结合的。而到了汉代，这样一种以"象"、"数"为核心的传统与阴阳五行家以"类"为核心的传统又形成了一个更为"融洽"的观念聚合。

又《易传》对技术发明的历史也有深入的阐述。如《易传·系辞下》中的这一大段记载：

> 古者包牺氏之王天下也，仰则观象于天，俯则观法于地，观鸟兽之文与地之宜，近取诸身，远取诸物，于是始作八卦，以通神明之德，以类万物之情。作结绳而为罔罟，以佃以渔，盖取诸《离》。包牺氏没，神农氏作，斫木为耜，揉木为耒，耒耨之利，以教天下，盖取诸《益》。日中为市，致天下之民，聚天下之货，交易而退，各得其所，盖取诸《噬嗑》。神农氏没，黄帝、尧、舜氏作，通其变，使民不倦，神而化之，使民宜之。《易》，穷则变，变则通，通则久。是以自天祐之，吉无不利。黄帝、尧、舜，垂衣裳而天下治，盖取诸《乾》、《坤》。刳木为舟，剡木为楫，舟楫之利，以济不通，致远以利天下，盖取诸《涣》。服牛乘马，引重致远，以利天下，盖取诸《随》。重门击柝，以待暴客，盖取诸《豫》。断木为杵，掘地为臼，臼杵之利，万民以济，盖取诸《小过》。弦木为弧，剡木为矢，弧矢之利，以威天下，盖取诸《睽》。上古穴居而野处，后世圣人易之以官室，上栋下宇，以待风雨，盖取诸《大壮》。古之葬者，厚衣之以薪，葬之中野，不封不树，丧期无数，后世圣人易之以棺椁，盖取诸《大过》。上古结绳而治，后世圣人易之以书契，百官以治，万民以察，盖取诸《夬》。

虽然说，这一观象制器的技术发明观总体上存在着问题，但其中对于技术发明的宽阔视角仍是值得认真注意和积极评价的。

三、观念的模式化

当然，除了与知识的关系，在阴阳五行家与《易传》这里，我们还应注意其与世界图式观念密切相关的思维模式。

阴阳五行家的理论更多地与"类"相关，其在方法上更多的是取用比类也即比附原则。这具体来说实际有两种形态，一种是附象，另一种是附数，其中又尤以对五行的比附最为突出和典型。对五行的比附，从单独一行的比附看主要是附象的，而从整个五行的比附看则基本是附数的。例如《吕氏春秋》中讲孟春之月："其日甲乙，其帝太皞，其神句芒，其虫鳞，其音角，律中太蔟，其数八。"（《孟春纪》）孟夏之月："其日丙丁。其帝炎帝，其神祝融，其虫羽，其音徵，律中仲吕，其数七。"（《孟夏纪》）孟秋之月："其日庚辛，其帝少皞，其神蓐收，其虫毛，其音商，律中夷则，其数九。"（《孟秋纪》）孟冬之月："其日壬癸，其帝颛顼，其神玄冥，其虫介，其音羽，律中应钟，其数六。"（《孟冬纪》）在这里，我们看到，"类"与"象"、"数"又是被完全杂糅在一起的，其中心则是"五行"。阴阳五行家对"类"的这样一种理解，与公孙龙、后期墨家以及荀子等从分类、同异、种属或逻辑角度对"类"的理解显然是不同的。公孙龙、后期墨家以及荀子是一种分类的思维与观念，而阴阳五行家则是一种比类的思维与观念。在当时，这是两种不同的"类"思维与观念传统。阴阳五行家的这一"类"思维模式在战国末年得到充分的运用和发展，并在秦汉之际特别是汉代达到泛滥成灾的地步。

《易传》的形态是由《易经》所提供的范本发展而至的。相比较五行家的形态，《易传》的形态主要是以阴阳或八卦为核心，强调"象"与"数"的意义及其之间的结合，同时兼具"类"的观念，而这正是《易经》最初所规定的。例如根据"象"的推衍，"作结绳而为罔罟，以佃以渔，盖取诸《离》"。"斫木为耜，揉木为耒，耒耨之利以教天下，盖取诸《益》。""刳木为舟，剡木为楫，舟楫之利以济不通，致远以利天下，盖取诸《涣》。""断木为杵，掘地为臼，臼杵之利，万民以济，盖取诸《小过》。弦木为弧，剡木为矢，弧矢之利，以威天下，盖取诸《睽》。"（《系辞下》）又如根据"数"的推衍，"大衍之数五十，其用四十有九。分而为二以象两，挂一以象三，揲之以四以象四时，归奇于扐以象闰；五岁再闰，故再扐而后挂。天数五，地数五，五位相得而各有合。天数二十有五，地数三十，凡天地之数五十有五，此所以成变化而行鬼神也。……引而伸之，触类而长之，天下之能事毕矣"。（《系辞上》）《易传》的这样一种思维是象数学的开端，其同样是赋予世界理解以一种思维模式,但是图像和数字的模式。不过由于《易传》较少五行类的那种粗糙比附,因此它至少在表面上看来不像阴阳五行家那样荒诞,并且又由于专注于数理,因此还貌似具有某种"深刻"性。[1] 这一形态以后对知识与思想活动产生了更为神秘的影响,包括汉代和宋代。

总体而言,在阴阳五行家这里是以"类"涵摄"象"、"数",而在《易传》这里则是以"象"、"数"涵摄"类",这是一个大致的区分。但尽管有这样的区分,其在紧紧依傍现有的知识或科学成果这一点上却是十分相同甚至完全一致的。这样两种思维模式都不同程度地影响了以后不同时期的科学和哲学,并也因此使得中国古代的科学与哲学被蒙上一层神秘甚至巫术的色彩。

第十一节　《吕氏春秋》的科学思想与理论

《吕氏春秋》亦称《吕览》,是一部跨时期的著作,其既可以视作是战国末年的思想成果,又可以视作是秦汉之际的成果。作为这一时期的著作,《吕氏春秋》有其鲜明的特点,其与阴阳五行家和《易传》一样,也都融合不同学派的知识与思想,而且更加庞杂。《吕氏春秋》受道家思想的影响最大,同时,阴阳五行家的思想也占有一定比重,由此可以看出,《吕氏春秋》与其他有着知识特征的学派之间的关系。《吕氏春秋》全书分十二

---

[1] 不过,李约瑟对于《易经》、《易传》以及在此基础上所形成的象数学系统比之阴阳五行学说有着更为负面的评价。如他在评价《易经》时说道:"恐怕我们不得不说,尽管五行和阴阳的理论对中国的科学思想发展是有益无害的,但是《易经》的那种精致化了的符号体系几乎从一开始就是一种灾难性的障碍。它诱使那些对自然界感兴趣的人停留在根本不成其为解释的解释上。《易经》乃是一种把新奇事物搁置起来,然后对之无所事事的系统。它那象征主义的普遍体系构成了一个庞大的归档系统。它导致了概念的格式化……"(李约瑟:《中国科学技术史》第二卷《科学思想史》,第 363 页)在谈到象数学问题时又说道:"所以,我们就看到,自然主义者——或者不论写下这节文字的人是谁——由于他们对活有机体世界的强烈兴趣而做出了很值得赞扬的观察。但是,就像开始的那一段所表明的那样,那一切都是放在数字神秘主义的框架之中的。"(同上书,第 295 页)

纪、八览、六论三大部分,就科学视角而言,其内容涉及物候、气象、天文、宇宙、养生、医疗以及农学方面的知识与思想,由此不难看出知识在这部著作中的分量。

一、天文思想与宇宙理论

有关物候、气象、天文、宇宙等自然方面的知识和思想是《吕氏春秋》中十分重要的一个内容。

这里首先要指出的是,在《吕氏春秋》中也有宇宙图式,这主要是阴阳五行家的观点。这一宇宙图式特别体现在《十二纪》中,即以一年的十二个月作为线索和架构,将宇宙间主要现象加以分类配置。如《孟春纪》:

> 孟春之月,日在营室,昏参中,旦尾中。其日甲乙,其帝太暤,其神句芒,其虫鳞,其音角,律中太蔟,其数八,其味酸,其臭膻,其祀户,祭先脾。东风解冻,蛰虫始振,鱼上冰,獭祭鱼,候雁北。

又如《孟秋纪》:

> 孟秋之月,日在翼,昏斗中,旦毕忠。其日庚辛,其帝少暤,其神蓐收,其虫毛,其音商,律中夷则,其数九,其味辛,其臭腥,其祀门,祭先肝。凉风至,白露降,寒蝉鸣,鹰乃祭鸟,始用行戮。

这可以说是《吕氏春秋》总的宇宙观,这一宇宙观具有很强的知识性,也具有很强的整体性或系统性,当然,也具有很强的神秘性。其实,这一宇宙图式也见于《礼记》的《月令》,并且相同的观念和思想也见于《黄帝内经》和《淮南子》,由此可知这一宇宙图式是战国至秦汉时期中国人的普遍观念。结合阴阳五行家与《易传》的宇宙图式,我们又可以知道,宇宙图式观念是当时知识与思想界的普遍兴趣所在。换言之,这样一种宇宙图式并不是一家的,而是大家的。

重要的是,《吕氏春秋》的这种宇宙图式是以其丰富的天文、气象知识作为基础或背景的。《吕氏春秋》中详细记载了一年十二个月中每月太阳、月亮和某些星辰的轨道位置,如"冬至日行远道"、"夏至日行近道"。又如"极星与天俱游,而天极不移"。(均见《有始览》)这反映了当时天文学知识的普及状况。此外,《吕氏春秋》中的《十二纪》和《有始览》中还记载有二十八宿的名称。这表明二十八宿在战国时期的史籍中已有明确记载。《吕氏春秋》中对节气也有相应的记载,这包括两至即夏至和冬至、两分即春分和秋分以及立春、雨水、立夏、小暑、立秋、白露、霜降、立冬等。又如关于气象,《吕氏春秋》中按方位将风分为八种:"东北曰炎风,东方曰滔风,东南曰熏风,南方曰巨风,西南曰凄风,西方曰飂风,西北曰厉风,北方曰寒风。"(《有始览》)又按形状将云分为四类:"山云草莽,水云鱼鳞,旱云烟火,雨云水波。"(《应同》)其中关于风,自《山海经》起就已经形成观察传统,而关于云,则是战国以后所特别关注的。同时,这些天文、气象知识又与农业知识密切相关,如:"东风解冻,蛰虫始振,鱼上冰,獭祭鱼,候雁北。"(《孟春纪》)"蝼蝈鸣,丘蚓出,王菩生,苦菜秀。"(《孟夏纪》)"凉风至,白露降,寒蝉鸣,鹰乃祭鸟,始用行戮。"(《孟秋纪》)"水始冰,地始冻,雉入大水为蜃,虹藏不见。"(《孟冬纪》)可以看出,这也是《夏小正》物候观察传统的延续。

在《吕氏春秋》天文学知识和思想中最为重要的是宇宙理论,这之中尤以两个方面最具特色,它们分别是起源理论和循环理论。关于宇宙起源,《吕氏春秋》继承和发挥了道家思想,同时也揉入了当时十分盛行的阴阳学说。如《大乐》中说:

> 太一出两仪,两仪出阴阳。阴阳变化,一上一下,合而成章。浑浑沌沌,离则复合,合则复离,是谓天常。

> 万物所出,造于太一,化于阴阳。

这里的"太一"就是"道",它是宇宙万物的源头。并且我们在这里还似乎可以看到《易传》学派的身影。在此过程中,《吕氏春秋》也涉及了盖天和浑天思想。如:

> 天道圜,地道方。圣王法之,所以立上下。何以说天道之圜也?

> 精气一上一下，圜周复杂，无所稽留，故曰天道圜。何以说地道之方
> 也？万物殊类殊形，皆有分职，不能相为，故曰地道方。(《圜道》)

在这里，我们既可以从天圜地方的理论中看到盖天说思想，也可以从精气概念中隐约看到浑天说的思想。同时，在《吕氏春秋》看来，自然界的一切，大至宇宙天地，小至动植生命，又都莫不处于圜道也即周而复始的循环之中，《圜道》一篇充分表达了这一看法：

> 日夜一周，圜道也。月躔二十八宿，轸与角属，圜道也。精行四
> 时，一上一下，各与遇，圜道也。物动则萌，萌而生，生而长，长而大，
> 大而成，成乃衰，衰乃杀，杀乃藏，圜道也。云气西行，云云然，冬夏
> 不辍；水泉东流，日夜不休。上不竭，下不满，小为大，重为轻，圜
> 道也。

又《大乐》中形象地将这种圜道比喻为车轮："天地车轮，终则复始，极则复反，莫不咸当。"不难看出，上述圜道理论实际上是一种循环论，如前所说，这样一种循环论在当时是一种普遍的认识和观念。在前面的考察与叙述中我们已经反复指出，这种认识和观念最初只能建立于自然观中，也即只有在对自然界大量和长期的观察中才能建立起来，并且它主要是与物候和天文知识有关。《吕氏春秋》的意义在于，其对这种循环即圜道认识做了最深入也最具体的阐述，这对于这一观念的固化有着十分重要的作用。当然，这样一种循环理论在邹衍那里也已经有了相应的表述，这对秦汉之际的社会历史观产生了重要影响。

二、养生思想

《吕氏春秋》中也有丰富的养生和医疗知识，特别是其中的养生方面，提出了一整套思想、理论、原则和方法，在先秦与秦汉时期都处于最高的水平。

《吕氏春秋》指出，人的生理与自然密切相关。首先是节气，若四时失序，就会导致疾病，如孟春行秋令，"则民大疫"。(《孟春纪》)仲夏行秋

令,"民殃于疫"。(《仲夏纪》)季秋行春令,"民气解堕"。(《季秋纪》)仲冬行春令,"民多疾疠"。(《仲冬纪》)其次是环境,这包括土壤水质等,如"轻水所,多秃与瘿人;重水所,多尰与躄人;甘水所,多好与美人;辛水所,多疽与痤人;苦水所,多尫与伛人。"(《尽数》)因此,应天顺时就是最基本的养生原则。《吕氏春秋》说:

> 天生阴阳、寒暑、燥湿,四时之化,万物之变,莫不为利,莫不为害。圣人察阴阳之宜,辨万物之利以便生,故精神安乎形,而年寿得长焉。(《尽数》)

《吕氏春秋》在这里明确指出养生就是顺应天气或四时的变化。具体来说,例如仲夏时节:"是月也,日长至,阴阳争,死生分。君子斋戒,处必掩,身欲静无躁,止声色,无或进,薄滋味,无致和,退嗜欲,定心气,百官静,事无刑,以定晏阴之所成。"(《仲夏纪》)又如仲冬时节:"是月也,日短至,阴阳争,诸生荡。君子斋戒,处必弇,身欲宁,去声色,禁嗜欲,安形性,事欲静,以待阴阳之所定。"(《仲冬纪》)这是说,夏至之后阳极而阴萌,暑气逼仄,故应当宁心绪·止声色,淡饮食。同样,冬至之后阴极而阳萌,寒气逼仄,也应当宁心境,去声色,禁嗜欲。

同时,《吕氏春秋》又提出节欲制情的重要原则。在《吕氏春秋》的《尽数》一篇中有这样一段文字:

> 大甘、大酸、大苦、大辛、大咸,五者充形则生害矣。大喜、大怒、大忧、大恐、大哀,五者接神则生害矣。大寒、大热、大燥、大湿、大风、大霖、大雾,七者动精则生害矣。故凡养生,莫若知本,知本则疾无由至矣。

这其中,所谓"大甘、大酸、大苦、大辛、大咸,五者充形则生害矣"就是讲节欲。《吕氏春秋》的《贵生》一篇中说:"圣人深虑天下,莫贵于生。夫耳目鼻口,生之役也。耳虽欲声,目虽欲色,鼻虽欲芬香,口虽欲滋味,害于生则止。""由此观之,耳目鼻口,不得擅行,必有所制。""此贵生之术也。"具体来说,节欲又包括"声禁重,色禁重,衣禁重,香禁重,味禁重,室禁重。"(《去私》)在这里可以看到道家哲学思想的深刻影响。而所谓"大喜、大怒、大忧、大恐、大哀,五者接神则生害矣"就是讲制情。情与欲相关:"天生人而使有贪有欲。欲有情,情有节。圣人修节以止欲,故不过行其情也。"(《情欲》)《吕氏春秋》特别以音乐为例论述了制情的思想,如:"乐之有情,譬之若肌肤形体之有情性也。有情性则必有性养矣。"(《侈乐》)这其中,心也即理性对于平和与适度的主导又尤为重要,"心必和平然后乐","故乐之务在于和心,和心在于行适"。(《适音》)①

《吕氏春秋》还认识到运动对于养生的重要意义。《吕氏春秋》的作者认为,不动则郁,而郁则滞,郁则病。如讲:"流水不腐,户枢不蝼,动也。形气亦然。形不动则精不流,精不流则气郁。"(《尽数》)因此,运动对于养生非常重要。如《古乐》中提到先民通过运动来改善身体状况的例子:"昔陶唐氏之始,阴多滞伏而湛积,水道壅塞,不行其原,民气郁阏而滞著,筋骨瑟缩不达,故作为舞以宣导之。"《吕氏春秋》强调:"血脉欲其通也","精气欲其行也","若此则病无所居而恶无由生矣"。反之,"病之留,恶之生也,精气郁也。故水郁则为污,树郁则为蠹,草郁则为蒉。"(《达郁》)

应当说,《吕氏春秋》的养生理论是有这一学派自己的心得的。这一理论中的不少观点以后对科学、哲学甚至情感类的艺术活动都产生了重要的影响。

三、农学理论

《吕氏春秋》中又有丰富的农学知识和思想,其主要保存在《上农》、《任地》、《辩土》与《审时》四篇中,一般认为,这四篇是我国已知最早的农学论文。具体来说,《吕氏春秋》中的农学知识与思想涉及了以下这样一

---

① 有趣的是,若考察或比较西方音乐史,我们就会发现这一理论的"正确性"。事实上,这也是中国古代音乐理论从周代就形成的一个基本传统和原则。并且由此我们也得以进一步了解中国古代哲学里的中和或平和思想与音乐及其相关知识的联系。

些内容,它包括:精耕细作的技术与理论、农耕活动需要注意的气候问题、土地的利用、休耕与轮作技术与理论、整地技术、栽培技术等等。

《吕氏春秋》的农学思想以及相关的哲学思想首先突出地体现在其《任地》所说的"耕之大方"中,即:

> 凡耕之大方:力者欲柔,柔者欲力;息者欲劳,劳者欲息;棘者欲肥,肥者欲棘;急者欲缓,缓者欲急;湿者欲燥,燥者欲湿。

《任地》在这里提出了五对互相对立的辩证范畴,即力与柔、息与劳、棘与肥、急与缓、湿与燥。其核心思想就是因地制宜。而《任地》作者将此作为农耕的基本原则,显然是在给予农耕活动一种哲学意义的指导。另外,在《任地》、《辩土》篇中对此多有具体论述,如"上田弃亩,下田弃畎"。这是说高田旱地由于土壤墒情往往不足,故要将庄稼种在沟里,这样可以减少水分的蒸发;而低湿旱地由于水分多,则要将庄稼种在垄上。"上田则被其处,下田则尽其污。""故畮欲广以平,畎欲小以深。下得阴,上得阳,然后咸生。"也都有同样的意思,即任地而行。

又《审时》讲:"凡农之道,厚之为宝","是故得时之稼兴,失时之稼约"。《辩土》讲:"所谓今之耕也,营而无获者。其蚤者先时,晚者不及时,寒暑不节,稼乃多灾实。"这些论述则体现出十分明显的宜时观念。

可以这样说,《吕氏春秋》的上述农学思想是对传统"宜"、"因"思想的深化。

《吕氏春秋》也体现出明显的精耕细作思想。如《辩土》说:

> 凡耕之道,必始于垆,为其寡泽而后枯,必厚其靬,为其唯厚而及。

这是说,耕地应先耕垆土,后耕弱土。这是因为垆土性黏,水分一经散失则不便耕作,而弱土松散,迟耕无妨。又播种的行列也有一定要求,《辩土》说:"衡行必得,纵行必术,正其行,通其风。"即横行间错,纵行通达,这样可以达到通风的目的。而这一思想又为以后更为深入的认识奠定了良好的基础。

《吕氏春秋》的农学四篇是我国已知最早的农学论文,这成为以后历代农学著作的基础。

四、其他思想和理论

《吕氏春秋》还有其他一些思想和理论。

与农业和养生相关,《吕氏春秋》中也包含了丰富的天、地、人三才思想。如《序意》中讲:"上揆之天,下验之地,中审之人。"又如《审时》在论到耕稼时讲:"夫稼,为之者人也,生之者地也,养之者天也。"而三才思想其实也就是天人相合思想,即各种人为应符合天时或自然,否则就会导致灾害,如:"孟春行夏令,则风雨不时,草木早槁,国乃有恐。行秋令,则民大疫,疾风暴雨数至,藜莠蓬蒿并兴;行冬令,则水潦为败,霜雪大挚,首种不入。"(《孟春纪》)"孟夏行秋令,则苦雨数来,五谷不滋,四鄙入保。行冬令,则草木早枯,后乃大水,败其城郭。行春令,则虫蝗为败,暴风来格,秀草不实。"(《孟夏纪》)

在涉及宇宙自然现象时,《吕氏春秋》对运动变化问题也多有论述,并且这些论述也同样有深刻的知识背景。例如:"日月星辰,或疾或徐,日月不同,以尽其行。四时代兴,或暑或寒,或短或长,或柔或刚。"(《大乐》)"天为高矣,而日月星辰云气雨露未尝休也;地为大矣,而水泉草木毛羽裸鳞未尝息也。"(《观表》)这就是说,大至日月星辰,小至草木虫兽,宇宙间的一切无不在运动变化之中。这种运动变化是无止境的,所谓"与物变化而无所终穷,精充天地而不竭,神覆宇宙而无望,莫知其始,莫知其终,莫知其门,莫知其端,莫知其源,其大无外,其小无内,此之谓至贵"。(《下贤》)

除此之外,《吕氏春秋》中对于其他知识门类也有一定的认识和论述,其中如属于物理学内容的音律问题就比较突出。《吕氏春秋·季夏纪》的《音律》中说:"黄钟生林钟,林钟生太蔟,太蔟生南吕,南吕生姑洗,姑洗生应钟,应钟生蕤宾,蕤宾生大吕,大吕生夷则,夷则生夹钟,夹钟生无射,无射生仲吕。三分所生,益之一分以上生;三分所生,去其一分以下生。黄钟、大吕、太蔟、夹钟、姑洗、仲吕、蕤宾为上，林钟、夷则、南吕、无射、应钟为下。"这一方法最早见之于《管子》的《地员》，但《吕氏春秋》的《音律》对于音位的理解和计算更加完整和细密。

不难看到，上述思想通常既有哲学的思考，也有知识的内容，而这其实也正是中国古代科学哲学或自然哲学的普遍特征。

第十二节　中国传统概念体系的确立

如前面考察所见，中国传统科学与哲学的观念与概念系统在西周时期已经有了一个基本的雏形，到了春秋时期，其已经完全形成了。并且，这些观念和概念已经逐渐形成了若干个相关的概念群或概念集合。如前面考察所见，有阴阳、五行、气、和等概念的集合，有天、天道、天人等概念的集合，有些概念如类、象、数也呈现出集合的趋势。而这些概念之中又包含了丰富的思想。事实上，在春秋时期，中国传统知识与思想活动中的概念系统已经确立了。[①] 不过，诸子时期仍提供了一些极其重要的概念，例如老子和庄子思想中的"道"、《易传》中的"太极"等，它们对以后的哲学与科学都产生了深刻的影响。同时，类、象、数概念的集合在战国时期也有了新的进展。本节的任务是将那些新的概念补充进原有的概念系统，并呈示至先秦结束时，中国古代概念系统的完整面貌。

一、新的概念的补充

这里所说的新的概念当然是与科学相关的概念。

"道"无疑是这一时期所形成的一个最为重要的概念。如前所见，"道"概念在春秋时已经出现了，其萌生或脱胎于"天道"概念。如："日月之行也，分，同道也；至，相过也。"（《左传·昭公二十一年》）而重要的是，

[①] 有关春秋时期更广泛意义上的概念群或概念集合可参考本人《中国哲学的起源——前诸子时期观念、概念、思想发生发展与成型的历史》一书。

到老子这里,知识之"道"成功转换与上升为哲学或思想之"道"。并且由于老子赋予其本原、本体以及宇宙论的含义,所以其日后又进一步反哺天文学研究。老子之后,"道"这一概念为庄子或后期道家所继承,并成为道家的核心概念。不仅如此,战国中后期以后,"道"这一概念也为其他不同学派所广泛使用。就对日后知识的影响而言,"道"首先影响到天文学的研究,从庄子到《吕氏春秋》,都就"道"的宇宙理论含义作了展开,这使得"道"的宇宙论性质得到确定,并且也使得自老子开始的宇宙论问题得到确定。除此之外,"道"概念及其思想还影响到医学等知识领域。由于"道"这一概念在前面的哲学思想考察中以及本章的相关考察中多有涉及,这里不再做详细展开。值得提示的是,在战国中后期的《易传》中出现了"太极"这一概念,其与"道"具有相似性,在哲学上有事物本原之意,在知识上有宇宙起源之意,这一概念在日后也将成为宇宙理论中的一个重要概念。

"故"是春秋战国时期逐渐形成的一个与科学和逻辑思想密切相关的重要概念。孟子就思考过"故"的问题,其讲:"天之高也,星辰之远也,苟求其故,千岁之日至,可坐而致也。"(《离娄下》)这是说只要掌握天体运行的规律,即使千年之后的时日也能准确推算出来。以后,《墨经》对"故"有过更为深入的探讨。如《墨经》的《经上》中说:"故,所得而后成也。"这是说任何事物的生成都有其内在根据或原因。又如《墨经》的《小取》中讲:"以说出故。"这是要求用逻辑的方法揭示或解释任一事物成其为事物的理由,有判断的性质。《墨经》还说:"故:小故,有之不必然,无之必不然,体也,若有端。大故,有之必无然,若见之成见也。"(《经说上》)这里的小故是指必要条件,大故则是指充要条件。我们在这里看到,"故"的最基本含义是原因、根据、理由、条件。总之,无论是《孟子》,还是《墨经》,都表达了一种追究缘由的思想,而其中显然都有科学的基础。

"理"也是一个在战国时期产生的与知识活动密切相关的重要概念。《墨经》就对"理"做过思考。如《墨经》讲:"夫辩者,将以明是非之分,审治乱之纪,明同异之处,察名实之理。"(《小取》)这里的"理"有内在道理、逻辑之意。同样，当时的许多思想家也思考过这一问题。如荀子说："可以知，物之理也。"（《荀子·解蔽》）而这其中论述得最为充分的当数韩非，如韩非说："物有理不可以相薄，故理之为物之制。""凡理者，方圆、短长、粗靡、坚脆之分也。""有形则有短长，有短长则有小大，有小大则有方圆，有方圆则有坚脆，有坚脆则有轻重，有轻重则有白黑。短长、大小、方圆、坚脆、轻重、白黑之谓理。理定而物易割也。"韩非指出："夫缘道理以从事者，无不能成。"（《韩非子·解老》）从这些论述来看，"理"也具有原因、根据的含义，这其中既有判断的性质，又有推理的成分。"理"概念在以后哲学和科学思想中的地位将日渐凸显出来。

二、原有概念的完善

战国时期，不仅有新的概念的补充，至春秋时期已经形成的原有概念系统也在进一步的整合与调整。

如我们看到，及至春秋末年以后特别是战国时期，在《老子》、《管子》、《孟子》、《庄子》、《荀子》以及《易传》的思想中，"气"已经成为一个被不同学派或思想所广泛而普遍使用的核心哲学概念；在《老子》、《庄子》、阴阳五行家以及荀子、《易传》的思想中，"阴阳"也已经成为一个被不同学派或思想所广泛而普遍使用的核心哲学概念。同时值得注意的是，"气"概念日益与"阴阳"概念紧密结合。战国时期的人们在讲阴阳时通常是讲它的气，而当讲气时又往往讲它有阴阳两个方面或两种形态，气与阴阳几乎是异名而同实的，如庄子说："天地者，形之大者也；阴阳者，气之大者也。"（《庄子·则阳》）很多时候即使描述中阴阳概念不与气概念直接勾连，但其就是指"气"，例如："是故天地合而万物生，阴阳接而变化起。"（《荀子·礼论》）"阴阳不测之谓神。"（《易传·系辞上》）甚至即使气和阴阳这两个概念都不使用或显现，我们也知道其所指。例如："刚柔相推，变在其中矣。"（《易传·系辞下》）这里的刚柔就是阴阳之"气"。而这一现象又生动地表明用阴阳释气是科学与哲学的共识所在，同时也是二者的共通所需。

又如"天人"观念与概念在战国时期也有了新的发展，这其中一个重要方面就是"三材"思想的清晰提出。如孟子讲："天时不如地利，地利不如人和。"(《孟子·公孙丑下》)荀子讲："上不失天时，下不失地利，中得人和，而百事不废。"(《荀子·王霸》)《易传·说卦》中讲："是以立天之道曰阴与阳，立地之道曰柔与刚，立人之道曰仁与义，兼三材而两之。"《易传·系辞下》中讲："《易》之为书也，广大悉备，有天道焉，有人道焉，有地道焉。兼三材而两之，故六。六者非它也，三材之道也。""三材"思想的提出可以看作是对天人关系具体要素的一个清晰概括。而与此同时，一些思想家对科学活动或天人关系中人的因素也给予了更多的注意，如《荀子·天论》中讲："大天而思之，孰与物畜而制之！从天而颂之，孰与制天命而用之！望时而待之，孰与应时而使之！因物而多之，孰与骋能而化之！思物而物之，孰与理物而勿失之也！愿于物之所以生，孰与有物之所以成！故错人而思天，则失万物之情。""强本而节用，则天不能贫；养备而动时，则天不能病；修道而不贰，则天不能祸。故水旱不能使之饥渴，寒暑不能使之疾，祆怪不能使之凶。"在这里，荀子表达了重视人力、重视人工、重视人为的思想，这样的思想在日后将随着知识或科学活动中人为因素的增强而得到更丰富和更完整的表述。

再有，随着季候、气象、天文知识的增加，"象"、"数"、"则"、"时"、"常"、"变"这样一些概念也越来越被重视。例如"象"和"数"就是天文观测中的基本问题，但它以后也成为哲学的基本概念，《易传》中所提到的"象数"观念在很大程度上就与天文观察密切相关，所谓"在天成象"、"仰则观象于天"(《系辞上》)等等。又如"时"这一概念既与农耕活动密切相关，也与天文学知识密切相关，而这同样深刻地影响到哲学观念与概念，《易传》中"时"的概念就是由此发展而来的。

三、中国古代科学与哲学概念系统的完全确立

基于以上的发展，中国古代的概念系统在春秋以及战国时期已经完全确立了。就科学与哲学的关系而言，其中最主要的概念包括有：象、

类、阴阳、五行、中、和、天、天人、因、宜、天道、道、数、气、故、理,等等。不仅如此,在相关的科学与哲学思想中,已经逐渐形成了若干个概念群或概念集合,如前所说,这样的概念群或概念集合在春秋时就已经形成,而战国时期有了进一步的完善。这包括阴阳、五行观念与概念的集合;象、类、数观念与概念的集合;阴阳、五行观念和概念与象、类、数观念和概念的集合;阴阳与气观念与概念的集合;天人、因、宜、地、时观念与概念的集合;天道、道、天数、数观念与概念的集合。① 而这些概念大都是在科学或知识活动的基础上产生或形成的。毫无疑问,以上概念系统包括其集合关系是具有范式意义的,其将对以后的科学及相关哲学思想产生深刻且深远的影响。

第十三节　中国传统方法样式的形成

与此同时,在春秋战国时期,用于知识与思想或科学与哲学的方法也已经基本形成和确立了。一般来说,从观念、概念再到方法会有一个过程,如阴阳五行观念在三代或更早的时候已经建立,但其成为方法则要待周代以后,大抵是在春秋时期逐渐成熟。类、象、数也是如此,例如类,类分作为方法形成较早,类比则大约是在春秋时期被广泛或普遍地使用,类推基本上是与逻辑思维的成熟相伴的,其总体上说是战国时期的成果。而类比与类推又都是"类"观念成熟的结果。由此可见,为哲学和科学共同使用的方法(包括思维方式)一般来说要晚于观念和概念。还有,战国时期由于有大量的学派涉足知识或科学问题,因此方法就显得十分丰富,这也包括形式逻辑的方法在这一时期获得了十分充分的运用。本节的任务就是阐述在这一时期所形成的方法样式,它们对于后来的科学活动及思想具有范式的意义。

---

① 相关内容可参见本人《中医哲学的起源——前诸子时期观念、概念、思想发生发展与成型的历史》中的论述。

一、科学与哲学中经验传统的形成

无论是对于科学，还是对于哲学，经验都是一种重要的思维和方法，只不过其在两个活动领域的表现有所不同。

科学十分重视观察，这主要是在天文、气象、地理以及医学等领域，大量的知识正是通过长期的观察而获得的。而在农业、手工业以及医疗活动中，实践又非常重要，通过实践会积累丰富的经验。事实上，观察和实践都十分注重反复，并在反复过程中对所掌握的知识加以检验、修正，这可以说是科学活动的最大特点。此外，生产或劳动实践又会带动直觉一类思维的发展，对此，《庄子》中一些故事提供了生动的例证，如庖丁解牛："方今之时，臣以神遇而不以目视，官知止而神欲行。依乎天理，批大郤，导大窾，因其固然，技经肯綮之未尝微碍。"（《养生主》）轮扁斫轮："斫轮，徐则甘而不固，疾则苦而不入。不徐不疾，得之于手而应于心，口不能言，有数存焉于其间。"（《天道》）匠石斫垩："郢人垩慢其鼻端，若蝇翼，使匠人斫之。匠石运斤成风，听而斫之，尽垩而鼻不伤，郢人立不失容。"（《徐无鬼》）这些故事都体现了高超的直觉判断。知识经验积累中最常见的方法是归纳形式，即对已有观察或实践材料加以概括整理。例如《吕氏春秋》中对于农业生产经验的归纳就非常典型。《辩土》讲："凡耕之道，必始于垆，为其寡泽而后枯，必厚其靭，为其唯厚而及。"这是最基础的归纳。《审时》讲："凡农之道，厚之为宝。"这是进一步的归纳。而《序意》中讲"上揆之天，下验之地，中审之人"，这是最高层面的归纳，而这样一种归纳也是经验方法通向逻辑方法的门户。[1]

哲学活动中，同样可以看到经验思维深厚而强大的传统。只是在哲学中，个体经验并不突出，其通常更注重整体性的和历时性的经验。中国古代哲学的经验意识实际从周代就已经产生了，春秋时期已经相当普遍，这也直接导致了诸子的不同经验观或历史观。儒家将周代社会及其

---

[1] 可以参考本人所著《中国思维形态》中的相关论述。

文明作为自己的经验，墨家将夏代社会及其文明作为自己的经验，道家则更是将其经验追溯到质朴的原始社会时期。几种主要社会学说中似乎只有法家的理论没有看重前人的经验即"法先王"，而是讲"法后王"，但后王其实同样也是一种经验，只不过是一种直接的经验。哲学思想同样离不开归纳的方法。例如墨家的"三表法"就是对各种经验类型的归纳，并且其与知识活动有密切的关系。再如商鞅关于礼法问题的看法："伏羲、神农教而不诛，黄帝、尧、舜诛而不怒，及至文、武，各当时而立法，因事而制礼。礼法以时而定，制令各顺其宜，兵甲器备各便其用。臣故曰：治世不一道，便国不必法古。汤、武之王也，不脩古而兴；夏、殷之灭也，不易礼而亡。"（《商君书·更法》）这里我们可以清晰地看到基于历史的概括归纳。另外需要指出的是，哲学虽不注重个体经验，但对其中所涉及或包含的问题是重视的，例如墨子、荀子等思想家对感觉经验可靠性问题的认识。哲学家一般来说也不直接参与观察，但这并不排除可以积极地利用各种观察成果，例如《易传》对"象"的重视。并且，哲学也同样重视对经验和理论的检验，如荀子的"符验"，韩非的"参验"。

二、综合与分析方法

综合，古代中国实际称之为"参"、"合"，其所包含或体现的是一种全面的性质特征，在很大程度上综合思维也与辩证和整体思维有关。春秋时期，其已经清晰地体现在战争活动或军事思想中。战争活动与医疗活动非常接近，全面了解各种因素至为重要，所以孙子说："故经之以五事，校之以计而索其情：一曰道，二曰天，三曰地，四曰将，五曰法。""故校之以计而索其情，曰：主孰有道？将孰有能？天地孰得？法令孰行？兵众孰强？士卒孰练？赏罚孰明？吾以此知胜负矣。"（《孙子兵法·始计》）在科学活动中，农学与医学都会运用这一方法，如《吕氏春秋·任地》中所说的"凡耕之大方：力者欲柔，柔者欲力；息者欲劳，劳者欲息；棘者欲肥，肥者欲棘；急者欲缓，缓者欲急；湿者欲燥，燥者欲湿。"又"三材"思想同样也是一种方法。以后，这一方法在以《黄帝内经》为代表的医疗活动中有更完整的体现,如:"故圣人杂合以治。"(《素问·异法方宜论》)"能参合而行之者,可以为上工。"(《灵枢·邪气脏腑病形》)这种思维与方法同样反映在更为抽象思辨的哲学活动中,并且为我们所熟知。如荀子将此称之为"辨合",他说:"凡论者贵其有辨合,有符验。故坐而言之,起而可设,张而可施行。""无辨合符验,坐而言之,起而不可设,张而不可施行。"(《荀子·性恶》)韩非子将此称之为"参伍之道",他说:"参伍之道:行参以谋多,揆伍以责失。……言会众端,必揆之以地,谋之以天,验之以物,参之以人。四征者符,乃可以观矣。"(《韩非子·八经》)又在庄子、荀子以及《易传》中,综合方法又常被概括为"兼"或"全",如荀子所说:"兼权之,孰计之,然后定其欲恶取舍,如是则常不失陷矣。"(《荀子·不苟》)又如《易传》中说:"君子安而不忘危,存而不忘亡,治而不忘乱","君子知微知彰,知柔知刚,万夫之望。"(《系辞下》)

　　一般认为中国思维具有整体和综合的特征,而缺少分析这一形式,但这是一种误解。造成这样一种误解在很大程度上与我们片面理解一些经典作家的看法有关,如恩格斯曾说:早期的素朴的世界观"虽然正确地把握了现象的总画面的一般性质,却不足以说明构成这幅总画面的各个细节"。这通常被当作证明古代思维缺少分析或者精细性的理论依据。但恩格斯其实也已注意到"精确的自然研究","在亚历山大里亚时期的希腊人那里"就已经开始了。① 也就是说,在古代不是分析方法的有无问题,而只是分析方法的水平问题。事实上,无论是中国科学还是哲学都不缺少这样一种思维。如《孙子兵法》的《地形》和《九地》中从作战角度对地理所作的深入分析,这既是科学的,也是哲学的。《韩非子》的《五蠹》分析了危害社会的五种人群、《八经》分析了君主理政的八种方法、《亡征》分析了国家灭亡的四十七种征象,这是哲学分析的典型形式。科学活动及相应的逻辑学也是如此。《墨经》中就对很多概念作了深入分析,如前所见,关于"同"这一概念,《墨经》就有很深入细致的分析,《经

―――――――――――――――――

① 参见恩格斯:《反杜林论》,见《马克思恩格斯选集》第3卷,第60页,北京,人民出版社,1972。

上》讲："同：重、体、合、类。"《经说上》又对此解释道："同：二名一实，重同也；不外于兼，体同也；俱处于室，合同也；有以同，类同也。"又《大取》中对此还有更为详细的划分："重同，俱同，连同，同类之同，同名之同，丘同，鲋同，是之同，然之同，同根之同。"一个"同"在《墨经》中竟然可以划分出如此多的种类，这比亚里士多德仅将"同"分为数量与种类的同一显然要细密得多。另公孙龙的《白马论》、《通变论》、《坚白论》中也都不乏深入的分析方法的运用，其同样兼具思想与知识的特征。除此之外，在当时的知识与思想活动中也不乏因果分析和比较分析的例子。[①]

三、以"类"为中心所形成的经验与逻辑方法

"类"的观念与思想在前面已经有过论述，这里再从方法与思维的角度做一考察，包括作为方法如何由科学领域向其他领域延伸。

首先来看分类。我们看到，正是由于《尔雅》、《管子》等科学活动中普遍的分类实践直接导致了逻辑学和哲学中"类"的概念的产生，这其中尤以逻辑科学中对"类"的认识最为严谨和科学。这样一种认识是围绕概念也即"名"的问题而展开的，它在《公孙龙子》中体现为对"白马非马"、"指物"等问题的认识，在《墨经》中体现为对"达名"、"类名"、"私名"的认识，在《荀子》中体现为对"共名"和"别名"问题的认识。这可以说已经将"类"的观念或方法上升到了逻辑学理论的高度。但其中也仍有遗憾之处，如前所述，以上所有对于概念问题的研究都没有涉及"属加种差"的方法，由此使得概念问题研究止步于下科学定义的门槛之前。与此同时，分类思维或方法在自然科学领域成熟运用的基础上，又逐渐开始广泛影响到军事、经济、政治、教育等领域，例如孙子对于作战地理状况的划分，孔子对于学生类型的划分，《商君书》的《垦令》篇中对于垦令实施措施的分析，《韩非子》中《八奸》、《五蠹》、《八经》、《亡徵》等篇中对于种种相关问题的分析研究。并且，在中国古代的思维中，分类与分析

---

① 详见本人《中国思维形态》相关内容。

这样两种方法具有一定的相关性。

第二,比类或类比思维与方法。春秋战国时期,类比方法的使用同样十分普遍。比类思维最初可能出现于诗歌创作中,例如《诗经》,其形式就是"比兴"。之后,比类思维又广泛应用于思想领域,如《孙子兵法》中说:"夫兵形象水。"(《虚实》)战国以后,我们已经可以看到这一思维和方法的广泛使用。例如"寓言"方法实际就是比类方法的延伸,在《楚辞》、《庄子》、《韩非子》中可以看到这方面的大量例子。比类思维与方法的优点是富于想象力和创造性,这在科学活动中表现得尤为突出,在前面我们已经看到大量的例证。但比类思维和方法有自身的弱点,这即在于如果缺少严格的科学精神与客观准则的制约,它很容易陷入随心所欲、主观无据的泥沼,而这种状况正是我们在比附思维与方法中所看到的。比附与比类是一母所生,比类离开科学的使用往往就会导致比附。这种情况在春秋时期就已经开始出现,战国以后,比附已经成为一种十分普遍甚至十分"时髦"的思维方式。例如《吕氏春秋》中有:"孟春之月,日在营室,昏参中,旦尾中。其日甲乙,其帝太皞,其神句芒,其虫鳞,其音角,律中太蔟,其数八,其味酸,其臭膻,其祀户,祭先脾。"(《孟春纪》)

第三,类推思维与方法。这一思维相对晚出,其最初定型于《老子》。《老子》中讲:"道生一,一生二,二生三,三生万物。"(《第四十二章》)这就明确阐明了由"道"推衍万物的进程。类推方法以后为各家所使用。如《墨经》:"效者,为之法也。所效者,所以为之法也。"(《小取》)又如《荀子》:"以类行杂,以一行万。"(《王制》)"以近知远,以一知万。"(《非相》)上述这样一种推理通常是某种法则或样本的延伸,在逻辑上具有合理性。值得我们注意的是阴阳家对这一思维或方法的使用。《史记·孟子荀卿列传》中在讲到邹衍时说:"其语闳大不经,必先验小物,推而大之,至于无垠。"而邹衍主要是对阴阳和五行的推衍。"因载其禨祥度制,推而远之,至天地未生,窈冥不可考而原也。先列中国名山大川,通谷禽兽,水土所殖,物类所珍,因而推之,及海外人之所不能睹。称引天地剖判以来,五德转移,治各有宜,而符应若兹。"我们在这里看到一种以阴阳五行作为宇宙图式的推衍模式。① 而《易传》则采用了以象数为核心的推衍模式,其也可以归到类推方法中来。我们应当看到,这样一类推衍模式在以后的科学活动和哲学活动中都具有重要的地位。

这里需要指出的是,无论是公孙龙,还是后期墨家,以及荀子有关"类"的问题的逻辑思考在秦汉以后都整体性失传了。与此同时,到了秦汉之际,类比与类推这两种思维与方法完全占据了主流位置,并且这两种思维与方法还有合流的倾向。这种状况将深刻影响接下来的历史。同时它也解释了形式逻辑如何退出中国思维与方法的舞台,比类、联想以及辩证等思维形式何以真正能成为思维或方法舞台的主角。

第十四节　影响当时和后世的重要问题

最后,我们再来就春秋战国时期哲学思想与科学活动中的一些重要问题作点思考。综观春秋战国时期哲学与科学的发展,其中有两点尤为重要。

首先,是哲学与科学的密切关系。

春秋战国时期是中国哲学的成型时期。在这个时期,科学与哲学之间有着十分密切的接触或联系,中国古代许多哲学和科学共同使用的思想、理论、概念和方法就正是在这一时期形成的。这一时期科学与哲学关系的总体特点是:科学影响哲学,科学决定哲学,这实际也是延续了三代的"惯性"。当然,哲学一旦"独立",其也会产生影响科学的思想,特别是到了这个阶段的末期,观念与思想越来越多地出现在知识活动中。

这一时期科学与哲学间的密切关系具体体现在如下方面:

第一,科学活动与哲学的关系。先秦时期的科学活动成为哲学发展广阔而深厚的背景,不同的科学活动以其特有的问题与哲学建立起联系。例如天文学以对规律和天人关系问题的关注建立起与哲学的关系,

---

① 以上关于"类"的思维意义的分析可参见本人《中国思维形态》相关内容。

农学与生物学以对天人关系、辩证方法、分类方法的关注建立起与哲学的关系,还有地理学对类的问题的关注,数学对数的问题的关注,所有这些都为哲学的展开提供了知识、概念以及思维、方法的前提。

第二,哲学活动与科学的关系。这一时期相当多的哲学学派都程度不同地与科学知识保持着联系,有些甚至对科学具有极其浓厚的兴趣。例如道家对宇宙的生成和发展抱有浓厚的兴趣;墨家根本就是一个科学学派,其科学知识与思想涉及光学、力学、数学以及实验等多个方面;阴阳家的体系十分驳杂,所涉及的知识领域非常宽广。还有名家、杂家以及《易传》。这足以说明科学在当时哲学研究中的重要地位。

第三,科学与哲学共有的观念、思想与概念。在科学活动先期形成的问题积极地影响到了哲学活动,在科学活动中所形成的观念和概念也就自然延伸到哲学领域。例如天文学中的天道发展而为哲学的道,农学、生物学中的天人关系问题上升为具有更为一般意义的哲学命题,农学、医学中的辩证思考成为哲学中相关思考的基础,而天文学与数学中的象、数概念最终导致了哲学的象数学传统。这一时期已形成了多个源于知识的概念群。

第四,科学与哲学共用的思维与方法。在春秋战国时期,无论是科学活动中,还是哲学活动中,各种方法多姿多彩。科学与哲学不仅开始共有观念和概念,也开始共有思维和方法。这包括:经验类型的思维与方法是中国科学与哲学的共有资源,类思维也成为两个不同领域的共同财产,还有与演绎或推理有关的思维和方法也在两个不同的领域中得到了具有关联的发展。

毫无疑问,春秋战国时期科学与哲学之间如此密切的关系在中国历史上是少见的,这在很大程度上与自由的学术气氛有关,也与自然而然所形成的兴趣有关。尤其重要的是,其提供了一个中国古代哲学与科学紧密联系的时代范本。以上哲学与科学的密切关系对于以后的中国知识界与思想界具有重要的范式意义。

其次,是科学、哲学和宗教神秘主义的复杂关系。

从西周末年开始,中国社会主要是知识界和思想界中出现了一个理性或无神论思潮的进步过程。这样一个进步是缓慢发生发展的,它伴随着思维的进步,也伴随着知识的进步。如有关天道知识的增加在无神论思潮的发展中就起着重要的作用。而春秋以后的理性趋势又是奠立在这一基础之上的。由于知识的积累,道德的泛化,到了春秋时期,知识与思想界的理性意识已经形成了一定的趋势。表现在与宗教的关系上,已经有越来越多的智者对传统的迷信提出了质疑,过去那种习以为常的巫术思维与视界受到了前所未有的挑战。以快速增长的知识和广泛普及的德性作为依托,越来越多的智者采取理性而非迷信地看待与解决问题的态度或方式,于是,理性精神得到高扬。而这样一种持续的发展一旦有一个合宜的社会氛围,便势必会造就一个伟大的时代的到来。结果,到了春秋末年,也就是雅斯贝斯所说的轴心期的核心时段,由于思想被提供了一个空前活跃和自由的空间,我们终于看到了老子、孔子、墨子、孟子、庄子这样一些伟大的智者纷纷出场。这是整个人类相同的理性出场的一个组成部分。

但我们又要看到,神秘或巫术又不可能如此轻易地退场。在一定意义上,春秋战国时期的无神论思潮实际遮蔽了中国社会神秘信仰的真实状况。而从战国末年起,知识与思想界开始普遍出现一种迷恋象、类、数,同时将其神秘化的倾向。除了宗教信仰的原因,这其中一个深刻的背景就是春秋以来在天文、数学以及生物、医疗等知识领域方面的快速增长。从一定意义上说,这也是一种理性的自负和狂妄,以为某些结构是可以以一驭万的。在这里,虚妄自大的理性导致了某种神秘主义的倾向。但是,理性的迷失一般不会导致普遍的思维偏向。因此,就神秘倾向而言,其背后还一定应当有更为深刻的信仰根源或宗教因素,而这就是中国宗教或信仰的连续性的反映。由于没有经过宗教革命,原始的巫术信仰在一定的时候更会重新复萌,也即是返祖。就此而言,从战国中后期开始,中国的知识与思想界实际又是沉浸在一片宗教巫术的氛围之中。例如在阴阳五行家的思想中,既有大量的神秘色彩,但又不乏知识或科学活动的内容,这可以在《吕氏春秋》、《淮南子》以及《黄帝内经》等著作中清楚地看到。事实上,中国的科学以及哲学就是在与神秘主义的交织中发展起来的。

以上正是中国古代哲学、科学、巫术、信仰关系的复杂性,或理性与神秘关系的复杂性,这种复杂性将作为一个深刻的印记而伴随中国古代哲学与科学终身。

第三章　秦汉时期哲学与科学的关系

　　秦汉时期是指从公元前 221 年秦王朝的建立到公元 220 年东汉结束这段历史。

　　如同先秦时期的哲学一样,秦汉时期的哲学思想与同时代的科学知识同样有着密切的联系,并且在中国哲学的各个历史时期中,秦汉时期的这样一种联系很可能也是属于最密切的。秦汉时期的科学知识活动十分活跃,这些活动不仅导致了科学知识自身的发展,也提出或涉及了很多哲学问题,当然,它们也在前代和当代的思想那里汲取养分;反之,哲学也并不仅仅是一种理论或思想的封闭运动,也并非只是关注天命神学、人性、伦理或社会问题,其对自然知识以及结构也给予了充分的关注。秦汉时期的哲学既从科学活动中积极获取资料,也将其理论与学说反馈给具体知识(无论正确与否)。而不管是这一时期的哲学,还是这一时期的科学,都有很多共同使用的观念、概念和思维、方法,例如阴阳、五行、气等等。如果将秦汉时期与另外两个重要时期——先秦、宋元加以比较的话,我们会看到先秦时期主要是科学影响哲学,宋元时期则主要是哲学影响科学,而秦汉时期相对而言则保持了一种科学与哲学之间相互影响的均衡。在秦汉时期,科学与哲学间的互动关系是最为明显的。

　　因此,比较准确地描述这一时期哲学思想与科学知识之间的关系,能够有助于我们对这一时期的哲学思想做更为全面、深入甚或客观的了解与把握。并且鉴于秦汉时期哲学与科学的关系是如此紧密，这样的了解和把握就显得愈加重要。

第一节　秦汉时期的知识背景与观念背景

如果说先秦时期主要是科学影响哲学，因此首先要考察的是观念或思想的知识背景，那么从秦汉开始，这种影响就是双向的，科学会影响哲学，同时，已经成长起来的哲学也会影响科学。所以从本章开始，我们将对知识背景和观念背景都作一个简单的考察和叙述，以为下面具体深入的考察做一个基本的铺垫。

先来看这一时期的知识背景。

秦汉时期在科学技术及思想方面取得了极大的成就。首先是各种制作技术的发明和进步。以冶炼为例，在冶铁技术方面，这一时期出现了球墨铸铁，而现代球墨铸铁技术是 20 世纪 40 年代才研制成功；在炼钢技术方面，这一时期发明了炒钢技术，而欧洲使用炒钢法冶炼熟铁的技术是在 18 世纪中期以后才出现的。这些都表明，我国古代的冶炼技术在这一时期已经达到了成熟的阶段。除此之外，这一时期在造纸、纺织、车辆与船舶制造、漆器与瓷器的制作、建筑与水利技术等方面也都取得了重要的进步。农业技术以及思想在秦汉时期也发展迅速。农业在春秋战国时期已经获得了长足的进步，而秦汉四百余年的统一局面更加有利于农业的发展。这一时期出现了许多新的农具，例如耧车、风车、水碓等，而改进的农具还要更多。园艺和驯化如养马、养蚕方面在这一时期也都取得了重要的进步。此外，农学思想在这一时期也继续发展，重要农学著作有《氾胜之书》。秦汉时期在天文历法方面取得了重要的成就。《中国科学思想史》一书将当时的天文学成就主要概括为以下方面：对各种天象及其运行轨道的观测和计算不断趋于精密；大量对于天体运行周期的观测和计算导致了对天体运行规律的深入认识；将回归年和朔望月数值合参最终确立了阴阳合历制度;在历法中安排进二十四节气从而能对农业生产给予更为实用和有效的指导。此外,这一时期在宇宙理论方面出现了论天三家,即盖天、浑天、宣夜说。而张衡的工作可以说将这一时期的宇宙天文研究推向高峰。这一时期数学方面的成就主要反映为出现了《周髀算经》、《九章算术》等一批专著,这其中最为重要的就是《九章算术》。《九章算术》共有九章即九个专题,分别是方田、粟米、衰分、少广、商功、均输、盈不足、方程、勾股。《九章算术》的首先一个成就是有关分数运算概念、定义和法则的制定,其他思想还包括"今有术"即比例思想与计算方法的发明等。《九章算术》的出现标志着中国古代数学体系的最终形成。医学在这一时期也取得巨大进展。在医药学著作方面,《黄帝内经》经长期发展完善最终在这一时期定型,此外还有《神农本草经》和《伤寒杂病论》,由此中国古代医学体系也在这一时期完全形成。这一时期还涌现出像华佗、张仲景这样的名医。在地理学方面,长沙马王堆出土的地图在绘制上已经达到很高的水平。《汉书·地理志》是我国第一部用"地理"命名的地理学著作。除以上知识和学科门类外,这一时期还有其他一些领域也取得了相应的成果,例如声学、化学等,鉴于本书的性质,这里不再一一介绍。①

值得注意的是,秦汉时期科学活动的重要性更在于它是中国古代科学范型完全确立的时期。从大的方面说,这包括问题、思想、概念、方法等等。具体地,如天文学中的宇宙起源与结构理论,数学中《九章算术》所确立的基本思想,医学中《黄帝内经》所确立的基本理论以及《伤寒杂病论》所确立的辨证论治原则等等。这些思想、原则以及方法对于日后的相关科学活动都具有范式的意义,并且也会在不同程度上对观念或哲学产生影响。

再来看这一时期的观念背景。

---

① 以上考察主要参考了杜石然等编著《中国科学技术史稿》(上册)、刘洪涛编著《中国古代科技史》和袁运开、周瀚光主编《中国科学思想史(中)》(合肥,安徽科学技术出版社,2000)等著作中的相关内容。

　　秦汉时期的观念背景就是指以"阴阳"、"五行"以及"类"、"象"、"数"等理论或学说为骨干的宇宙观或宇宙图式。对于这样一种宇宙观或宇宙图式,冯友兰曾有过概括性的描述,他认为在先秦时期,阴阳五行家和《易传》已经提出了两种世界图式。"这两种图式各有自己的体系;阴阳家不讲八卦,《易传》不讲五行。汉初的科学(如《内经》所代表的)以及哲学,都是以阴阳家的世界图式为根据的。《淮南子》的自然观根据这个图式,董仲舒兼用这两种图式,《易纬》也是以《易传》的'象'、'数'说明这些图式,用《易传》的术语和范畴说明'气'的发展和运行。这就把《易传》的世界图式和阴阳家的世界图式结合起来,这也就是把《易传》和当时关于气的理论以及阴阳五行学说结合起来。"①应当说,冯友兰的概括与描述总体而言是准确的。当然,秦汉时期的观念背景不唯阴阳五行学说以及"类"、"象"、"数"理论为骨干的基本宇宙观或宇宙图式。天人关系问题也是这一时期的一个重要观念,尤其是天人感应的思想与学说。一般来说,董仲舒是这一思想与学说的代表性人物,但我们应当看到,天人感应思想事实上是汉代的一种带有普遍性的思潮,其在当时完全呈泛滥之势。而天人感应思想及其相关的谶纬迷信的泛滥又招致王充的严厉批判,这一批判最终导致了天人感应思想的衰落。除此之外,"气"是这一时期又一个重要的观念,就源头而言,"气"观念本与阴阳观念密切相关。有意味的是,在汉代,这一观念已渗入到不同的知识活动如天文学、医学及炼丹术理论当中,也为不同的甚至是立场截然相反的思想家如董仲舒和王充所接受和阐述,并为各自的论证提供材料。不仅如此,"气"观念还与"类"观念高度结合在一起,用于解释"类同"的问题,甚至也与"象"、"数"观念结合起来,从而形成卦气说与律气说。而更为复杂的是,阴阳五行、天人感应以及气、类这些观念又经常纠结在一起,形成一幅斑斓的观念图景。

　　除此之外,汉代还出现了一个活动,它与科学和哲学都保持着密切

---

① 冯友兰:《中国哲学史新编》第三册,第 189—190 页,北京,人民出版社,1985。

的关系,这就是炼丹术。炼丹术比较特别,它很难简单归于科学或哲学甚至宗教,因为其中的炼丹术知识多涉及医药、化学方面的内容,应当属于科学知识,但有些观念与思想例如阴阳、类、变化等则显然是哲学的内容,其中还有些观念如长生不死则更接近于宗教。从历史发展来看,炼丹的风气与求仙的愿望相一致大约始于秦汉之际,但炼丹术的发展是在西汉末年至东汉初年。东汉末年,伴随着道教的兴盛,终于导致炼丹术盛行,而其最重要的成果就是《周易参同契》这部著作。该书一般认为由东汉时期魏伯阳所撰。同时,与炼丹术密切相关的一个重大现象是,先秦时期的道家在此时逐渐演化为道教。这之中既有哲学向宗教的转换,也有哲学向知识的转换,同时也包含着理性向巫术的返祖或复归,在这里,理性、神秘、知识、信仰错综交织,变化无穷。

第二节　"阴阳"、"五行"观念与知识的关系

在秦汉特别是汉代的哲学与科学活动中,阴阳五行是一个基本的概念,这是对先秦传统的继承。并且它不仅是观念的,也是方法的。这样一套东西既反映在早期如《淮南子》、《春秋繁露》、《礼记》、《黄帝内经》等著作中,也反映在后来《易纬》、《白虎通》等著作中。所以顾颉刚说:"汉代人的思想的骨干,是阴阳五行。无论在宗教上,在政治上,在学术上,没有不用这套方式的。"[①]但事实上,这种状况在当时是有深刻的知识背景的。可以这样说,阴阳五行说之所以成为秦汉时期科学与哲学的核心观念与思维方式,就是因为这一个时期的人们认为阴阳五行现象和结构就是宇宙的一种基本图式。并且,哲学与科学又应当是通过共同使用和相互交流,推动了这样一种观念和方法成为这一时代的核心概念。这其中,知识活动为思想活动提供经验材料,而思想活动则为知识活动提供理论概括。

---

① 顾颉刚:《秦汉的方士与儒生》,第 1 页,上海,上海古籍出版社,1978。

一、"五行"观念与知识的关系

将"五行"与知识普遍结合起来始于春秋战国时期,特别是到了战国后期,经阴阳五行家的提倡,逐渐泛滥开来。例如《吕氏春秋》的《十二纪》中讲孟春之月,"其日甲乙,其帝太皞,其神句芒,其虫鳞,其音角,律中太蔟,其数八。"(《孟春纪》)孟夏之月,"其日丙丁,其帝炎帝,其神祝融,其虫羽,其音徵,律中仲吕,其数七。"(《孟夏纪》)孟秋之月,"其日庚辛,其帝少皞,其神蓐收,其虫毛,其音商,律中夷则,其数九。"(《孟秋纪》)孟冬之月,"其日壬癸,其帝颛顼,其神玄冥,其虫介,其音羽,律中应钟,其数六。"(《孟冬纪》)前已指出,这实际是一种宇宙图式。

秦汉时期的知识与思想活动普遍继承了这一观念、方法或宇宙图式。如《淮南子·天文训》:

> 东方,木也,其帝太皞,其佐句芒,执规而治春;其神为岁星,其兽苍龙,其音角,其日甲乙。南方,火也,其帝炎帝,其佐朱明,执衡而治夏;其神为荧惑,其兽朱鸟,其音徵,其日丙丁。中央,土也,其帝黄帝,其佐后土,执绳而制四方;其神为镇星,其兽黄龙,其音宫,其日戊己。西方,金也,其帝少昊,其佐蓐收,执矩而治秋;其神为太白,其兽白虎,其音商,其日庚辛。北方,水也,其帝颛顼,其佐玄冥,执权而治冬;其神为辰星,其兽玄武,其音羽,其日壬癸。

《淮南子·地形训》中也说:

> 木胜土,土胜水,水胜火,火胜金,金胜木,故禾春生秋死,菽夏生冬死,麦秋生夏死,荠冬生中夏死。木壮水老火生金囚土死,火壮木老土生水囚金死,土壮火老金生木囚水死,金壮土老水生火囚木死,水壮金老木生土囚火死。音有五声,宫其主也。色有五章,黄其主也。味有五变,甘其主也。位有五材,土其主也。是故炼土生木,炼木生火,炼火生云,炼云生水,炼水反土。炼甘生酸,炼酸生辛,炼辛生苦,炼苦生咸,炼咸反甘。变宫生徵,变徵生商,变商生羽,变羽

生角,变角生宫。是故以水和土,以土和火,以火化金,以金治木,木复反土。五行相治,所以成器用。

再如《礼记》的《月令》:

（孟春之月）其日甲乙,其帝大皞,其神句芒,其虫鳞,其音角,律中大蔟,其数八。……

（孟夏之月）其日丙丁,其帝炎帝,其神祝融,其虫羽,其音徵,律中中吕,其数七。……

中央土。其日戊己。其帝黄帝,其神后土。其虫倮,其音宫,律中黄钟之宫,其数五。……

（孟秋之月）其日庚辛,其帝少皞,其神蓐收,其虫毛,其音商,律中夷则,其数九。……

（孟冬之月）其日壬癸,其帝颛顼,其神玄冥,其虫介,其音羽,律中应钟,其数六。

可以看到,如同《吕氏春秋》的《十二纪》一样,《淮南子》的《天文训》、《地形训》以及《礼记·月令》的以上论述也都是围绕"五行"来展开的。而无论是《吕氏春秋》,还是《淮南子》或《礼记》,其五行观念与思想里都包括了多种不同的知识,包括天文、历法、生物、音律、数学等等,这是一种自然观或知识观。

这样一种自然观或知识观也广泛见诸当时的生物学与医学理论。例如《淮南子》中说:东方"其地宜麦,多虎豹";南方"其地宜稻,多兕象";西方"其地宜黍,多旄犀";北方"其地宜菽,多犬马";中央"其地宜禾,多牛羊及六畜"。(《地形训》)特别是医学,如《黄帝内经》中说:"五行者,金、木、水、火、土也,更贵更贱,以知死生。"(《素问·藏气法时论》)"东方生风,风生木,木生酸,酸生肝,肝生筋,筋生心,肝主目。"(《素问·阴阳应象大论》)由此,中国古代的医学也建立起整体或系统观理论,这方面内容将在后面辟专节做详细考察。这样的论述在当时还有许多,这里不一一列举。

在一定意义上可以这样说,到了战国与秦汉时期,"五"已经变成了一个容器,无论什么样的内容都可以往里面投放。

二、"阴阳"观念与知识的关系

战国后期,《易传》在解释"阴阳"思想时赋予了较多的具体知识内容。例如:"日往则月来,月往则日来,日月相推而明生焉。寒往则暑来,暑往则寒来,寒暑相推而岁成焉。"(《系辞下》)但阴阳观念与知识的密切结合是在秦汉以后。就知识背景而言,这与该时期发达的天文学、医学以及生物学等知识有关,这也可以看作是秦汉时期阴阳观念发展的一个特点。

由前面的考察知道,阴阳知识与观念的产生之初就与日月现象有关,与天气变化或季节消息有关。自战国以来,天文学获得了极大的发展,特别是到了秦汉时期,历法又得到高度的重视。这些便促成了这一时期的阴阳观念、思想、学说广泛借助天文学的知识来加以阐述。这其中,《淮南子》的思想就十分典型。《淮南子》认为,阴阳现象在宇宙浑沌初开时就已产生。《天文训》中说:

> 气有涯垠,清阳者薄靡而为天,重浊者凝滞而为地。

阴阳剖分之后,天地万物的生长变化便都与阴阳二气有关。

> 天地之袭精为阴阳,阴阳之专精为四时,四时之散精为万物。积阳之热气生火,火气之精者为日;积阴之寒气为水,水气之精者为月。

这里说的是天文现象。

> 吐气者施,含气者化,是故阳施阴化。天之偏气,怒者为风;地之含气,和者为雨。阴阳相薄,感而为雷,激而为霆,乱而为雾。阳气胜则散而为雨露,阴气胜则凝而为霜雪。

这里说的是天气现象。

> 毛羽者,飞行之类也,故属于阳;介鳞者,蛰伏之类也,故属于
> 阴。日者,阳之主也,是故春夏则群兽除,日至而麋鹿解。月者,阴
> 之宗也,是以月虚而鱼脑减,月死而蠃蛖膲。

这里说的是生物现象。在《淮南子》的其他篇章中也有类似的思想,如
《俶真训》中说:"天气始下,地气始上,阴阳错合,相与优游竞畅于宇宙之
间,被德含和,缤纷茏苁,欲与物接而未成兆朕。"《泰族训》中说:"天致其
高,地致其厚,月照其夜,日照其昼,阴阳化,列星朗,非其道而物自然。
故阴阳四时,非生万物也;雨露时降,非养草木也。神明接,阴阳和,而万
物生矣。"总之,《淮南子》认为天地万物是由阴阳二气构成的。我们在这
里可以清楚地看到,《淮南子》在对此作论证的时候,使用了大量的自然
知识的例证。同时,从上面的材料中又可以看到,《淮南子》也明显地继
承了先秦时期道家以及《易传》的思想。这些无疑都大大丰富了有关阴
阳的思想和理论。当然,这其中也不乏神秘的解释,如《淮南子·地形
训》说:

> 正土之气也御乎埃天,埃天五百岁生缺,缺五百岁生黄埃,黄埃
> 五百岁生黄澒,黄澒五百岁生黄金,黄金千岁生黄龙,黄龙入藏生黄
> 泉,黄泉之埃上为黄云,阴阳相薄为雷,激扬为电,上者就下,流水就
> 通,而合于黄海。
>
> 偏土之气,御乎清天,清天八百岁生青曾,青曾八百岁生青澒,
> 青澒八百岁生青金,青金八百岁生青龙,青龙入藏生青泉,青泉之埃
> 上为青云,阴阳相薄为雷,激扬为电,上者就下,流水就通,而合于
> 青海。

而这在当时也是不可避免的。

这里特别值得一提的是,即便是被视作神学目的论代表人物的董仲
舒,也需要相关的知识来作为其学说的支持,这其中就包括"阴阳"思想。
并且,我们也看到这一思想中不乏知识的内容,其中有不少内容具有合
理性。例如《阴阳出入》中说:"春分者,阴阳相半也,故昼夜均而寒暑平。

阴日损而随阳,阳日益而鸿,故为暖热。初得大夏之月,相遇南方,合而为一,谓之日至。……秋分者,阴阳相半也,故昼夜均而寒暑平。阳日损而随阴,阴日益而鸿,故至于季秋而始霜,至于孟冬而始寒,小雪而物咸成,大寒而物毕藏,天地之功终矣。"再如《循天之道》中说:"阳气起于北方,至南方而盛,盛极而合乎阴;阴气起乎中夏,至中冬而盛,盛极而合乎阳;不盛不合。"应当说,这些论述大都符合科学的知识,而这在董仲舒的思想中并非偶然,在《春秋繁露》中可以找到大量这方面的材料,这在很大程度上说明了董仲舒的思想同样是有科学知识的基础的。如果我们不做先验的形而上学的划分,对这一现象应当不难理解,在天人关系的论证中,天的权威性是毋庸置疑的。问题在于董仲舒对此作了不恰当的延伸,例如以下这段:"故曰:阳,天之德,阴,天之刑也,阳气暖而阴气寒,阳气予而阴气夺,阳气仁而阴气戾,阳气宽而阴气急,阳气爱而阴气恶,阳气生而阴气杀。"(《阳尊阴卑》)当然,这样一种延伸其实也是当时知识界与思想家的普遍现象(对此后面还会加以考察),只是董仲舒显得尤为突出,或走向了极端。

以上可以说是当时关于阴阳问题的主流观念。就思想而言,其主要是继承了先秦以来的传统。这其中对《易传》传统的继承尤为明显。例如《易纬·乾凿度》中讲的:"易始于太极,太极分而为二,故生天地。天地有春秋冬夏之节,故生四时。四时各有阴阳刚柔之分,故生八卦。八卦成列,天地之道立,雷风水火山泽之象定矣。"当然,这里同样也包括《易传》重视知识的传统。

除此以外,阴阳思想及其概念也在当时的知识活动中得到广泛的应用。医学是这一时期与阴阳理论密切结合的一个重要知识领域。例如《内经》中讲:"阴阳者,天地之道也,万物之纲纪,变化之父母,生杀之本始,神明之府也。"(《素问·阴阳应象大论》)"人生有形,不离阴阳。"(《素问·宝命全形论》)关于《内经》中的阴阳理论后面将作专门考察。还有道教炼丹术,如《周易参同契》中讲:"乾刚坤柔,配合相包。阳禀阴受,雌雄相须。""男女相须,含吐以滋。雌雄错杂,以类相求。"这里关于阴阳问题的一个主要看法就是强调具有对立性质的事物之间的互相配合,这其中不仅有原始道家的思想传统,也有《易传》思想的潜在影响。《内经》与《周易参同契》虽只是两例,但这可以看作是当时知识活动的一个基本面貌。

三、"阴阳"观念与"五行"观念结合中的知识内容

需要指出的是,到秦汉时期,阴阳观念与五行观念已经高度结合,许多思想在论述过程中是将阴阳观念与五行观念完全融合在一起的,而在这样的论述中同样可以看到对于知识的运用。

例如《淮南子》中说:

> 日冬至则水从之,日夏至则火从之,故五月火正而水漏,十一月水正而阴胜。阳气为火,阴气为水。水胜,故夏至湿;火胜,故冬至燥。燥故炭轻,湿故炭重。日冬至,井水盛,盆水溢,羊脱毛,麋角解,鹊始巢,八尺之修。日中而景丈三尺。日夏至而流黄泽,石精出,蝉始鸣,半夏生,蚊虻不食驹犊,鸷鸟不搏黄口,八尺之景,修径尺五寸,景修则阴气胜,景短则阳气胜。阴气胜则为水,阳气胜则为旱。(《天文训》)

这段论述明显地将阴阳变化与五行生胜结合起来,同时以各种现象或知识加以佐证。

又如董仲舒以下两段十分具有代表性的论述:"天地之气,合而为一,分为阴阳,判为四时,列为五行。"(《五行相生》)"是故明阳阴、入出、实虚之处,所以观天之志。辨五行之本末、顺逆、小大、广狭,所以观天道也。"(《天地阴阳》)在这里可以清楚地看到董仲舒将天文气候知识与阴阳五行观念杂糅在一起。

而在《汉书·律历志》下面这段论述中,不仅看到五行与阴阳这两种观念结合在一起,还看到这两种观念与律、气等观念和知识高度结合在一起:

黄钟:黄者,中之色,君之服也;钟者,种也。天之中数五,五为声,声上宫,五声莫大焉。地之中数六,六为律,律有形有色,色上黄,五色莫盛焉。故阳气施种于黄泉,孳萌万物,为六气元也。以黄色名元气律者,著宫声也。宫以九唱六,变动不居,周流六虚。始于子,在十一月。大吕:吕,旅也,言阴大,旅助黄钟宣气而芽物也。位于丑,在十二月。太簇:簇,奏也,言阳气大,奏地而达物也。位于寅,在正月。夹钟,言阴夹助太簇宣四方之气而出种物也。位于卯,在二月。姑洗:洗,洁也,言阳气洗物辜洁之也。位于辰,在三月。仲吕,言微阴始起未成,著于其中旅助姑洗宣气齐物也。位于巳,在四月。蕤宾:蕤,继也,宾,导也,言阳始导阴气使继养物也。位于午,在五月。林钟:林,君也,言阴气受任,助蕤宾君主种物使长大茂盛也。位于未,在六月。夷则:则,法也,言阳气正法度而使阴气夷当伤之物也。位于申,在七月。南吕:南,任也,言阴气旅助夷则任成万物也。位于酉,在八月。无射:射,厌也,言阳气究物而使阴气毕剥落之,终而复始,无厌已也。位于戌,在九月。应钟,言阴气应无射,该藏万物而杂阳阂种也。位于亥,在十月。

将阴阳观念与五行观念糅合在一起,表明了阴阳五行家与《易传》学派之间的打通,或表明了当时的思想界企图将这两种原本不同的观念或宇宙图式打通;也意味着企图将这两种观念所代表的各种各样的现象或知识打通,这包括天文、历法、气象、物候、地理、音律甚至数学。此外,这里实际上涉及对于"类"以及"象"、"数"问题的理解,关于这些问题还将在下面专门论述。

四、批评

由于阴阳五行尤其是五行观念这样一种思维方式最终导致了观念数字化、结构化、形式化、简单化、教条化以及神秘化,故历来遭到理性思想家的严厉批评。

这样一种批评从东汉时期就开始了。王充就对阴阳五行学说作了激烈的批评,如《论衡》的《物势》篇中这一段:

> 且五行之气相贼害,含血之虫相胜服,其验何在? 曰:寅,木也,其禽虎也。戌,土也,其禽犬也。丑、未,亦土也,丑禽牛,未禽羊也。木胜土,故犬与牛羊为虎所服也。亥,水也,其禽豕也。巳,火也,其禽蛇也。子亦水也,其禽鼠也。午亦火也,其禽马也。水胜火,故豕食蛇;火为水所害,故马食鼠屎而腹胀。曰:审如论者之言,含血之虫,亦有不相胜之效。午,马也。子,鼠也。酉,鸡也。卯,兔也。水胜火,鼠何不逐马? 金胜木,鸡何不啄兔? 亥,豕也。未,羊也。丑,牛也。土胜水,牛羊何不杀豕? 巳,蛇也。申,猴也。火胜金,蛇何不食猕猴? 猕猴者,畏鼠也。啮猕猴者,犬也。鼠,水。猕猴,金也。水不胜金,猕猴何故畏鼠也? 戌,土也。申,猴也。土不胜金,猴何故畏犬?

显然,王充在这里所使用的批评武器或工具就是科学常识。如"水胜火,鼠何不逐马? 金胜木,鸡何不啄兔? 亥,豕也。未,羊也。丑,牛也。土胜水,牛羊何不杀豕? 巳,蛇也。申,猴也。火胜金,蛇何不食猕猴?"等等。而这些基于常识的批评对于揭示这样一种学说中的荒谬怪诞无疑有着重要的作用或意义。

近代以来的学者也对五行观念作了深入的分析与深刻的批评。例如梁启超说:"阴阳五行说为二千年来迷信之大本营。直至今日,在社会上犹有莫大势力。"[①]顾颉刚也说:"五行,是中国人的思想律,是中国人对于宇宙系统的信仰;二千余年来,它有极强固的势力。"[②]而日本学者中村元则从思维模式的角度对五行观念加以分析,并将五行观念称之为

---

① 梁启超:《阴阳五行之来历》,《古史辨》(五),第343页,上海,上海古籍出版社,1982。
② 顾颉刚:《五德终始说下的政治和历史》,《古史辨》(五),第404页,上海,上海古籍出版社,1982。

"外表的齐合性"。他说:"五行说就是这方面的典型例子。他们(指中国人)不是调查每一事物的本质,而依靠外观的类似把所有事物结合起来;例如五方、五声、五形、五味、五脏,以及分成以五为数的许多其他事物,并把它们一一派入五行之一,每一事物分别从它所属的行中获得性质。"①

事实上,"五行"这样一种观念在很大程度上就是原始思维中的"比类"形式。这些观念或概念也像它的始祖——原始思维一样,保持着对"类"与相关的"数"的浓厚兴趣。换言之,我们也可以将这一观念看作一种返祖现象,在它的身上我们重新看到了原始巫术的魅影,也看到了原始思维给中国哲学所遗留的胎记。

五、李约瑟对"阴阳"、"五行"观念与中国古代科学关系的看法

值得注意的是,李约瑟在《中国科学技术史》第二卷《科学思想史》的第十三章(几占全卷五分之一篇幅)以"中国科学的基本观念"为题,着重对阴阳五行观念与科学的关系作了讨论,其中一些看法对于我们深入思考这一问题很有意义。

总的来说,李约瑟认为阴阳五行观念的产生有其合理性,它最初是有朴素的知识依据的,但随着发展,它有越来越多的牵强附会,也变得越来越繁复怪诞。李约瑟说:"这些相互联系有些是这一基本假说本身之自然而无害的结果。五行与季候的联系是显而易见的,人们并且根据它们与方位的联系建立了各种顺序。把火与夏季和南方联系起来。还有什么能比这更加无可避免的呢? 这一定起源于太古,因为我们在秋收字样中看到火(即热)和被它育熟的禾。""但是随着事物的日益复杂化,牵强附会也就日益增多。"②又说:"据我所能看到的而言,这些理论起初对中国的科学思想倒是有益的而不是有害的,而且肯定绝不比支配欧洲中

---

① 〔日〕中村元:《东方民族的思维方法》,第157页,杭州,浙江人民出版社,1989年。
② 〔英〕李约瑟:《中国科学技术史》第二卷《科学思想史》,第284页。

古代思想的亚里士多德式的元素理论更坏。当然，象征的相互联系变得越繁复和怪诞，则整个体系离开对自然界的观察就越远。"①

对于在科学已经昌明的今天如何看待或理解这一古老的观念与思维体系，李约瑟也表达了自己独到的看法。李约瑟指出："大多数欧洲观察家都指责它是纯粹的迷信，阻碍了中国人中间真正科学思维的兴起。不少中国人，特别是现代的自然科学家，也倾向于采取同样的意见。但是他们的处境有点不同，因为他们必须与成千上万的传统的中国学者打交道，而这些人并未受过现代科学的世界观的教育，这些人仍在想象着中国的古代思想体系是一个可供选择的活路。垂死的原始科学理论顽固地依附于不死的伦理哲学之上。但是我们的任务不是要研究中国社会的现代化，它是完全能够自行现代化的。我们所要考察的是，事实上古代的和传统的中国思想体系是否仅只是迷信，或者简单地只是一种'原始思想'，还是其中也许包含有产生了它的那种文明的某种特征性的东西，并对其他文明起过促进作用。"②我们看到，李约瑟在这里反映出了一种不同于一般观察者与科学家的看法，这是一种基于深刻历史观和文化史观上的睿智。

那么，阴阳五行观念或学说究竟有怎样的合理性呢？或者说其在思维上究竟有怎样的价值呢？李约瑟指出，许多西方学者将中国阴阳五行学说中所体现出的整体观称之为"协调的思想"。他说："葛兰言已经把我们在这里所讨论的那种思维命名为'协调的思想'（coordinative thinking)或'联想的思维'（associative thinking)。这种直觉—联想的体系有其自身的因果性及其自身的逻辑。它既不是迷信，也不是原始的迷信，而是它自身特有的一种思想方式。卫德明把它与强调外因的欧洲科学所特有的'从属'（subordinative)的思维作了对比。在协调的思维中，各种概念不是在相互之间进行归类，而是并列在一种模式之中。而且，

① 〔英〕李约瑟：《中国科学技术史》第二卷《科学思想史》，第288页。
② 同上书，第303页。

事物的相互影响不是由于机械原因的作用,而是由于一种'感应'(inductance)。"①李约瑟进一步指出:"中国思想史中的关键词是'秩序'(order),尤其是'模式'(pattern)以及'有机主义'(organism)。象征的相互联系或对应都组成了一个巨大模式的一部分。事物以特定的方式而运行,并不必然是由于其他事物的居先作用或者推动,而是因为它们在永恒运动着的循环的宇宙之中的地位使得它们被赋予了内在的本性,这就使那种运行对于它们成为不可避免的。如果事物不以那些特定的方式而运行,它们就会丧失它们在整体之中相对关系的地位(这种地位使得它们成其为它们),而变成为与自己不同的某种东西。因此,它们是有赖于整个世界有机体而存在的一部分。"②李约瑟以及葛兰言上面所说的协调、秩序以及有机主义的思维方式在中国古代医学中得到最为清晰也最为经典的体现,这将在后面详加考察。

鉴于人们对阴阳五行理论的批评,李约瑟结合欧洲的事例或经验对这一理论作了必要的辩护。李约瑟说:"对于不考虑欧洲科学史而探讨这些理论的现代科学家来说,它们似乎是古怪的。到了这些内行们的手里,它们达到荒诞的境地,但这却并不比欧洲中世纪对元素、命星和体液等的理论化更坏。回顾前面所谈的一切,五行和阴阳体系看起来并不是完全不科学的。任何人想要嘲笑这种体系的持续,都应当回想起当年创立英国皇家学会的前辈们曾耗费他们大量宝贵的时间,来与亚里士多德的四元素理论和其他'逍遥学派的幻想'的顽固支持者们进行殊死的斗争。"③李约瑟还说:"中国的五行理论的唯一毛病是,它流传得太久了。在公元1世纪是十分先进的东西,到了11世纪还勉强可说,而到了18世纪就变得荒唐可厌了。这个问题可以再一次回到这样的事实:欧洲有过一场文艺复兴,一场宗教改革,以及同时伴随着的巨大的经济变化,而中

---

① 〔英〕李约瑟:《中国科学技术史》第二卷《科学思想史》,第304页。
② 同上书,第305页。
③ 同上书,第318页。

国却没有。"①李约瑟甚至认为："我们对于五行和两种力量（注：指阴阳）的理论所作的思考已经表明，它们对中国文明中科学思想的发展起了一种促进的而不是阻碍的作用。只有到了 17 世纪当欧洲最后摒弃了亚里士多德的四元素以后，这两种学说与西方人的世界图像比较起来，才使中国人的思想呈现某种程度的落后。"②

不难看出，李约瑟对于阴阳五行理论给予了足够的宽容，当然这并非是基于简单的同情，而是基于对中国式思维特征及其价值的深入思考。不能否认，李约瑟的上述评价可能多少有些溢美之嫌，但其中的确不乏合理性。应当说，李约瑟对于阴阳五行观念与中国古代科学技术关系的看法是值得我们注意的。

第三节　"天人"观念与知识的关系

天人关系也是秦汉时期最为重要的观念之一。与阴阳五行观念相同，这一观念早在先秦时期就产生了，秦汉时期的宗教、知识与思想活动都继承了这一资源或传统。在前面的考察中我们已经知道，天人关系首先有着深刻的现实或日常生活的知识根源，它来源于农业耕种、生物学以及相关的气象学、天文学等领域的知识活动，在观念上主要体现为"因"、"宜"这样一些含义。天人关系问题又有着深厚的宗教的根源，并且宗教甚至迷信还可以利用知识的成果，这一点在汉代的天人感应学说中体现得非常清楚，其代表就是董仲舒。针对天人感应学说以及谶纬迷信思想，王充站在自然天道观的哲学立场上作了严厉且深入的反驳，而王充的反驳应用了大量的科学知识，也因此这些反驳显得如此有力。除此之外，天人关系问题实际也涉及力命问题，与先秦相比，在汉代，从知识角度出发来思考人力或人为问题也有了更宽阔的视野。

---

① 〔英〕李约瑟：《中国科学技术史》第二卷《科学思想史》，第 318 页。
② 同上书，第 330 页。

一、顺应自然的"因"、"宜"观念

如前面的考察所指出，"因"、"宜"观念及其方法有着悠久和深厚的传统，从三代到春秋战国时期，顺应自然的天人观念已经十分普遍，这突出地体现在"因"、"宜"观念中。在先秦时期的许多文献如《尚书》、《诗经》、《管子》、《墨经》、《易传》、《吕氏春秋》中都可以找到相关的思想表达。而秦汉时期实际继承了这一思想传统，这尤其体现在农学、医学等知识活动之中。

农耕生产活动首先会涉及"因"、"宜"问题。这里有两部著作值得注意，即《周礼》与《吕氏春秋》。这两部著作在本书的划分中都归属先秦时期，但事实上它们又都与秦汉这一时期有关，因此其中的相关思想不能不提。例如《周礼》中说："以土宜之法，辨十有二土之名物，以相民宅而知其利害，以阜人民，以蕃鸟兽，以毓草木，以任土事。"（《地官司徒·大司徒》）又如《吕氏春秋》中说："凡耕之大方：力者欲柔，柔者欲力；息者欲劳，劳者欲息；棘者欲肥，肥者欲棘；急者欲缓，缓者欲急；湿者欲燥，燥者欲湿。"（《任地》）在这里，"因"、"宜"观念或思想显而易见。到了汉代，《氾胜之书》就继承了这样的观念或思想传统，其强调：

> 凡耕之本，在于趣时，和土，务粪泽，早锄早获。

这里的"趣时"、"和土"不仅涉及天、地问题，也涉及因、宜问题，内在思想与前人的传统相连贯和衔接。不过我们同时要看到，到了汉代，"因"、"宜"观念中也多了几分神秘色彩，具体来说，就是宜忌观念在这一时期突显出来，而这一观念中既有科学的内容，也有神秘和巫术的成分。例如："小豆忌卯，稻麻忌辰"，"小麦忌戌，大麦忌子。"当然，这也是秦汉这一时代的特点。

医疗活动或医学中的"因"、"宜"观念与方法也非常典型。但需要指出的是，医疗活动中的"因"、"宜"观念与农业活动中的"因"、"宜"观念是有所区别的，其具有某种特殊性。在前面的考察中我们知道，"因"、"宜"

观念首先是因为农业耕种或生产而发展起来的，也就是在天人关系中发展起来的，由此，其中的"因"、"宜"观念就是指因天地之宜，因土时之宜。而医疗活动中的"因"、"宜"观念已经有所变化。以《黄帝内经》为例，其"因"、"宜"观念与方法主要是指宜疾、宜人、宜位（穴）、宜时等不同方面。如讲："视人五态乃治之"（《灵枢·通天》）、"谨候其时，病可与期"（《灵枢·卫气行》）。不难看出，这里的"因"、"宜"观念显然与"原型"有很大的不同，其做了进一步的延伸。当然，其总体精神与农业生产是一致的。关于这方面的具体内容将在下面做专门考察。这里还需要指出的是，《内经》有关"因"、"宜"的观念与方法在很大程度上同样涉及有差异性或具体性思想，而这样一种思想也是早在先秦时期就已经奠定了的，但《内经》显然使得这一思想或观念变得更加丰富。因此，我们可以这样说，《内经》对于"因"、"宜"问题的特殊理解无疑是进一步发展或丰富了传统的"因"、"宜"观念，这不仅仅是在科学的意义上丰富了这一观念，也是在哲学的意义上丰富了这一观念。

二、《淮南子》中的"或使"说、"莫为"说及知识论证

哲学中的天人观主要是通过"或使"说与"莫为"说来呈现和展开的，这在先秦时期就已经开始呈现，汉代继续着这一话题。我们来看《淮南子》的思想。

《淮南子》的黄老无为之学主要继承了先秦道家的自然天道观，其强调世间万物皆自然而然，没有任何意志的安排，这是非目的论也即"莫为"说的观点。而我们在这里主要是考察《淮南子》是如何用知识来加以论证的，例如：

> 故高山深林，非为虎豹也；大木茂枝，非为飞鸟也；流源千里，渊深百仞，非为蛟龙也。致其高崇，成其广大，山居木栖，巢枝穴藏，水潜陆行，各得其所宁焉。（《泰族训》）

在这段论述中，我们可以清楚地看到《淮南子》"莫为"说的自然天道观，

而这种自然天道观的"莫为"说是通过地理、植物、动物等种种具体事物或知识来加以论证的,其目的就是通过具体的事例来证明"莫为"说的真实性。

但另一方面我们又要看到《淮南子》中也存在着"或使"说,即天人感应的思想,如:"故圣人在位,怀道而不言,泽及万民。君臣乖心,则背谲见于天,神气相应征矣。"(《览冥训》)虽然这并非是《淮南子》思想的主流。有意思的是,《淮南子》也同样赋予这种观点以某种知识的证明,如:"人主之情上通于天,故诛暴则多飘风,枉法令则多虫螟,杀不辜则国赤地,令不收则多淫雨。"(《天文训》)当然,《淮南子》的"或使"说与目的因的"或使"说可能还是有区别的,因为它将变化的原因更多地归结于阴阳之气,这属于质料因的"或使"说,不同于目的因的"或使"说,但即便如此,"这种外因论是不可能把唯物论贯彻到底的"[①]。

总之,《淮南子》主要持的是"莫为"说的观点,但"或使"说的观点也是存在的,这就形成了《淮南子》思想的一定内在矛盾。有趣的是,这样两种截然对立的观点却都得到了知识的论证,这又反映出由思想的矛盾性而导致的证明的矛盾性。不过,放在时代背景中来看,这一矛盾又是正常的。从一定意义上讲,汉代就是一个"矛盾备出"的时代,正确中有谬误,荒诞中却包含着合理性,是中有非,非中有是,"是非曲折",甚至"是非混淆",这是汉代知识与思想活动中的一个普遍现象,而这种现象也将贯穿下面的论述。

三、董仲舒论证天人感应理论即"或使"说的知识基础

但总的来说,这一时期哲学中的天人观念问题主要是围绕论证或驳斥天人感应理论而展开的,其代表性的人物分别是董仲舒与王充,这里我们先来看董仲舒。

董仲舒的哲学思想以天人感应、灾异谴告的目的论而著称,这是一

---

① 冯契:《中国古代哲学的逻辑发展》(中册),第 414、415 页,上海,上海人民出版社,1984。

种典型的"或使"说。一般来说,现有研究通常只会注意到这一学说的神秘与荒谬性质,甚至认为其具有某些"欺骗"的性质,而不会注意这种荒谬结论其实很可能有知识的背景,或者说它也需要有当时科学知识的支持。这里就涉及董仲舒的天人感应学说与科学知识的关系。应当承认,董仲舒哲学思想的结论的确存在着严重的错误,也可以看作是失误。但一种结论错误的思想或者学说之所以能够存在并具有"巨大"影响力一定是有原因的,它一定有某些东西的"有力"支持。就天人感应理论而言,政治背景是非常重要的一个方面,而知识的因素同样不能忽视,从哲学依据而非政治依靠来说,这种知识的因素可能愈加重要。显然,在以往的研究中,对于董仲舒思想的这种知识背景恰恰是有所忽略的,但这种被忽略的东西或许正是其理论的基础或力量所在。

考察表明,董仲舒在论述天人感应哲学思想时应用了大量的知识内容,这也就是"天"。这些知识大多是些一般性的常识,其以四时、节气方面的内容为多。但当这些知识与阴阳、五行以及天人感应思想结合在一起,就成为这些思想的论证材料。例如:"风者,木之气也";"霹雳者,金气也";"电者,火气也";"雨者,水气也";"雷者,土气也"。(《五行五事》)这其中,有一些知识也是正确的或基本正确的,例如:"地出云为雨,起气为风。"(《五行对》)在《王行对》、《阴阳位》、《阴阳终始》、《阴阳义》、《阴阳出入》、《暖燠常多》、《四时之副》、《人副天数》、《同类相动》、《五行相生》、《五行五事》、《循天之道》、《天地之行》、《天地阴阳》这些篇章中都包含有这方面的知识内容。从一定意义上也可以这样说,思想是单调的,而论证却是丰富的。

在这里,董仲舒有一篇专门论述气象问题的《雨雹对》值得专门一引,[①]因为其中涉及的一些具体气象知识,即使从今天来分析仍具有合理

---

① 《雨雹对》在《四库全书》中共有四处收录,分别是《古文苑》、《西汉文纪》、《文章辨体汇选》及《汉魏六朝百三家集》。

性。董仲舒说：

> 运动抑扬，更相动薄，则熏蒿歆蒸，而风雨云雾雷电雪雹生焉。气上薄为雨，下薄为雾，风其噫也，云其气也，雷其相击之声也，电其相击之光也。二气之初蒸也，若有若无，若实若虚，若方若圆。攒聚相合，其体稍重，故雨乘虚而坠。风多则合速，故雨大而疏。风少则合迟，故雨细而密。其寒月则雨凝于上，体尚轻微，而因风相袭，故成雪焉。寒有高下，上暖下寒，则上合为大雨，下凝为冰，霰雪是也。雹，霰之至也，阴气暴上，雨则凝结成雹焉。

以上这段文字的大意是：各种气象状况如风雨云雾、雷电雪雹都是阴阳二气运动的结果。阴阳二气由于日照向上蒸腾，在一定高度积聚起来，而积聚到一定程度又会变成雨点落下。此时如风大，则气体凝结速度加快，雨点便大；如风小，则气体凝结速度放慢，雨点便小。其中在寒冷的季节因温度偏低，所以雨气在天上遇风就成为雪。而当阴阳之气冲突激荡加剧时，雨气又会形成冰雹。有学者这样分析上述这段文字的合理和科学性质：(1) 将各种气象形成的过程看作一个气体蒸发上升，又成液态或固态落下的循环变化过程，这符合科学道理；(2) 物态变化的基本条件是温度与重量，由此形成了云、雨、雪、雹种种气象，这同样符合科学道理；(3) 小雨和大雨的形成还与季节和风速有关，这进一步反映了董仲舒所具备的知识底蕴；(4) 对于某些气象，如雨的解释，其实跟王充没有什么区别。[①] 总的来说，就知识本身而言，董仲舒所使用的材料与《淮南子》和王充等学派或思想家所使用的材料或许并无本质区别。换言之，撇除思想，材料的"砖块"都是相同的，或者相似的。

指出董仲舒哲学思想中的知识背景并不是为了论证其思想的合理，而在于揭示其哲学思想是如何利用当时的科学知识来做论证的。换言之，我们应当注意董仲舒的哲学与汉代整个知识背景的关系，尤其应当

---

① 参见袁运开、周瀚光主编《中国科学思想史(中)》，第 176 页。

注意作为一个相当完整严密的神学目的论体系对于知识甚至科学不得不依赖的关系。更积极地来看，对于任何自信掌握了"真理"的思想或学说而言，科学知识都是重要的论证工具，也是重要的理论基石。通过考察可以看到，一种即使荒谬的理论或学说如果有科学作为依托或支持，同样能够大大增强其信服力。董仲舒的思想便是如此。其实，董仲舒也只是一个样本。在汉代，这种状况普遍存在。就此而言，董仲舒的哲学思想既有其个人的特殊理解，也有作为整个时代知识背景的必然因素。正因为有各种各样知识的支持，那些本质上荒谬的理论与学说才得以流行，且要流行长久，就需要更多并且更有力的知识的支持。若从更广阔的视角看，用科学来论证神学并非董仲舒或汉代思想文化所特有，并非中国所特有，而是世界范围内许多神学的手段或招数，或许我们也可以更中肯地将其看作一种现象，如这种状况其实也十分明显地存在于基督教神学之中。不能正确地认识这一问题也就不能正确地对相关哲学及哲学史作出解释。

四、王充论证"莫为"说即驳斥天人感应说的知识基础

王充的哲学则是"莫为"说的典型代表，以其对天人感应目的论也即"或使"说的驳斥而著称。而王充对天人感应论的驳斥除了其哲学思考本身的深刻性以外，十分重要的一点就在于科学的力量。一部《论衡》，不仅是哲学著作，而且也包含有相当多的科学或知识的内容。虽然说这些知识可能未必全然正确，但总体而言，这些知识毫无疑问成为其哲学思想的一个重要基础和可靠担保，同时，这些知识也是驳斥天人感应理论和谶纬迷信的有力证据和锐利武器。王充正是利用其所掌握的科学知识来辨识天人感应理论中知识的真伪，指明其中虚假的知识，也将真实的知识与虚假的理论剥离开来，从而有效地驳斥天人感应理论和谶纬迷信思想。

天人感应论的核心就是谴告说或灾异说，灾异是谴告的表现，或者说谴告通过灾异来体现。王充在《谴告》篇中对这二者的关系作了简略

的概括。"论灾异,谓古之人君为政失道,天用灾异谴告之也。"在哲学思想上,王充是用天道自然与无为理论来驳斥灾异与谴告说,这具有对应性。他说:"夫天道自然也,无为。如谴告人,是有为,非自然也。"(《谴告》)但天人感应论的论证往往是借助于日常知识的。因此王充在哲学论证与批判中也相对应地使用了大量的科学知识,这些科学知识不仅用于论证他自己的自然无为的天道观思想,更直接用于驳斥天人感应的目的论。

例如在当时虫害往往就是天人感应说的一个重要"证据","变复之家谓虫食谷者,部吏所致也。贪则侵渔,故虫食谷。身黑头赤,则谓武官;头黑身赤,则谓文官。使加罚于虫所象类之吏,则虫灭息不复见矣"。这即是将虫灾与政治联系在一起,用虫灾来证明天人感应。对此,王充指出:

> 夫虫,风气所生,苍颉知之,故"凡虫"为"风"之字,取气于风,故八日而化,生春夏之物,或食五谷,或食众草。

王充告诉人们,虫不过是"风气所生","生春夏之物,或食五谷,或食众草",即是自然现象。那么虫灾是怎样产生的呢? 王充说:

> 何知虫以温湿生也? 以蛊虫知之。谷干燥者,虫不生;温湿饐饐,虫生不禁。藏宿麦之种,烈日干暴,投于燥器,则虫不生。如不干暴,闻喋之虫,生如云烟。(以上均见《商虫》)

这就是说,虫灾的产生与季节相关,也与气候相关,但与感应无关。

人遭雷击是天人感应论的又一个重要"证据","盛夏之时,雷电迅疾,击折树木,坏败室屋,时犯杀人。世俗以为击折树木、坏败室屋者,天取龙;其犯杀人也,谓之有阴过,饮食人以不洁净,天怒,击而杀之。隆隆之声,天怒之音,若人之呴吁矣。世无愚智,莫谓不然"。但王充认为,此完全是"虚妄之言也"。王充指出,雷击也完全是一种自然现象,他解释道:

> 雷者,太阳之激气也。……盛夏之时,太阳用事,阴气乘之。阴阳分争则相校轸。校轸则激射。激射为毒,中人辄死,中木木折,中屋屋坏。人在木下屋间,偶中而死矣。

不仅如此,王充还通过实验或实际观察来论证这一观点:

> 试以一斗水灌冶铸之火,气激蒙裂,若雷之音矣。或近之,必灼人体。

> 雷者火也,以人中霆而死,即询其身,中头则须发烧燋,中身则皮肤灼燸,临其尸上闻火气。(以上均见《雷虚》)

天人感应说的一个非常重要的理论就是人的行为能够影响到天。当时持天人感应说的人通常会以鱼水关系为例来说明人与天的关系,董仲舒就有过这样的说法:"天地之间,有阴阳之气,常渐人者,若水常渐鱼也。所以异于水者,可见与不可见耳。"(《春秋繁露·天地阴阳》)而王充在《论衡》中对此类观点也作了记述:"人在天地之间,犹鱼在水中矣。其能以行动天地,犹鱼鼓而振水也,鱼动而水荡,人行而气变。"(《变虚》)这就是说,人能影响天,就如同鱼能激荡水一样。这实际是企图通过人们的日常经验知识来解释天人感应理论。针对此,王充也用同样的知识,并通过更为科学的解释来加以驳斥,王充指出:

> 假使真然,不能至天。鱼长一尺,动于水中,振旁侧之水,不过数尺,大若不过与人同,所振荡者,不过百步,而一里之外澹然澄静,离之远也。今人操行,变气远近,宜与鱼等;气应而变,宜与水均。以七尺之细形,形中之微气,不过与一鼎之蒸火同。从下地上变皇天,何其高也!(《变虚》)

王充说,鱼激荡水,小者"不过数尺",大者"不过百步","而一里之外澹然澄静,离之远也"。同样,人也是如此,要"以七尺之细形,形中之微气",而"从下地上变皇天",这显然是根本不可能的。可以看到,王充在这一驳斥中有效地利用了普通人所具有的常识并加以科学的解释,这包括力

227

量的大小、距离的远近等，并且由于其有明确的针对性，因此驳斥也就格外有力。

这样的驳斥在《论衡》中还有许多，如王充说：

> 人在天地之间，犹蚤虱之在衣裳之内，蝼蚁之在穴隙之中。蚤虱、蝼蚁为逆顺横从，能令衣裳穴隙之间气变动乎？蚤虱、蝼蚁不能，而独谓人能，不达物气之理也。（《变动》）

又说：

> 天至高大，人至卑小。蒿不能鸣钟，而萤火不爨鼎者，何也？钟长而蒿短，鼎大而萤小也。以七尺之细形，感皇天之大气，其无分铢之验，必也。（《变动》）

在这些例子中，王充借助蚤虱与衣裳的关系、蝼蚁与穴隙的关系、蒿草与鸣钟的关系、萤火与爨鼎的关系来比喻人与天之间根本不可能互相影响。由于这些例子中都包含了最浅显却基本的科学道理，就使得王充对天人感应理论的驳斥被赋予了最一般但也是最坚实的知识力量。

我们完全可以想象，如果王充不是通过大量生动而浅显的知识而仅仅是依赖或凭借思辨，那么他的驳斥是绝对不会这么有力的。同样我们也有理由相信，如果不是由于遇到这样的科学知识的挑战与批驳，汉代天人感应神秘理论与谶纬迷信学说就不会如此快地衰落。这些正是知识或科学赋予王充哲学思想的力量，也是知识或科学赋予理性的力量。

五、人为观念的累积

就发端而言，《尧典·皋陶谟》中已有"天工人其代之"的思想。春秋战国以后，重视人力或人为的思想不断丰富。至战国后期，荀子又强调天人之分，并提出"制天命而用之"的思想，这一思想认为客观或自然环境通过人力或人为是可以得到相应改变的，这实际也是对当时生产力和科学发展的反映。

这样一种思想或观念在汉代继续积累。如《淮南子》的《修务训》中讲:"夫地势水东流,人必事焉,然后水潦得谷行。禾稼春生,人必加功焉,故五谷得遂长。听其自流,待其自生,则鲧禹之功不立,而后稷之智不用。"我们看到,这里强调了人力或人为的重要性,它与荀子的思想是一脉相承的。

而从汉代始,有两方面的生产和知识活动对于人为观念的累积与发展形成重要影响,它们分别是农业生产中的精耕细作方式与炼丹术知识。汉代农业中的精耕细作思想主要体现在《氾胜之书》中,尤其是其中提出了"区种法",这一方法认为:"区田以粪气为美,非必须良田也。诸山陵近邑、高危倾阪及丘城上皆可为区田。"这实际上已经提出了一种园艺的思想。在这样一种思想和方法中,人力因素得到了高度重视。故有学者指出,"区种法"更加"强调改造,而不是适应"。① 由此进一步发展的园艺知识及其对观念的影响将在唐宋以后得到更多的体现。炼丹术是能够充分反映人为观念的又一个知识领域。炼丹术的目的在于通过服食丹药来延长人的寿命,如魏伯阳的《周易参同契》中说:"金性不败朽,故为万物宝。术士服食之,寿命得长久。"这其中人为观念十分明显。《周易参同契》又说:"同类易施功兮,非种难为巧。"由此可以看到,炼丹术就知识而言又是通过人为手段或方法来控制物态的变化。类似的知识与思想同样在南北朝以后变得更加活跃和清晰。总之,在此以后,这两条知识的线索将在人为观念与思想的发展中起着重要的作用,其一直贯穿到明清。

第四节　"气"观念和"类"观念与知识的关系

"气"观念与概念是秦汉时期哲学思想中的重要观念与概念,同时也是科学思想中的重要观念与概念,"气"的观念是与知识密切相关的。并且从前面的考察中我们也可以看到,无论是阴阳五行观念,还是天或自

---

① 李申:《中国古代哲学和自然科学》,第 268 页,上海,上海人民出版社,2002。

然观念,又广泛涉及"气"的观念。因此,"气"是这一时期的一个十分基本的观念和概念。又早在先秦时期,"类"就已经成为一个十分重要的观念,相应的,比类也成为一种重要的思维形式。从战国末年到秦汉之际,这一观念或思维得到十分充分的表述,例如《吕氏春秋》的《十二纪》,这也是《月令》的观念与思维。汉代,这一思维或观念也被全面继承和发展,甚至被发挥到极致。

一、"气"观念与知识的关系

首先,"气"观念与知识的关系直接体现在相关的知识之中,这里以天文与医疗知识为例作些考察。

在《淮南子》中,"气"观念往往是与气象和天文知识密切相关的。例如:

> 方者主幽,圆者主明。明者,吐气者也,是故火曰外景;幽者,含气者也,是故水曰内景。吐气者施,含气者化,是故阳施阴化。天之偏气,怒者为风;地之含气,和者为雨。阴阳相薄,感而为雷,激而为霆,乱而为雾。阳气胜则散而为雨露,阴气胜则凝而为霜雪。(《天文训》)

天地含气,而风雨雷霆、露雾霜雪这些自然现象无非都是气的不同形态。此外,气也与方位有关,如"阳气起于东北,尽于西南。阴气起于西南,尽于东北"。(《诠言训》)

而《黄帝内经》则是从医学的视角来理解气观念,并且由此也确定了"气"这一概念在中国古代医学思想中的核心地位。例如:

> 是故春,气在经脉;夏,气在孙络;长夏,气在肌肉;秋,气在皮肤;冬,气在骨髓中。(《素问·四时刺逆从论》)

> 月始生,则血气始精,卫气始行;月郭满,则血气实,肌肉坚;月郭空,则肌肉减,经络虚,卫气去,形独居。(《素问·八正神明论》)

《黄帝内经》认为,人身之气随四季有所变化,各不相同。而且,在《内经》

看来,气随月亮盈亏的变化亦有所不同。

汉代的哲学同样与"气"观念密切相关,在当时,无论哲学立场有多么不同,但"气"往往都是各个思想家的核心概念。而这种现象显然又是由共同的知识背景以及在观念上的某种共识造就的。事实上,对"气"这一观念或概念的重视实际上也是对这一概念自身所包含的知识本性的重视,或者说是对其中某种"客观性"与"真理性"的重视。总之,当时的思想家都无法回避"气"这一观念所涉及或包含的知识内容。

如董仲舒的哲学虽是神学目的论的,但"气"却是其哲学思想的重要或核心概念,包括"元气"这一概念的使用可能也与其密切相关。例如《春秋繁露》下面这一段论述是在于阐述天人之间的目的论关系:"春气爱,秋气严,夏气乐,冬气哀;爱气以生物,严气以成功,乐气以养生,哀气以丧终,天之志也。是故春气暖者,天之所以爱而生之;秋气清者,天之所以严而成之;夏气温者,天之所以乐而养之;冬气寒者,天之所以哀而藏之。"(《王道通三》)很明显,董仲舒的这一阐述是借助于自然或知识之"气"作为其思想的"知识平台"的。而正是由于对"气"观念的使用并受到这一观念的影响,也使得董仲舒的哲学思想会包括一些合理的认识。如董仲舒说:

> 天有阴阳,人亦有阴阳。天地之阴气起,而人之阴气应之而起。人之阴气起,而天地之阴气亦宜应之而起,其道一也。明于此者,欲致雨则动阴以起阴,欲上雨则动阳以起阳。故致雨非神也。而疑于神者,其理微妙也。(《同类相动》)

董仲舒这里所说的"故致雨非神也"直接排除了"神意"之神。同时,"疑于神者,其理微妙也"乃是指自然变化中的"神妙"性,也就是《易传》中所说的"阴阳不测之谓神"。这里有两点值得注意:第一,董仲舒在这里引入了"气"的观念;第二,也因此,董仲舒将各种自然变化看作阴阳二气运动的结果,而并非是"神"的意志的结果。我们看到,由于"气"观念的引入或使用,董仲舒在这里很大程度上已经背离或修正了其天命神学的宗旨,至少出现了悖论。事实上,这在董仲舒的思想中也并非个例。对董仲舒哲学思想中这部分由知识基础而产生的合理内容我们以往是有所忽略的。但值得我们注意的是,正是科学知识才有可能导致董仲舒思想中出现这种合理性及其某种矛盾性。

而王充更是将其全部哲学建立在元气自然论的基础之上。并且如我们所知,王充的《论衡》一书在阐述或论证过程中十分注重理论的科学性。如关于天地的产生问题,王充说:

> 说《易》者曰:元气未分,浑沌为一。儒书又言:溟涬濛澒,气未分之类也。及其分离,清者为天,浊者为地。如说《易》之家,儒书之言,天地始分,形体尚小,相去近也。近则或枕于不周之山,共工得折之,女娲得补之也。含气之类,无有不长。天地,含气之自然也,从始立以来,年岁甚多,则天地相去,广狭远近,不可复计。儒书之言,殆有所见。然其言触不周山而折天柱,绝地维,消炼五石补苍天,断鳌之足以立四极,犹为虚也。何则? 山虽动,共工之力不能折也。岂天地始分之时,山小而人反大乎? 何以能触而折之? 以五色石补天,尚可谓五石若药石治病之状。至其断鳌之足以立四极,难论言也。从女娲以来久矣,四极之立自若鳌之足乎?(《谈天》)

王充认为:儒者关于天地起源于浑沌之气的看法是合理的,但有关共工、女娲以及不周山的种种传说都是虚言。又关于万物和人的产生,王充说:

> 天之动行也,施气也,体动气乃出,物乃生矣。由人动气也,体动气乃出,子亦生也。夫人之施气也,非欲以生子,气施而子自生矣。天动不欲以生物,而物自生,此则自然也。施气不欲为物,而物自为,此则无为也。谓天自然无为者何? 气也。(《自然》)

这强调了元气自然无为的哲学思想,无疑,这样一种哲学思想是以自然知识作为坚强支撑的。如针对"天为人作农夫桑女"的目的论观点,王充加以常识性解释:"天者普施气万物之中,谷愈饥而丝麻救寒,故人食谷衣丝麻也。"(《自然》)再如王充以水与冰的常识来解释气与人的关系：
"人之生，其犹冰也，水凝而为冰，气积而为人。冰极一冬而释，人竟百岁
而死。"(《道虚》)这些常识在阐述自然无为的元气理论时都很容易被理
解，因此也就起到很好的论证作用。

二、"律气"与"卦气"

不仅如此，汉人对"气"的理解和运用实际上要生动和丰富得多。如
汉人还将气与律和卦结合在一起，也就是卦气说与律气说，这其中卦气
实际是象与气的关系，而律气实际是数与气的关系。换言之，这也就是
"气"观念与"象"、"数"观念的结合。在汉人关于"气"的形形色色的理论
中，这两种理论显得十分典型，并也成为其他类似理论的基础。

律与气的关系或律气说可以追溯至秦汉之际的《吕氏春秋》。如《吕
氏春秋》的《音律》一篇里就用十二律来配十二月，其中说道："黄钟之月，
土事无作，慎无发盖，以固天闭地，阳气且泄。""太蔟之月，阳气始生，草
木繁动，令农发土，无或失时。""姑洗之月，达道通路，沟渎修利，申之此
令，嘉气趣至。""蕤宾之月，阳气在上，安壮养佼，本朝不静，草木早槁。
林钟之月，草木盛满，阴将始刑，无发大事，以将阳气。""应钟之月，阴阳
不通，闭而为冬，修别丧纪，审民所终。"从以上论述中我们可以看到《吕
氏春秋》作者想表达的一种音律与天地阴阳之气的对应关系。如前所
见，这样的观念早已出现于《国语·周语下》中。伶州鸠谈及音乐时说：
"度律均钟，百官轨仪，纪之以三，平之以六，成于十二，天之道也。"这也
可以视作律与气关系思想的最初源头。

到了汉代，《淮南子》、《史记》、《汉书》中关于音律或律历问题的看法
几乎都继承了这样的思想。如《淮南子·天文训》中说："黄钟为宫，宫者
音之君也，故黄钟位子，其数八十一，主十一月，下生林钟。林钟之数五
十四，主六月，上生太蔟。太蔟之数七十二，主正月，下生南吕。南吕之
数四十八，主八月，上生姑洗。姑洗之数六十四，主三月，下生应钟。应
钟之数四十二，主十月，上生蕤宾。蕤宾之数五十七，主五月，上生大吕。

大吕之数七十六,主十二月,下生夷则。夷则之数五十一,主七月,上生夹钟。夹钟之数六十八,主二月,下生无射。无射之数四十五,主九月,上生仲吕。仲吕之数六十,主四月,极不生。"又如《史记·律书》中讲:"应钟者,阳气之应,不用事也。其于十二子为亥。亥者,该也。言阳气藏于下,故该也。""黄钟者,阳气踵黄泉而出也。""夹钟者,言阴阳相夹厕也。""中吕者,言万物尽旅而西行也。其于十二子为巳。巳者,言阳气之已尽也。""蕤宾者,言阴气幼少,故曰蕤。""林钟者,言万物就死气林林然。""夷则,言阴气之贼万物也。""南吕者,言阳气之旅入藏也。""无射者,阴气盛用事,阳气无余也,故曰无射。"我们看到,无论是在《淮南子》中,还是在《史记》中,十二律都与十二月一一对应。

而这样一种关系在《汉书·律历志》中有了更为清晰的表述:

> 律十有二,阳六为律,阴六为吕。律以统气类物,一曰黄钟,二曰太族,三曰姑洗,四曰蕤宾,五曰夷则,六曰亡射。吕以旅阳宣气,一曰林钟,二曰南吕,三曰应钟,四曰大吕,五曰夹钟,六曰仲吕。

在这里,"律以统气"一说对律与气的关系作了更确切的概括,由此,"气"与"数"获得了高度的统一。

汉人又将卦与气结合起来,企图用《易》来模拟自然的变化,从而形成卦气说。以易卦配节气的创始人是西汉时期的孟喜。《新唐书·历志》记载唐代天文学家一行《卦议》的话说:"十二月卦,出于孟氏章句。其说《易》本于气,而后以人事明之。"而孟喜创立卦气说,就在于通过卦爻来说明阴阳变化消息,所谓"卦以地六,候以天五,五六相乘,消息一变,十有二变而岁复初"。孟喜的卦气说主要包括四正卦和十二辟卦。

其中四正卦是以卦象来配四时。《卦议》引孟氏章句的话说:

> 《坎》、《震》、《离》、《兑》,二十四气,次主一爻。其初则二至、二分也。《坎》以阴包阳,故自北正,微阳动于下,升而未达,极于二月,凝涸之气消,《坎》运终焉。春分出于《震》,始据万物之元,为主于内,则群阴化而从之,极于南正,而丰大之变穷,《震》功究焉。《离》

以阳包阴，故自南正，微阴生于地下，积而未章，至于八月，文明之质衰，《离》运终焉。仲秋阴形于《兑》，始循万物之末，为主于内，群阳降而承之，极于北正，而天泽之施穷，《兑》功究焉。故阳七之静始于《坎》，阳九之动始于《震》，阴八之静始于《离》，阴六之动始于《兑》。故四象之变，皆兼六爻，而中节之应备矣。《易》爻当日，十有二中，直全卦之初；十有二节，直全卦之中。

很明显，四正卦是与四时或四季相对应的。

十二辟卦，也被称作消息卦。因终年十二月，故卦气说又设十二个消息卦来与之相配，其对应关系分别是：《复》☷对应于十一月，《临》☷对应于十二月，《泰》☷对应于正月，《大壮》☱对应于二月，《夬》☱对应于三月，《乾》☰对应于四月，《姤》☴对应于五月，《遁》☶对应于六月，《否》☷对应于七月，《观》☶对应于八月，《剥》☶对应于九月，《坤》☷对应于十月。然后开始新一轮的循环。

当然，卦气说在之后的发展远较此驳杂，如《新唐书·历志四上》就记载有《周易》与二十四节气、十二月令结合得更加完整的卦气图，但其根柢大致如此。

有学者这样评价或批判这套学说："卦气（无论正卦、辟卦）、纳甲、爻辰，都是按象数推衍排列成整齐划一的模式，用以套四季、十二月、节气、物候、星辰，虽然它可能为研究天文、历象、物候提供某种启示，具有原始系统方法的萌芽，但它仅仅满足于对以往感性的直观现象，作一些形式上的排列，排斥严密的科学观测和实验精神，它对古代科学的发展，很难作出实际贡献。"①应当说，上述批判有一定的道理，即注意到中国古代的卦气一类知识与近代科学的本质区别。不过，我们仍应看到律气说与卦气说对于知识的重视这一现象，看到这一现象背后所存在的对于重视相关知识的种种努力。并且，对于此类学说的评价恐怕也不是仅用对古代

---

① 唐明邦：《汉代〈周易〉象数学的思维模式剖析》，载唐明邦等编《周易纵横录》，第324页，武汉，湖北人民出版社，1986。

科学"实际贡献"这样比较简单的尺度所能衡量或解决的。此外,值得我们思考的还有:为什么结合了知识的这种理论或学说能够打动人心? 换言之,采用了知识的理论或学说何以能够具备非凡的说服力或影响力?

三、"比类"

比类早在先秦知识与观念活动中就已经有了充分的发展,对这一线索在前面的考察中也已经有了较完整的描述。

在汉代董仲舒的哲学思想中,类与比类的观念或思维是十分明显的,这也为我们所熟悉。确切地说,董仲舒的这样一种观念或思维是通过附会或者说利用各种知识来展开的。例如《春秋繁露》中说:

> 天亦有喜怒之气,哀乐之心,与人相副。以类合之,天人一也。春,喜气也,故生;秋,怒气也,故杀;夏,乐气也,故养;冬,哀气也,故藏。四者天人同有之。(《阴阳义》)

在这里,天人之间的比类实际上附会了关于四时或四季特征的知识。又如:

> 天将阴雨,人之病故为之先动,是阴相应而起也。天将欲阴雨,又使人欲睡卧者,阴气也。有忧亦使人卧者,是阴相求也。有喜者,使人不欲卧者,是阳相索也。水得夜益长数分,东风至而酒湛溢,病者至夜而疾益甚,鸡至几明,皆鸣而相薄。其气益精,故阳益阳而阴益阴。阳阴之气,因可以类相益损也。(《同类相动》)

在这里,天人之间的比类实际上附会了阴阳、天气、节气、生物节律等知识。再如:

> 天地之符,阴阳之副,常设于身。身犹天也,数与之相参,故命与之相连也。天以终岁之数成人之身,故小节三百六十六,副日数也。大节十二分,副月数也。内有五藏,副五行数也。外有四肢,副四时数也。乍视乍瞑,副昼夜也。乍刚乍柔,副冬夏也。乍哀乍乐,

副阴阳也。(《人副天数》)

在这里,天人之间的比类包括阴阳、五行、四时、日月之数、人体结构等知识。

其实这样一种认识并非为董仲舒所独有,而是汉代思维的普遍状况。例如《黄帝内经》中讲:

> 冬病在阴,夏病在阳,春病在阴,秋病在阳,皆视其所在,为施针石也。故背为阳,阳中之阳心也;背为阳,阳中之阴肺也;腹为阴,阴中之阴肾也;腹为阴,阴中之阳肝也;腹为阴,阴中之阴脾也。此皆阴阳、表里、内外、雌雄相输应也,故以应天之阴阳也。(《素问·金匮真言论》)

这里阐述了天人相应的思想,所涉及的知识包括阴阳、季节、五脏等。又如《淮南子》中讲:

> 天地以设,分而为阴阳。阳生于阴,阴生于阳,阴阳相错,四维乃通,或死或生,万物乃成。蚑行喙息,莫贵于人,孔窍肢体,皆通于天。天有九重,人亦有九窍;天有四时以制十二月,人亦有四肢以使十二节;天有十二月以制三百六十日,人亦有十二肢以使三百六十节。(《天文训》)

这里同样阐述了天人同类的思想,其中所涉及的天与人的知识包括九重与九窍、四时与四肢、十二月与十二节、三百六十日与三百六十节。而无论是《黄帝内经》还是《淮南子》,其在天人不同知识间所作的类比与董仲舒的类比又都是极其相似的,也可以说是完全相同的,而这正是汉代思维与思想的一般场景。

建立在这样一些知识上的比类从今天的视角看来显得荒谬或滑稽,但在当时它的确很容易使人信服。从一定意义上讲,此时人们的思维还沉浸在发现知识关联的欣喜之中,由此造成的"走火入魔"也刚刚开始。

四、"同类相应"

与比类相关,秦汉时期的思想界还特别关注同类相应的问题,而这一问题在很大程度上又与气观念密切相关,类的相同实际上也被视作气的相同。

最早完整阐述同类相应思想的是《吕氏春秋》。在《吕氏春秋》的《应同》中有一段论述,其中讲到:

> 类固相召,气同则合,声比则应。鼓宫而宫动,鼓角而角动。平地注水,水流湿;均薪施火,火就燥。山云草莽,水云鱼鳞,旱云烟火,雨云水波,无不皆类其所生以示人。故以龙致雨,以形逐影,师之所处,必生棘楚。祸福之所自来,众人以为命,安知其所。

这里明确提出了同类相应的思想,而其知识证明就是声学中的共振现象。

之后,这一思想被汉代思想家所普遍继承,其中的共振现象也被思想界作为同类相应的经典例证而加以广泛引用。例如《春秋繁露·同类相动》中董仲舒的两则表述:

> 百物去其所与异,而从其所与同。故气同则会,声比则应。其验皦然也。试调琴瑟而错之,鼓其宫则他宫应之,鼓其商而他商应之。五音比而自鸣,非有神,其数然也。

> 故琴瑟报弹其宫,他宫自鸣而应之,此物之以类动者也。其动以声而无形,人不见其动之形,则谓之自鸣也。又相动无形,则谓之自然。其实非自然也,有使之然者矣。物固有实使之,其使之无形。

《淮南子》中也有相同的思想,例如:

> 物类相动,本标相应。故阳燧见日,则燃而为火;方诸见月,则津而为水。虎啸而谷风至,龙举而景云属,麒麟斗而日月食,鲸鱼死而彗星出,蚕珥丝而商弦绝,贲星坠而勃海决。(《天文训》)

夫物类之相应,玄妙深微,知不能论,辩不能解。故东风至而酒湛溢,蚕呴丝而商弦绝,或感之也。画随灰而月运阙,鲸鱼死而彗星出,或动之也。……故山云草莽,水云鱼鳞,旱云烟火,涔云波水,各象其形类,所以感之。(《览冥训》)

于是,除"象"、"数"外,我们又看到"气"与"类"的"亲密"关系。

另外,炼丹术活动中也包括有类似的观念,如《周易参同契》上卷中论证道:"欲作服食仙,宜以同类者。植禾当用粟,复鸡用其子。以类辅自然,物成易陶冶。鱼目岂为珠,蓬蒿不成槚。类同者相从,事乖不成宝。"这里有明确的同类相从、同类相辅的观念,而这正是炼丹术的理论基础。还有,王充虽然批评建立在目的或道德意义上有关人对天的影响或天对人的惩罚的种种看法,但实际上他也并不绝对否认天地之间或事物之间建立在"气"基础上的相互感应,如他说:"风雨之气感虫物也。"(《变动》)其中有一些王充也理解为同类相应,例如:"风从虎,云从龙,同类通气,性相感动。"(《偶会》)由此我们也可以看出同类相应观念在当时的普遍性。

总的来说,同类相应观念可以看作一个知识与观念互动的经典范例,其中如共振现象及其知识也可以看作知识为观念提供材料的经典例证。

五、李约瑟关于古代知识活动中类比思维的看法

李约瑟也曾就中国古代知识活动中的类比思维问题提出过自己的见解。李约瑟指出:类比思维虽是中国的特点,却并非为中国所特有,这一看法对于我们理解古代思维有着重要的意义。

李约瑟说:"那种认为凡属同类的事物都彼此共鸣或激励的观念,虽然为中国思想所特有,但在希腊也不是没有类似的想法。对此,康福德已经在他所谓流行信仰的准则中有所觉察,这种信仰被哲学家们不加考察就根据常识予以接受。以亚里士多德的三种变化为例:空间中的运

动,是以断言同类吸引同类来解释的;生长,是以断言同类滋养同类来解释的;性质的改变,是以断言同类影响同类来解释的。"李约瑟还引用亚里士多德的说法:"德谟克利特认为,药剂与病人一定相同或相似,因为如果不同的事物相互起作用,那就只是偶然地由于有着某种同样的性质的缘故。"但是还有一套相反的准则,即同类的事物互相排斥,如柏拉图所说:"一切事物所愿望的不是同类,而是相反。"李约瑟指出:"这一切都和前苏格拉底派关于自然现象中'爱'和'憎'的观念有明显的关系,而且在社会实践中,在族外婚或族内婚、交感巫术等等中,很容易看到它的起源。"李约瑟进而说道:"这里所要着重指出之点是,当希腊思想脱离这些古老想法而转向预示着文艺复兴的全盘突破那种机械因果关系概念时,中国思想则发展了其有机的方面,把宇宙想象为一种由意志的和谐所充塞的部分和整体的等级制度。"①

李约瑟还特别以"大宇宙与小宇宙"为题集中讨论了这一问题。李约瑟说:"用宇宙模型或有机体的术语来说,如果欧洲与古代和中古时代的中国思想有什么可以类比之处,那便是这种大、小宇宙的学说,虽然它对西方观念的支配从未达到同样的程度。它包含两个类似之点:一个是假定人体与整个宇宙之间有一一对应的关系;另一个则是设想人体与国家社会之间有着相似的对应关系。"②为此,李约瑟列举了大量的例子。如古希腊时期的塞涅卡在他的《自然问题》一书中认为大自然是按照人体模型组成的,水道相当于静脉,气道相当于动脉,地质的物质相当于各种肌肉,地震则相当于痉挛。李约瑟指出,这种普遍的世界观渗透于欧洲古代后期和中世纪,它是随处可见的。如天文学诗人马尼利乌斯把人体各部位指定为黄道带的各个区域,并且这一时期有了直接以小宇宙和大宇宙命名的著作。直至16世纪,宇宙类比的观念仍然生气勃勃。例如弗卢德在论及极性问题时,就提出如下的对立面:热—运动—光亮—

---

① 〔英〕李约瑟:《中国科学技术史》第二卷《科学思想史》,第 309、310 页。
② 同上书,第 319 页。

膨胀—稀薄、冷—惰性—黑暗—收缩—浓厚;或者:日—父亲—心脏—右眼—血液、月—母亲—子宫—左眼—黏液。李约瑟说他好像一个持阴阳论的中国人在讲话。李约瑟还指出,除阴阳两极说之外,在欧洲思想中还可以找到一些其他的类比观念。[①]

当然,李约瑟也指出,中国的宇宙类比与欧洲在哲学上所采取的形式是有所不同的。欧洲诚然也有过大宇宙与小宇宙的学说,但那并非是主流形式。总体而言,欧洲人只能以德谟克利特的机械唯物主义或柏拉图的神学唯灵主义进行思考。然而,这正是中国哲学所不曾采取的途径。[②] 除此之外,还有必要指出,类比思维实际上就是中国古代思维与思想所具有的连续性背景或特征的体现,而这是李约瑟未加注意的,但这种连续性的确是影响包括思维与思想在内的中国文化特质的一个关键因素。

第五节　其他观念与概念

秦汉时期的科学与哲学活动中还有另外一些重要的观念和概念,如常、变、象、数、道、理,这些观念和概念无法简单归属在前面的论述之中,因此有必要在这里做一个专门的考察。需要说明的是,这些观念和概念与知识或科学都有着密切的关系。

一、"常"与"变"

在汉代,"常"、"变"是很能够反映哲学与科学密切关系的一对概念或范畴。

"常"这一观念或概念早在先秦时期已经出现,如荀子说"天行有常"。显然,这一概念最初与天文学知识密切相关。如前所见,中国古代

---

① 参见〔英〕李约瑟《中国科学技术史》第二卷《科学思想史》,第319—321页。
② 同上书,第327页。

的天文观察到了春秋战国和秦汉时期已经达到了很高的水平。这其中包括如对回归年周期的精确掌握,对行星运行和回合周期的精确把握等。此外,还有对交点月长度的测定,对交食周期的测定,这些又都在汉代取得了很高的成就。而这些正是哲学思想中"道"、"常"等概念的知识根源。就此而言,董仲舒讲"天不变,道亦不变"。(《汉书·董仲舒传》)这其实也是有深刻的科学基础的。事实上直到当代,天文学知识仍是某种决定论思想的根源。

当然,人们在现实生产和生活中也注意到许多变化莫测、反复无常的现象,也就是所谓"变"。值得注意的是,受知识背景原因的深刻影响,汉代的人们对于变化问题似乎有着很浓厚的兴趣。科学活动对此有所记录,科学与哲学活动也会从各自不同的视角对此加以解释。这其中所涉及的具体知识领域包括:(1)地理知识:例如关于地震的现象。(2)气象知识:例如有关云气方面的知识。(3)生物知识:例如各种动植物的生长变化。(4)医学知识:比如各种疾病的传变。(5)化学知识:包括各种金属冶炼以及炼丹活动中的现象。这其中,炼丹术中的认识就十分典型。由于炼丹过程是一个化学反应的过程,包括化合与分解,这就必然会涉及大量变化现象或问题。而炼丹术士由于长期与矿物和金属的接触,对其性质、变化包括分解、化合都会积累起一定的知识。例如《周易参同契》中讲:

> 偃月法炉鼎,白虎为熬枢。汞日为流珠,青龙与之俱。举东以合西,魂魄自相拘。

这里就是讲物体由液态向固态转化,最终化合成铅汞齐。事实上,生物、化学这样一些知识领域又是最容易导致变化观产生和发展的,直到今天依然如此。

而变化问题自然也与哲学密切相关。如变化问题往往会涉及对"气"这一问题的观察和思考,《周易参同契》中就讲:"山泽气相蒸兮,兴云而为雨。泥竭遂成尘兮,火灭化为土。"在这里,变化是与气结合在一起的,它实际涉及了物质形态的转化问题。还有,生物和医学知识中对于生命现象的观察和思考,无疑会对哲学思想中的变化观产生深刻的影响,如王充说:"万物变化,无复还者。"(《论衡·道虚》)在这里,变化是与生命相关联的。同样,即便是在我们看来如此荒谬的谶纬之学,变化问题也是其思想中的一个重要问题。例如《易纬·乾凿度》中讲:"易变而为一。一变而为七,七变而为九。九者,气变之究也,乃复变而为一。一者,形变之始。清轻者上为天,浊重者下为地。物有始,有壮,有究,故三画而成乾。乾坤相并俱生。物有阴阳,因而重之,故六画而成卦。三画已下为地,四画已上为天,物感以动,类相应也。"当然,秦汉时期的变化观念还有宗教信仰的源头或因素。此外,就表现而言,某些知识如云气当形成观念时也会以艺术的样式呈现出来,这也是这一时期观念的一个十分有趣的现象。

二、"象"与"数"

"象"与"数"在当时的哲学与科学中也是两个十分重要的观念,这在前面虽有所叙,但这里仍再专门加以考察。

在上一章的考察中已经看到,象数观念早在先秦时期就产生了,到了战国时期实际已经趋于成熟并开始泛滥。而秦汉时期的象数观念和概念已经是这种泛滥的结果了。对此,前面的考察也已经援引了冯友兰的看法,其认为在先秦时期,阴阳五行家和《易传》已经提出了两种世界图式。汉初的科学以及哲学都是以这两种世界图式为根据的,《淮南子》的自然观是根据这个图式,董仲舒则兼用了这两种图式,而《易纬》也是把《易传》的世界图式和阴阳家的世界图式结合起来,以"象"、"数"来说明这些图式。

就思想材料而言,如《礼记》的《月令》说:"(孟春之月)其日甲乙,其帝大皞,其神句芒,其虫鳞,其音角,律中大蔟,其数八。……(孟夏之月)其日丙丁,其帝炎帝,其神祝融,其虫羽,其音徵,律中中吕,其数七。……中央土。其日戊己。其帝黄帝,其神后土。其虫倮,其音宫,律中黄钟之宫,其数五。……(孟秋之月)其日庚辛,其帝少皞,其神蓐收,其虫毛,其音商,律中夷则,其数九。……(孟冬之月)其日壬癸,其帝颛顼,其神玄冥,其虫介,其音羽,律中应钟,其数六。"这里面就包含了十分明显的象数观念,同时,这一观念又与类观念相混杂,如前所指出,这样一种更为复杂的观念其实也是在先秦时期就已经开始具有的。再如董仲舒所说:"天地之符,阴阳之副,常设于身。身犹天也,数与之相参,故命与之相连也。天以终岁之数成人之身,故小节三百六十六,副日数也。大节十二分,副月数也。内有五藏,副五行数也。外有四肢,副四时数也。乍视乍瞑,副昼夜也。乍刚乍柔,副冬夏也。乍哀乍乐,副阴阳也。"(《春秋繁露·人副天数》)这之中不仅有阴阳五行思想,有阴阳五行的比类,同时也包含了象数思想。

重要的是,在汉代,象数观念通常都有具体知识的"有力"支持,换言之,其与知识的结合十分紧密,这其中包括天文学、气象学、历法、数学、律学等,相关的概念有卦气、律气、易数、律数等。如卦气说的提出无疑就大大增强了卦象的知识特征,又如数与易的结合、数与律以及数与天文历法的结合也都大大加强了数概念的地位。例如《淮南子·天文训》中讲:"黄钟为宫,宫者音之君也,故黄钟位子,其数八十一,主十一月,下生林钟。林钟之数五十四,主六月,上生太蔟。太蔟之数七十二,主正月,下生南吕。南吕之数四十八,主八月,上生姑洗。姑洗之数六十四,主三月,下生应钟。应钟之数四十二,主十月,上生蕤宾。蕤宾之数五十七,主五月,上生大吕。大吕之数七十六,主十二月,下生夷则。夷则之数五十一,主七月,上生夹钟。夹钟之数六十八,主二月,下生无射。无射之数四十五,主九月,上生仲吕。仲吕之数六十,主四月,极不生。"又如《汉书·律历志》中讲:"《易》曰:参天两地而倚数。天之数始于一,终于二十有五。其义纪之以三,故置一得三,又二十五分之六,凡二十五置,终天之数,得八十一,以天地五位之合终于十者乘之,为八百一十分,应历一统千五百三十九岁之章数,黄钟之实也。繇此之义,起十二律之周径。地之数始于二,终于三十。其义纪之以两,故置一得二,凡三十置,终地之数,得六十,以地中数六乘之,为三百六十分。当期之日,林钟之实。"在这里,"象"、"数"观念都被高度知识化,其以音律、历法以及天文的面貌出现。这种状况在汉代的知识与思想中是十分普遍的,它无疑是象数观念特别是数观念泛滥的表现,但在当时,它的确给人以某种"真实"乃至"真理"的感觉,而观念的泛滥就正是由于有了这种"真实"乃至"真理"在知识上的"担保"。

三、"道"与"理"

"道"在秦汉时期仍是一个重要的概念,这首先与汉初时期崇尚道家思想的氛围有关。汉初的黄老学派继承了道家的思想,"道"自然是其核心概念,并且是最高的范畴。如帛书《黄帝四经》中讲:"道者,神明之原也。神明者,处于度之内而见于度之外者也。处于度之内者,不言而信;见于度之外者,言而不可易也。"(《经法·名理》)"是故上道高而不可察也,深而不可测也。显明弗能为名,广大弗能为形。独立不偶,万物莫之能令。"(《道原》)《淮南子》也继承了老子关于"道"的思想,如"道始于一,一而不生,故分而为阴阳。阴阳合和而万物生,故曰:一生二,二生三,三生万物。"(《天文训》)汉代还有其他一些思想家也将"道"这一概念作为概括万物的最高范畴。如贾谊说:"德之有也,以道为本,故曰:'道者,德之本也。'……德生于道而有理,守理则合于道,与道理密而弗离也,故能畜物养物。"(《新书·道德说》)扬雄说:"夫玄也者,天道也,地道也,人道也,兼三道而天名之。"(《太玄·玄图》)王充主要是讲"气",但因天道自然无为的立场也必然会涉及"道",如他说:"物自生,子自成,天地父母,何与知哉?及其生也,人道有教训之义;天道无为,听恣其性。"(《论衡·自然》)

在科学思想中,"道"这一概念尤多见于天文学与医学等学科之中。《淮南子》就遵循老子的思想用"道"来解释宇宙的生成与演化,如"道始于虚廓,虚廓生宇宙,宇宙生气。气有涯垠,清阳者薄靡而为天,重浊者凝滞而为地。"(《天文训》)又如"夫道者覆天载地,廓四方,柝八极,高不可际,深不可测,包裹天地,禀授无形;原流泉浡,冲而徐盈;混混滑滑,浊而徐清。故植之而塞于天地,横之而弥于四海,施之无穷而无所朝夕,舒之幎于六合,卷之不盈于一握。"(《原道训》)"道"在这里具有本原的含义。而《黄帝内经》则用"道"来阐述生命与健康理论,如"上古之人,其知道者,法于阴阳,和于术数,食饮有节,起居有常,不妄作劳,故能形与神俱,而尽终其天年,度百岁乃去。"(《素问·上古天真论》)又如"夫四时阴阳者,万物之根本也。所以圣人春夏养阳,秋冬养阴,以从其根,故与万物沉浮于生长之门。逆其根,则伐其本,坏其真矣。故阴阳四时者,万物之终始也,死生之本也。逆之则灾害生,从之则苛疾不起,是谓得道。"(《四气调神大论》)"道"在这里具有法则的含义。

可见,无论是哲学思想,还是科学思想,汉代对"道"概念的使用主要都是受到道家思想的影响,并且主要是集中在前期,也即黄老道家占主导地位的时期。

秦汉时期还有一个概念值得一提,这就是"理"。这里主要从与知识相关的角度予以考察,而这样考察的目的就在于我们由此能够了解以后思想与知识活动中这一概念的早期知识线索。"理"这一概念在先秦时期已经出现,在荀子与韩非的思想中,都使用过这一概念。如《荀子》中讲:"凡以知,人之性也。可以知,物之理也。"(《解蔽》)《韩非子》中讲:"凡理者,方圆、短长、粗靡、坚脆之分也。"(《解老》)这些都是从事物性质、规律的意义来解释"理"这一概念,具有知识论的特征。汉代一些知识与思想活动的"理"观念与概念在很大程度上就是继承了这一传统。《淮南子》中就多次使用到"理"这一概念,例如:"禹决江疏河以为天下兴利,而不能使水西流,稷辟土垦草以为百姓力农,然不能使禾冬生。岂其人事不至哉?其势不可也。夫推而不可为之势,而不修道理之数,虽神圣人不能以成其功,而况当世之主乎!夫载重而马羸,虽造父不能以致远。车轻马良,虽中工可使追速。是故圣人举事也,岂能拂道理之数,诡自然之性,以曲为直,以屈为伸哉?"(《主术训》)在这里,"理"明显有着自然规律的含义,并且从这段论述中也可以看出,《淮南子》明显在一定程度上继承了荀子的思想。

有些学科对于"理"有特殊的使用,如地理学中的"地理",医学中的"腠理",其都有机理、规律的含义。以"地理"为例,据研究,这一语词最早见于《管子·形势解》:"上逆天道,下绝地理。"以后又见于《易传·系辞上》:"仰以观于天文,俯以察于地理。"汉代沿用了这一概念。如《淮南子·泰族训》中说:"俯视地理,以制度量。"尤其是《汉书·地理志》,更直接以"地理"一词来命名。我们应当看到,以上这些论述与文献中的"地理"概念并非纯粹只是一个地理学概念,其中实际包含着哲学的基本观念。此外,《周易参同契》中使用"理"也较多,例如:"赏罚应春秋,昏明顺寒暑。爻辞有仁义,随时发喜怒。如是应四时,五行得其理。""黄中渐通理,润泽达肌肤。初正则终修,干立未可持,一者以掩蔽,世人莫知之。""道穷则反,归乎坤元,恒顺地理,承天布宣。"这不仅反映了炼丹术对于"理"这一语词概念的特殊认识,也在一定程度上显示了这一概念的发展趋势,即向更广泛的知识领域的延伸,而到了一定的时候,这种延伸或发展就会引起质变。不过总体而言,"理"的知识论意义在汉代仍处于发展的早期阶段。

第六节 天文学的发展及各种宇宙理论

现在,我们可以将视角转向科学思想或理论。首先来看天文学。秦汉时期,天文学获得了很大的发展,历法系统得到完善,观测数据得到提高。而汉代丰富的天文学思想是与此相适应的。两汉天文学思想最重要的内容是有关宇宙的理论,这包括宇宙起源和宇宙结构。从前一章的考察中我们已经知道,这样一些问题早在春秋战国时期就有所讨论,最早确切思考这一问题的是老子,两汉对这些问题的讨论在很大程度上就是先秦时期相关讨论的延续。事实上,宇宙问题正是老子及道家哲学对科学的反哺。两汉时期最早讨论宇宙问题的是《淮南子》,之后关于宇宙问题的讨论主要形成了盖天、浑天以及宣夜这样三种学说或三派。与此同时,易学家们也参与了这一讨论。这一讨论中最为重要且最具影响的人物是张衡。张衡是西汉以来浑天说宇宙理论的集大成者,其代表作为《浑天仪》(又作《浑天仪注》或《浑天仪图注》)①和《灵宪》两部著作。张衡的科学思想以及相关的哲学思考也主要保存在这里。

一、天文学的发展

中国古代的天文学在秦汉时期获得了很大的发展,并达到了一个很高的水平。秦汉时期尤其是汉代天文学的成就包括:历法系统的进一步完善,天文观测与计算精度的进一步提高,相当数量的天文理论著作的面世,特别是有关宇宙的理论探讨的深入,还有一批天文仪器的创制。

对行星运行周期的准确测定是天文观测与计算精度提高的明显例证,它也是秦汉时期天文学高度发展的重要成果。如长沙马王堆出土的帛书《五星占》,给出了从秦始皇元年(前 246)到汉文帝三年(前 177)七十年间金星、木星、土星的准确位置,并推得它们的会合周期与恒星周期。经研究,其中木星的恒星周期为 12 年(应为 11.86 年),土星的恒星周期为 30 年(应为 29.46 年)。又木星的会合周期为 395.44 日,比今测值小 3.44 日;土星的会合周期为 377 日,比今测值只小 1.09 日;而金星的会合周期为 584.4 日,比今测值仅小 0.48 日。不难看出,这些数值的精度与现代数值的精度已十分接近。

历法是这一时期天文学成就中最为重要的部分。秦使用的是《颛顼历》,汉代初年仍沿用此历,直至武帝时制定新的历法。两汉期间先后出现过四部历法,分别是《太初历》、《三统历》、《四分历》和《乾象历》,总的来说,这是一个不断进步、不断精确的过程。这其中尤以《太初历》和《乾象历》最为重要。《太初历》是我国历史上第一部体系较完整的历法。该历已经具备后世历法最主要或最基本的内容,包括气朔、闰法、五星、交食周期等内容。它首次将二十四节气引入历法,明确提出以没有中气

----

① 关于《浑天仪》的作者问题,学术界也存在着不同的看法。

（雨水、春分、谷雨等十二节气）的月份为闰月的原则，把季节和月份的关系调整得十分合理，而这一亢法在农历中一直沿用至今。此外，《太初历》还第一次明确提出了135个朔望月中有23个食季的食周概念，对于五星会合周期的测算精度比起以往有明显提高。汉代另一部重要历法是《乾象历》。东汉早期，天文学家李梵、苏统等发现月亮视运动的不均匀性，也就是月有迟速。至东汉晚期，刘洪在《乾象历》中首次将这一成果纳入历法，运用于交食推算。刘洪明确给出一近点月长度的数值为27.5533590日，与今推偣27.5545689日相差仅约百秒。这也是《乾象历》最主要的成就。除此之外，刘洪还发现了白道与黄道之间存在着一个六度左右的夹角，这与现测值也很接近；又首次发现了黄白交点的退行现象，提出了食限的概念。汉代的天文观测仪器也有很大的进步，特别是到了张衡时达到了一个高峰。同时，这一时期对于天象的观测与记录日趋详备和精细。

二、《淮南子》的宇宙起源与演化理论

天文学的发展也导致了相关宇宙理论的发展。汉代的宇宙理论首先反映在《淮南子》这部著作之中。总的来说，《淮南子》的宇宙起源与演化理论是接着先秦时期老子、庄子等人的相关思想往下说的。同时，也明显地与《黄帝四经》中《道原》的思想相对接。但与前人相比，研究科学思想史的学者倾向于认为其更加"具体"或更加"完整"。《淮南子》有关宇宙起源和演化的理论主要集中在《俶真训》和《天文训》两卷里。

自先秦有宇宙论观念和思想以来，《淮南子》的《天文训》中第一次对宇宙生成和演化有了较为细致和完整的描述。

> 天地未形，冯冯翼翼，洞洞灟灟，故曰太昭。道始于虚廓，虚廓生宇宙，宇宙生气。气有涯垠，清阳者薄靡而为天，重浊者凝滞而为地。

在这里，《天文训》将宇宙最初的生成，从无到有细分为"太昭"、"虚廓"、

"宇宙"等几个不同的阶段。这其中,"天地未形,冯冯翼翼,洞洞灟灟,故曰太昭"是说宇宙天地未形成之时的混沌状态,这显然受到老子"道"和"无"的宇宙论思想的影响。之后,《天文训》又对宇宙生成之后的演化发展作了描述:"清妙之合专易,重浊之凝竭难,故天先成而地后定。"这是接着"气有涯垠,清阳者薄靡而为天,重浊者凝滞而为地"思想的进一步展开。"天地之袭精为阴阳,阴阳之专精为四时,四时之散精为万物。""毛羽者,飞行之类也,故属于阳;介鳞者,蛰伏之类也,故属于阴。日者,阳之主也,是故春夏则群兽除,日至而麋鹿解。月者,阴之宗也,是以月虚而鱼脑减,月死而蠃蛖膲。"这里涉及了种种有关物理、生物现象生成与演化的猜测。在这些论述中,我们都可以看到老子"天下万物生于有,有生于无"、"道生一,一生二,二生三,三生万物,万物负阴而抱阳"思想的影子。并且,《淮南子》的上述宇宙论明显也继承了老子的自然天道观思想,在其中看不到任何神的位置,这实际是延续了优秀的无神论传统,而这种延续对于后来者的思想极其重要。

《俶真训》则是从"无始"与"有始"的关系来论说宇宙起源问题。"有始者,有未始有有始者,有未始有夫未始有有始者;有有者,有无者,有未始有有无者,有未始有夫未始有有无者。"这段话其实是对《庄子·齐物论》中原话的复述。但重要的是,《俶真训》结合庄子的思想对有关宇宙起源的问题作了展开。按照《俶真训》,"所谓有始者",是指"繁愤未发,萌兆牙蘖,未有形埒垠堮,无无蠕蠕,将欲生兴而未成物类"。所谓"有未始有有始者",是指"天气始下,地气始上,阴阳错合,相与优游竞畅于宇宙之间,被德含和,缤纷茏苁,欲与物接而未成兆朕"。而所谓"有未始有夫未始有有始者",则是指"天含和而未降,地怀气而未扬,虚无寂寞,萧条霄霓,无有仿佛,气遂而大通冥冥者也"。同样,所谓"有有者",是指"言万物掺落,根茎枝叶,青葱苓茏,崔蔼炫煌,蠉飞蠕动,蚑行哙息,可切循把握而有数量"。所谓"有无者",是指"视之不见其形,听之不闻其声,扪之不可得也,望之不可极也,储与扈冶,浩浩瀚瀚,不可隐仪揆度而通光耀者"。所谓"有未始有有无者",是指"包裹天地,陶冶万物,大通混冥,深闳广大,不可为外,析毫剖芒,不可为内,无环堵之宇而生有无之根"。所谓"有未始有夫未始有有无者",则是指"天地未剖,阴阳未判,四时未分,万物未生,汪然平静,寂然清澄,莫见其形"。

如此,由老子及庄子所开创的具有"哲学"面貌的宇宙理论已经明显发展成更为"科学"的宇宙理论。

三、《易纬》等纬书中的宇宙生成理论

《淮南子》之后,两汉哲学中的宇宙论思想主要以纬书为代表,其中的宇宙生成理论主要是继承了《易传》的思想与理论,属于相对独立的一脉。在很大程度上,这也是儒家思想文化统治所产生的果实。

《易纬·乾凿度》说:

> 夫有形生于无形,乾坤安从生?故曰:有太易,有太初,有太始,有太素也。太易者,未见气也;太初者,气之始也;太始者,形之始也;太素者,质之始也。气形质具而未离,故曰浑沦。浑沦者,言万物相浑成而未相离,视之不见,听之不闻,循之不得,故曰易也。

《乾凿度》这段话既有《易传》的思想,也有老子的思想,当然又明显与《淮南子》的宇宙论有类似之处,即用气来说明宇宙的演化过程。

但毫无疑问,作为诠释,《易纬》必然会有更多的《易传》"血统"。如《孝经纬·钩命诀》中说:"天地未分之前,有太易,有太初,有太始,有太素,有太极,是为五运。形象未分谓之太易,元气始萌谓之太初,气形之端谓之太始,形变有质谓之太素,质形已具谓之太极,五气渐变谓之五运。"又如《河图·括地象》中说:"易有太极,是生两仪。两仪未分,其气混沌。清浊既分,伏者为天,偃者为地。"再如《洛书·灵准听》中说:"太极具理气之原。两仪交媾而生四象,阴阳位别而定天地,其气清者乃上浮为天,其质浊者乃下凝为地。"以上《易纬》及纬书上的话都是为了说明宇宙从无到有,从一到二,从气到物的演化过程。但其中的《易传》传统十分明显。同时还应注意,若与《淮南子》相比,这一脉的宇宙理论有更

多的玄想和臆测性质,而这在很大程度上也是与作为源头的《易传》密切相关的,即总体上说,这一宇宙理论更加偏向"哲学"。

通过纬书也可以看到,宇宙论观念其实在汉代十分普遍,作为思想资源它也是庞杂的,其中可能有老子、《易传》的源头,也可能包含了《淮南子》、纬书的认识和思想。例如《白虎通·天地》中说:"始起先有太初,然后有太始。形兆既成,名曰太素。混沌相连,视之不见,听之不闻,然后判清浊。"又如王符的《潜夫论·本训》中说:"上古之世,太素之时,元气窈冥,未有形兆。万精合并,混而为一,莫制莫御。若斯久之,翻然自化,清浊分别,变成阴阳。"这些例子表明,宇宙起源与演化模式已经成为汉代思想界的基本常识,从这里也可以看出思想界对原本属于知识领域的宇宙问题普遍有着浓厚的兴趣。

另外值得我们注意的是,《易纬》及纬书上的这些思想对以后宋明理学产生了重要的影响。冯友兰认为,郑玄注说:"太易,无也。太极,有也。太易从无入有。"后来周敦颐的《太极图说》开头就说:"由无极至太极"就是"从无入有"的意思。朱熹把"由无极至太极"改为"无极而太极",又说:太极"无形而有理"。他把无极作为太极的形容词而不把它作为太易那个阶段,但是从无入有那个意思还没有多大改变。大概纬书的这种宇宙发生论是经过道教而传至周敦颐的。冯友兰又说,从上面这些话可以看出:"后来道学所有的范畴及术语,有一些是在汉朝就有的。'理、气'这一对范畴,纬书中已经明确地提出。"[①]

四、论天三家

汉代更多地从知识而非哲学角度来探讨宇宙问题的是论天三家。所谓论天三家就是指对于天的三种看法或学说,分别是盖天说、浑天说以及宣夜说,这也可以看作是有关宇宙理论的三个学派。一般认为三家学说的思想渊源均可以追溯到春秋战国或更早的时期,但也有学者倾向

---

① 冯友兰:《中国哲学史新编》第三册,第 191 页。

于认为盖天说形成最早，可能起源于周代，而浑天说与宣夜说分别产生或出现于西汉初期和东汉初期。与《淮南子》特别是《易纬》的宇宙演化理论有所不同，论天三家所关心和争论的主要是宇宙的结构问题，这是因为关于宇宙结构问题的讨论不像宇宙起源问题那样玄思，它可以得到相应观察和测算的支持。而这也就注定了围绕这一问题的讨论即论天三家的学说具有更多的科学性质而非哲学特征。但由于宇宙结构问题毕竟属于重大问题，它有着"哲学"的"胎记"，也有着"哲学"的"品味"，因此三家的争论同样吸引了许多哲学家和思想家参与其中。

三家中尤以盖天、浑天二说及其之间的争论影响最大。

盖天说最初可能源于古人对天地相对关系的直观观察，但从产生后实际上不断经历变化，其主张大致可以概括为"天如车盖"、"天如斗笠"或"天圆地方"这样一些说法。先秦时期，《吕氏春秋》的《圜道》和《有始览》中都有盖天说的思想。在汉代，盖天说以《周髀算经》为代表，东汉蔡邕也将盖天说称作"周髀说"。盖天说发展到《周髀算经》这里已经形成比较完整的体系。在《周髀算经》中，有关盖天说理论最重要的内容就是勾股测量法以及七衡六间说，《周髀算经》也因此建立起一套完整的天文数据。尽管这些数据都有错误，但有的方法却是合理的，如立八尺表测量日影确定节气日期的方法就是正确的，后世不少历法也正是以此为基础推算二至的准确时刻，而这些正是盖天说得以生存的原因。又由于此类原因，盖天说也得到一些思想家的支持，如东汉王充就力主盖天说。当然，盖天说无论就理论而言，还是就数据来说，都有许多粗疏和不够精密之处，这也正是浑天说的立足和发展之处。

浑天说认为天体好像鸡蛋，地居天之内犹如蛋黄。换言之，在浑天说看来，大地是球形的，天包裹着地，也因此有一部分一定在地底下。与此相关，日月众星则环绕地球作圆周运动。其实，在战国时代惠施"天与地卑"、"我知天下之中央，燕之北越之南是也"的命题中，我们已经可以看到这种学说的萌芽或雏形。显然，这一学说比起盖天说来说要更加进步。浑天说主要是在西汉时期得到了很大的发展，当时，经落下闳、鲜于妄人、耿寿昌等天文学家的努力，这一学说为越来越多的人所接受。与此同时，这一学说也得到了思想家的支持，如桓谭、扬雄二人就都是浑天说宇宙理论的主张者，特别是扬雄，其在与盖天说理论的交锋中专门提出了"难盖天八事"，对浑天说胜过盖天说有重要贡献。浑天说理论最具代表性的人物是张衡。张衡认为"天如鸡子，地如鸡中黄，孤居于天内，天大而地小"。关于张衡的思想与理论，后面将作专门考察。但浑天说也有值得疑问之处，这也为盖天说提供了生存空间。

而以上这两种学说的要点也可以概括为：盖天说不主张天半绕地下，浑天说则主张天半绕地下。其实无论是盖天说，还是浑天说，其在争论中都是有所发展的。

宣夜说的基本看法是：所谓天只是气和日月众星，其并没有具体形质。宣夜说的这一看法由东汉前期的郗萌作了系统的总结和明确的表述，其见载于《晋书·天文志上》。郗萌说："天了无质"，但"高远无极"。天看上去"苍苍然也。譬之旁望远道之黄山而皆青，俯察千仞之深谷而窈黑"，但"夫青非真色，而黑非有体也"。郗萌进一步指出："日月众星，自然浮生虚空之中，其行其止皆须气焉。"应当说，宣夜说的这样一种观点更加接近于事实，并且其中包含了宇宙无限的思想，在当时最为先进。不过，由于这样一种看法还有较多的思辨性，在当时缺乏可观测性，因此其影响远不如盖天和浑天二家。同时，宣夜说对当时人们所关注的某些重要天象也无法做出恰当解释，例如既然众星悬浮，为什么都由东向西移？又为什么不会坠落？事实上，在当时的科学条件下，尽管宣夜说的见解高明而前瞻，但对某些现象还无法加以实证，这也就最终导致学说虽更加正确却无法为人普遍接受。同时，它也印证了这样一个事实，正确的未必就是能够存在的，能够存在的一定有诸多条件的支持，思想与理论也不例外。

无论如何，由于论天三家的学说直接关系到宇宙的起源和结构问题，因此这是几乎所有关心宇宙问题的科学家、哲学家或思想家都必须涉及的，也就是说它对于科学与哲学来说都具有根本或基础的意义。所以当时众多的科学家、思想家或哲学家都参与了讨论和争论,例如王充主张盖天说,而桓谭、扬雄、张衡等则主张浑天说。通过论辩,参与的各种理论都力图证明自己的解释更接近于经验事实。显然,这里不单纯是科学问题,而也涉及哲学的基本问题,或涉及哲学基本问题的论据。同时科学又引领着这一讨论,因为观测在其中占有主导地位,就此而言,宇宙理论又是验明"科学"正身之所。进而,可以看到,从老子在天文学与天道观的基础上始提出宇宙理论问题,到论天三家理论的完整呈现,历时七八百年,其间哲学与科学交替引领着这一问题的深入和展开,这向我们展示了一个科学与哲学互动的经典范例。并且,总的来说,中国古代的宇宙理论很少有神创论的影子,这是与哲学无神论和较纯粹的科学关心或知识取向密不可分的,这同样也为我们提供了一个哲学与科学相互交流、相互影响的经典范例。

五、张衡浑天说的宇宙理论

在这之中,张衡的活动和思想尤为突出。张衡(78—139),字平子,河南南阳人。张衡是汉代乃至整个中国古代非常重要的科学家,也是世界上最伟大的天文学家之一,同时他的天文学思想中也有比较丰富的哲学内容。

《浑天仪》是张衡关于浑天说的代表作,主要说明了宇宙的结构以及天体的运动。在《浑天仪》中,张衡提出了人们所熟知的著名论述:

> 天如鸡子,地如鸡中黄,孤居于天内,天大而地小。天表里有水,天地各乘气而立,载水而行。周天三百六十五度四分度之一,又中分之,则半覆地上,半绕地下,故二十八宿半见半隐,天转如车毂之运也。(《晋书·天文志上》所载葛洪引《浑天仪注》)

概括张衡的浑天说,其主要观点包括:(1) 天为圆球形,地亦为圆球形;(2) 天大地小,地被裹于天之中;(3) 天表里有水,天地均载水而行;(4) 天半覆地上,半绕地下;(5) 天转如车毂之运,周旋无端。以上就是张衡关于宇宙结构和天体运动的浑天说的基本理论。值得我们注意的是,张衡的上述理论经过了相应的测算,得出相应数据,这就赋予理论以实证的性质。如根据其测算,周天三百六十五度四分度之一,则一百八十二度八分之五覆地上,一百八十二度八分之五绕地下,故昼夜同。相关的测算还包括北极和南极的位置、赤道与南北极的距离、黄道与赤道和地平的夹角等,这些数据都是用来论证浑天说理论的。[①] 总的来说,张衡的浑天说是一种以地球为中心的宇宙理论,在当时最接近于说明天体的实际结构,因此具有明显的合理性,并进而对后世天文学理论产生深远影响。当然,这一假说也存在着明显的缺陷,即"天表里有水",不过,历史上种种理论假说往往都会有这样或那样的缺陷。

《灵宪》同样是张衡浑天说的重要代表作,主要说明了宇宙的生成和演化。张衡认为宇宙的生成或演化有三个阶段,即"太素之前"、"太素"和"元气剖判"。具体来说第一个阶段是:

> 太素之前,幽清玄静,寂漠冥默,不可为象,厥中惟虚,厥外惟无,如是者永久焉,斯为溟涬,盖乃道之根也。

张衡认为太素之前宇宙是幽清玄静、寂漠冥默的,也即是虚无的,这种虚无的状况经历了一个非常久远的时期,而它正是道之本根。在第二个阶段,表现为:

> 太素始萌,萌而未兆,并气同色,浑沌不分。故道志之言云:有物浑成,先天地生。其气体固未可得而形,其迟速固未可得而纪也。如是者又永久焉。斯为庬鸿,盖乃道之干也。

张衡认为,由无而产生有,这个最初的"有"就是太素。太素由元气构成,其状态是浑沌未分,它位于天地之先。这种浑沌的状态也经历了一个非常久远的时期。至第三个阶段,则:

---

① 参见袁运开、周瀚光主编《中国科学思想史(中)》,第 84 页。

> 元气剖判,刚柔始分,清浊异位。天成于外,地定于内。天体于阳,故圆以动;地体于阴,故平以静。动以行施,静以合化,埂郁构精,时育庶类。

张衡说宇宙生成或演化的第三个阶段就是元气剖分,刚柔、清浊、动静、天地、内外、阴阳都由此产生,其中清阳之气上升散为天,浊阴之气下降凝为地。最后,万物并萌,庶类群分。以上即是《灵宪》一文的最主要内容,它是张衡有关宇宙的看法由结构问题向演化问题的延伸,并构成其浑天说的一个重要组成部分。并且在这里可以看到道家哲学思想的深刻影响。

在宇宙生成的时间上和宇宙结构的空间上,张衡还表达了十分明确的无限观念或思想。张衡讲:"宇之表无极,宙之端无穷"(《灵宪》)。这里的"无极"和"无穷"都具有无限的含义。宇宙概念最初是由《墨经》提出的,先秦思想家对无限问题也有所接触,但张衡根据其天文学的研究明确提出了宇宙无限的思想。而上述思想又与其经验知识观紧密结合。张衡讲:"过此而往者,未之或知也"(《灵宪》)。关于天地起源的时间问题庄子就有过思考,而张衡的思考具有更为明显的知识和经验特征,即可观察的就是可确定的,而观察不到的则是未可确定的。

由此也进一步涉及张衡的科学方法。张衡从事科学研究的主要方法是"效象度形",即凡事物皆"有象可效,有形可度"(《灵宪》)。张衡所说"效象"是指对自然现象的观察、模拟并以客观自然加以验证;所说"度形"则是指用数学方法去度量天地间的一切事物。[①] 例如张衡所制作的浑天仪、地动仪就是"效象"科学方法的产物,而在"度形"方法的指导下,张衡对日、月的角直径、赤道圈和黄道圈的夹角以及洛阳地区的北极仰角等问题都作了精确的测算。

此外,张衡在天文学研究中还有其他一些思想,其中十分重要的一个方面就是关于行星运行规律的认识。张衡在《灵宪》中指出:"文曜丽

---

① 参见周瀚光《中国古代科学方法研究》,第43页,上海,华东师范大学出版社,1992。

乎天,其动者七,日月五星是也。周旋右回,天道者,贵顺也。近天则迟,远天则速。行则屈,屈则留回,留回则逆,逆则迟,迫于天也。"这其中尤其是关于行星顺逆运行问题,在《史记·天官书》中已经提到,至东汉初年天文学家李梵、苏统等人又发现了月行迟速的现象。张衡的贡献在于将行星视运动的迟速顺逆现象归纳为一条普遍规律。对于天体运行规律也即"天道"的认识为我们提供了一个生动的范例。它表明,对于自然规律的认识是不断深入的,这同样也是由抽象而具体的认知规律的生动体现。

六、张衡宇宙理论中的哲学问题

张衡上述以浑天说宇宙理论为主的科学思想和方法与哲学也有着密切的联系。那么张衡浑天说宇宙理论与哲学的关系主要体现在哪里呢? 我们大致可以考虑这样几个主要方面:(1)与先秦以来道家哲学思想中相关理论的关系。由前面考察知道,关于宇宙的起源问题,先秦道家哲学的代表性人物老子、庄子都有所接触,汉代初年《淮南子》也有过讨论。而考察张衡的理论,其中许多基本思想都与老子、庄子以及《淮南子》的看法相同,包括"虚无"、"浑沌"等概念,特别是其有关宇宙演化分为"太素之前"、"太素"、"元气剖判"三个阶段的思想明显受到道家哲学"有生于无"思想的深刻影响。总之,在张衡的这些论述中可以看到老子、庄子、《淮南子》等道家人物与学派所关注问题及其思想的延续。(2)关于宇宙无限的思想。这一问题在先秦哲学家以及《淮南子》中也已经有朦胧的意识。张衡在前人的基础上作了更为明确的归纳和表达。并且应当看到,张衡所说的无限不仅是指空间上的,也是指时间上的,这就使得无限概念具有完整性。同时,由于这样一种归纳和表达有坚实的知识背景,因此其也就赋予这一哲学命题以更多的科学性。(3)在宇宙结构和宇宙演化理论中,张衡还使用了大量与哲学思想密切相关的概念,这包括气概念以及有无、内外、阴阳、动静等对立概念。这些概念在很大程度上也是先秦及道家学派的思想所提供的。(4)在有关宇宙结构和运行问题的研究中,由于张衡对天体运行规律有深刻的理解,这有助于为哲学对于一般规律的认识提供更为可靠的科学依据,这属于科学对哲学的意义。(5)张衡的"效象度形"科学方法与后来宋元时期哲学"格物致知"的思想也存在着认识论意义的内在联系,并且它将会与其他相关方法一道作为一种资源促进以后"格物致知"思想的运用和展开。(6)除此之外,张衡对于包括浑天仪、地动仪等观测仪器的制作,也可能成为后世尤其是明清之际哲学强调实证传统的一个早期的重要经验渊源。

第七节　数学的发展与数的观念

汉代在数学方面也是成就斐然,其突出地体现为我国古代的数学体系在这一时期已经完全形成,或者说,数学作为一门学科,知识已经完全形成。而能够充分体现这一成就的就是这一时期两部最为重要的数学代表性著作,它们分别是《周髀算经》和《九章算术》,这两部著作分别就天文学中的数学问题与日常生活生产中的实用数学问题做了深入探讨和解答。同时,数的观念在汉代也获得空前的发展,这包括律数、易数以及与此相关的历数观念,这些观念在汉代都倍受重视。而由于律数、易数观念本身具有某种神秘的性质甚至巫术的色彩或遗存,这又进一步导致数字神秘主义的泛滥,这也可以说是汉代在数的知识或观念方面的一个重要特点和内容。值得我们注意的是,这其中,由于汉代对天文历法的高度重视,历数及其观念很可能在沟通各种"数"知识与观念中起着某种类似桥梁的性质或作用。

一、《周髀算经》的数学观与数学思想

如前所述,《周髀算经》原本是盖天说的理论著作。但是由于要说明天体结构,就必须提供相应的数据,而这些数据的获得最终是建立在一定的数学基础即勾股术上的,这样,《周髀算经》也就同时又是一部数学著作。

《周髀算经》关于数学的认识成果首先体现在其科学的数学观上。《周髀算经》中记载有一段托名周公向商高请教数学起源问题的完整问答。周公问于商高曰："窃闻乎大夫善数也，请问古者包牺立周天历度，夫天不可阶而升，地不可得尺寸而度，请问数安从出？"商高对曰：

> 数之法出于圆方，圆出于方，方出于矩，矩出于九九八十一。故折矩，以为句广三，股修四，径隅五。既方其外，半之一矩，环而共盘，得成三、四、五。两矩共长二十有五，是谓积矩。故禹之所以治天下者，此数之所生也。

商高的回答言简意赅，他将数学知识简单概括为"数之法出于圆方，圆出于方，方出于矩，矩出于九九八十一"。也就是说，数学就是几何加算术。我们可以看到，《周髀算经》对于数学知识起源的看法没有一点神秘主义的色彩，也没有因要将其归功于某个历史传说中的圣人或神人而忽略作为知识产生的自然历史属性。《周髀算经》所阐述和强调的实际上是一种实践出知识、实践出数学的观点，包括禹对勾股术的应用其实也是与实践密切相关的。这比起《易传》中对数的看法无疑要高明得多，也显然是一个巨大的进步。由此我们在这里也多少可以看到中国古代科学与哲学之间对于同样问题认识时所存在的一定差异，真正或纯粹科学的看法通常更加客观、真实，而哲学却有可能具有玄想或臆测的性质。

《周髀算经》中最突出的具体数学方法或理论无疑是勾股术。"故折矩，以为句广三，股修四，径隅五"就是讲这种勾股术，也即在一个直角三角形中一定存在勾（短直角边）三、股（长直角边）四、弦（斜边）五的比例关系，换言之，在直角三角形中，3：4：5的比例关系是恒定的，如此，人们在知道直角三角形中两条边长的情况下，就能轻而易举地推算出第三条边的边长。具体地，《周髀算经》又谈到"用矩之道"，其共包含有六种方法，分别是平矩、偃矩、覆矩、卧矩、环矩、合矩。虽然说，《周髀算经》将这种方法用于天体所得出的数据并不正确，但它并非是主观臆测的数据，而是实际测量的数据。主观臆测数字的错误与实际测量数据的误差在性质上是完全不同的：前者是向壁虚造的，是荒谬的；而后者则是客观的，是可以修正的。就对勾股方法乃至原理的掌握本身来说，《周髀算经》无疑是科学的，并且将这一方法或原理运用于天文观测，也无疑是典型的科学活动。它所获得的数据的误差只是因为观测工作已大大超出了当时实际掌握知识的范围，也即超出了当时的认识条件。但这些都不妨碍《周髀算经》在理论和方法上的深刻性。除此之外，《周髀算经》的理论成果还包括有"重差术"的发明，有学者将其视作世界范围的测量学的开端，以及关于分数运算和圆周率计算的思想的提出等。① 当然，这样的方法并非只具有科学意义，它将在以后宋元时期自然哲学的研究中产生影响。当然，这是后话。

二、《九章算术》的数学思想及哲学意义

与《周髀算经》不同，《九章算术》是一部真正或单一意义的数学著作，其共有九章即九个专题，分别是方田、粟米、衰分、少广、商功、均输、盈不足、方程、勾股。《九章算术》也是经过长时间的修改、补充，才逐渐发展完备起来的。

《九章算术》的首先一个成就是有关分数运算概念、定义和法则的制定，这包括约分、合分、减分、乘分、经分、课分、平分等。例如约分，这用现代数学术语解释就是分子与分母相约或化简。《方田》中说："术曰：可半者半之，不可半者，副置分母子之数，以少减多，更相减损，求其等也，以等数约之。"这是说约分的最基本法则就是能简则简。当遇到分子分母均为偶数时，最先考虑的步骤就是"可半者半之"，而"不可半者"则"以少减多，更相减损，求其等也，以等数约之"，这也就是公因子。如此，《九章算术》最早系统地提出了一整套分数运算中的概念、定义以及基本法则。这比起之前《管子》、《淮南子》、《史记》等谈到乐律时所用的分数算法以及《周髀算经》中的分数运算思想都要完整系统得多。而就世界范

① 参见袁运开、周瀚光主编：《中国科学思想史（中）》（第110—116页）有关内容。

围的数学史而言,这些法则比欧洲在 15 世纪后才逐步形成的现代分数算法要早一千四百年左右。除此之外,《九章算术》中的数学思想还包括:"今有术",即比例思想与计算方法的发明;多位数开平方和开立方法则的建立;"盈不足术",即盈亏问题解决方法的提出,学者们普遍认为这是中国古代数学的一大发明;联立一次方程解法的运用;"正负术"的运用,即负数概念及其运算方式的提出,等等。① 即使从今天来看,《九章算术》的上述内容也包括了现代小学算术的大部分内容和中学数学的一部分内容,即包括了初等数学中算术、代数以及几何的部分内容。

而《九章算术》以上数学思想与方法也有一定的哲学意义。

这首先体现在问题意识上。《九章算术》一书凡二百四十六个问题,涉及田亩计算,农业生产,农作物产量的计算,粟米和布匹的交换,纺织、制瓦、酿酒等手工业生产,徭役、赋税及其平均负担,工程量的计算,还有劳动的分配,运输以及利息、关税,等等,几乎囊括了生产和生活的各个方面,为人们解决这些方面的数学问题提供了方法,列出了示范例题。可以说,提出问题和解决问题,这是贯穿《九章算术》的一条基本线索,也是《九章算术》作者的根本目的。李约瑟就曾指出:"几何学是希腊数学的特征,而代数学则是中国数学的特征;这可能只是一种偶合吗? 自汉代以来,中国数学家的全部努力可以概括为一句话:怎样使一个特殊问题适合于某种模式或模型问题,并由此而加以解决。"②吴文俊也指出:中国数学传统是"从问题而不是从公理出发",这样一种传统是"以解决问题而不是以推理论证为主旨"③。值得注意的是,中国古代哲学尤其是儒家哲学乃以经世致用著称,因此在这之间应当是存在共同的价值和文化取向的。

其次是逻辑方法。吴文俊指出:"我国的古代数学基本上遵循了一条从生产实践中提炼出数学问题,经过分析综合,形成概念与方法,并上

---

① 上述归纳参见袁运开、周瀚光主编《中国科学思想史(中)》(第 117—126 页)有关内容。
② 〔英〕李约瑟:《中国科学技术史》第二卷《科学思想史》,第 317 页。
③ 吴文俊:《关于研究数学在中国的历史与现状》,《自然辩证法通讯》1990 年第 4 期。

升到理论阶段,精炼成极少数一般性原理,进一步应用于多种多样的不同问题。"①这其实就是对《九章算术》的最好概括。又周瀚光根据研究指出,《九章算术》的表述体系在方法上是一个由提出问题到解决问题的归纳过程。全书的归纳过程可以分为三步:第一,先举出某一社会生活领域中的一个或几个个别问题,由此归纳出某一类问题的一般算法;第二,把各类算法再综合起来,精炼出极少数一般性原理,得到解决该领域中各种问题的方法,于是就构成一章;第三,再把解决社会生产、生活各领域中问题的数学方法综合起来,归纳而成整个《九章算术》。并且《九章算术》并未就此结束,其进一步以此为模型来解决具体问题,而这又是从一般到个别的演绎即运用过程。② 应当说,这样一些方法无疑都有着相应的逻辑思维的训练或基础,并且它与更大背景中的中国古代哲学重经验归纳的思维也是相吻合的。

要之,《九章算术》的最大特点就是理论不脱离实际,一切从实际问题出发,而不是从抽象的定义和公理出发。以此为基础,在实际的计算方面达到了很高的水平。正是由于这些特点,使得当时中国数学在许多重要方面,特别是解决实际的计算问题方面,远远胜过古希腊的数学体系。后来,正是中国古代数学的这些内容,经过印度和中世纪伊斯兰国家而辗转传入欧洲,对文艺复兴前后世界数学的发展作出了应有的贡献。③

三、数的观念及其背景

但总的来说,无论是《周髀算经》,还是《九章算术》,所关心的都是具体知识或科学问题,所重视的都是"术",因此其中的观念内容显得比较有限,而这恰恰与汉代的整个时代氛围存在着一定的隔膜。但与某种知

---

① 吴文俊:《关于研究数学在中国的历史与现状》,《自然辩证法通讯》1990 年第 4 期。
② 参见周瀚光《中国古代科学方法研究》,第 39 页。
③ 参见杜石然等编著《中国科学技术史稿》(上册),第 185 页。

识相对应的观念一定有其生存的空间以及"需求"。秦汉时期，各种观念盛行，这其中也包括"数"。而就与哲学的关系而言，这些"数"的观念较之《周髀算经》与《九章算术》中的数学知识要来得更加"亲密"。

汉代"数"观念的盛行有十分复杂的原因。这既包括现实大一统政治及其天人感应、天人合一观念的社会根源，也包括在过去已经形成的数知识与观念的历史根源。而就知识的角度而言，这既有天文历法所提供的知识基础，也有音律学所提供的知识与观念依据，还有与《易》相关的貌似知识的各种神秘理解和解释。

如前面考察所见，数观念早在先秦时期就已经形成了。最初始、最简单的数观念与四方、五行这些知识与观念有关，也与八卦的知识与观念有关，并且从春秋开始已经有神秘化的倾向。

随着占星术的发展、天文知识的增加以及人们对音律知识的了解，天数观念和概念在西周末年至春秋末年之间已经逐渐形成。例如《国语·周语下》中讲："古之神瞽考中声而量之以制，度律均钟，百官轨仪，纪之以三，平之以六，成于十二，天之道也。"又如《左传·哀公七年》中讲："周之王也，制礼，上物不过十二，以为天之大数也。"这里的"十二"既与天文知识有关，即十二辰、十二次、十二月，又与音律知识有关，即十二律。我们在这里也已经可以看到天数与律数在数字上的某种相似关联。到了战国时期，人们已经普遍认为在季节与音律之间存在着联系。前面已经讲到，在《吕氏春秋》里，十二律与十二月是相配的，如："黄钟之月，土事无作，慎无发盖，以固天闭地，阳气且泄。""太蔟之月，阳气始生，草木繁动，令农发土，无或失时。"（《音律》）这就是一种"数"的观念。

另一方面，至战国后期，易数观念与概念也逐渐形成。《易传·系辞上》中讲："大衍之数五十，其用四十有九。分而为二以象两，挂一以象三，揲之以四以象四时，归奇于扐以象闰，五岁再闰，故再扐而后挂。天数五，地数五，五位相得而各有合。天数二十有五，地数三十，凡天地之数五十有五，此所以成变化而行鬼神也。《乾》之策二百一十有六，《坤》之策百四十有四，凡三百有六十，当期之日。二篇之策，万有一千五百二十,当万物之数也。是故四营而成《易》,十有八变而成卦,八卦而小成。引而伸之,触类而长之,天下之能事毕矣。"这可以说是易数观念的张本,同时它也将易数与天数勾连了起来。

而先秦时期律数、易数与天数的这种关系也为汉代律数、易数与历数的结合作了思维与观念上的铺垫。以上可以说是汉代数观念的历史背景。

同时,天文历法的发展对于汉代的数观念也有着至关重要的意义。如前面的考察所示,自春秋战国以来,天文学取得巨大进展。到了汉代,制定历法又成为天文学的首要任务。而天文历法都与数密切相关。以汉代诸历法中的朔望月与回归年长度为例。《太初历》的基本常数是:一朔望月 $29\frac{43}{81}$ 日和一回归年长度 $365\frac{385}{1539}$ 日,因其将一日分成八十一分,故又名八十一分法,或八十一分律历,这一日数较之战国时期四分历要粗,但较之秦汉之际的颛顼历要精;《四分历》与战国时期的四分历相同,其常数是:一朔望月 $29\frac{499}{940}$ 日和一回归年长度 $365\frac{1}{4}$ 日;《乾象历》的常数是:一朔望月 $29\frac{773}{1457}$ 日和一回归年长度 $365\frac{145}{589}$ 日。事实上,类似的常数除了朔望月和回归年长度以外,还包括近点月、交点月、恒星月、交食周期、五星会合周期以及二十八宿距度、黄赤交角、黄白交角、昼夜刻漏、晷影长度等。并且,在不同的常数之间还要寻求平衡,如太阳年与月亮年之间就存在差数,这就要通过置闰的方法加以调节从而将这两个周期加以整合。此外,天体运行又并非是匀速的,例如李梵、苏统等人在编订《四分历》时就注意到月亮视运动的不均匀性,也就是月有迟速,原因是月球在近地点走得最快,但近地点位置却不固定,大概一月间移动三度。总之,历数非常复杂,其中必然涉及精密的观测和计算。这些有关数的天文知识无疑会对数观念产生深刻的影响,而这也是汉代数观念盛行的现实知识背景。

以上就是汉代数观念的背景,汉代数观念就是在这种背景下发展起来的。我们看到,汉人津津乐道的数普遍与天文历法知识或相应的观念有关。例如《淮南子·天文训》中讲:"二阴一阳成气二;二阳一阴成气三。合气而为音,合阴而为阳,合阳而为律,故曰五音六律。音自倍而为日,律自倍而为辰,故曰十而辰十二。月日行十三度七十六分度之二十六,二十九日九百四十分日之四百九十九而为月,而以十二月为岁。岁有余十日九百四十分日之八百二十七,故十九岁而七闰。"又如《史记·律书》中这一段:"子一分,丑三分二,寅九分八,卯二十七分十六,辰八十一分六十四,巳二百四十三分一百二十八,午七百二十九分五百一十二,未二千一百八十七分一千二十四,申六千五百六十一分四千九十六,酉一万九千六百八十三分八千一百九十二,戌五万九千四十九分三万二千七百六十八,亥十七万七千一百四十七分六万五千五百三十六。"在这里,数与天干地支观念紧密联系在一起。这些"数"在当时看上去似乎都那么"真实",也正是由于看上去的"真实",一时间似乎又都很具有"说服力"。当然,这类"数"观念所感兴趣的并不会是像天文观测与计算那样去求证客观的数据,否则也就不存在知识与观念的差别。

事实上,这样一种数观念的最终目的乃在于追求某些看上去恒定不变的数或普遍适用的数,因为从观念的视角来看,这些恒定不变的数或普遍适用的数更为重要,它们通常可以作为其他事物或数字的基准,这也就是所谓"天数"。汉代许多思想家都在追求这样的数,他们千方百计证明这些数的存在,他们相信有某种不同知识都必须遵循或必然显现的共同的数,或者说有某些可以一以贯之天下万物的共同之数。由此,这也将哲学与科学区分了开来。

在汉代的各种数观念中,又尤以易数与律数两种思想或理论最为重要。《汉书·律历志》中记载了一段刘歆对数所作的界说:

> 数者,一十百千万也,所以算数事物,顺性命之理也。《书》曰:先其算命。本起于黄钟之数,始于一而三之,三三积之,历十二辰之数,十有七万七千一百四十七,而五数备矣。其算法用竹,径一分,

长六寸，二百七十一枚而成六觚，为一握。径象乾律黄钟之一，而长象坤吕林钟之长。其数以易大衍之数五十，其用四十九，成阳六爻，得周流六虚之象也。夫推历生律制器，规圆矩方，权重衡平，准绳嘉量，探赜索隐，钩深致远，莫不用焉。

从刘歆这段话中我们可以看出，在数观念中，易数观念与律数观念是最为重要的两个方面。而律数与易数之所以重要，就在于其中的某些数字被认为具有神秘性或神圣性，被认为是宇宙的法则所在。应当说，比起先秦时期阴阳或象数学派以阴阳五行为核心的宇宙图式观念，这的确是一种新的"玩法"。

下面我们就分别来考察这两个内容。

四、律数

律数首先仍应被视作一种知识，这也是律数与易数的一个重要区别。但汉代的律数知识及其观念存在着明显的问题，这就是将天文与音律两种不同的知识附会在一起。当然，这种附会并非是什么新的发明创造。如前所见，这样一种附会在《吕氏春秋》中已经十分明显，而汉代显然继承了这样的思维与观念。例如《史记·律书》中讲："律历，天所以通五行八正之气，天所以成孰万物也。"

具体如：

十月也，律中应钟。应钟者，阳气之应，不用事也。其于十二子为亥。

十一月也，律中黄钟。黄钟者，阳气踵黄泉而出也。其于十二子为子。

这种思维与观念与《吕氏春秋》无疑是一脉相承的。不过，司马迁也有新的认识，这就是以律造历。《史记》中说："王者制事立法，物度轨则，一禀于六律，六律为万事根本焉。"又说："钟律调自上古。建律运历造日度，可据而度也。合符节，通道德，即从斯之谓也。"这就是说历的根据在律。

这一思想提出后,对于汉代天文历法知识的影响极大。之后,《汉书·律历志》中又有以律起历的说法,讲武帝修《太初历》,"乃选治历邓平及长乐司马可、酒泉候宜君、侍郎尊及与民间治历者,凡二十余人,方士唐都、巴郡落下闳与焉。都分天部,而闳运算转历。其法以律起历,曰:律容一龠,积八十一寸,则一日之分也。与长相终。律长九寸,百七十一分而终复。三复而得甲子。夫律阴阳九六,爻象所从出也。故黄钟纪元气之谓律。律,法也,莫不取法焉"。这里所谓"律,法也,莫不取法焉",就是讲历法以音律作为基本的准则。说到底,这就是想为自然立法,或者说寻找与确定宇宙的终极法则。但历法的依据首先只能是来自天文规律,以律统历的做法无疑是主观的,也是错误的。

讲汉代律数与历数的关系也不能不提京房的六十律。六十律是一种音律体系。我们知道,在京房之前,中国已经取得十二律的音律体系。而京房有见于十二音律体系在音差上的粗疏,因此将十二律扩展为六十律。与十二律相比,六十律所获得的数字要精确许多,这一思维上的精细化努力是我们应当看到的。不过,京房的这种六十律其实并无使用价值,正如有音乐史家所指出的:在中国历史上从来就没有出现过具备六十律的能为实际演奏服务的乐器。[1] 更重要的是,京房研究六十律的目的主要不是在音律本身,而是为了说明与季节变化的关系,为了说明与一年 366 天天数的关系。在这里,我们同样可以看到《吕氏春秋》思想的影响或延续,看到主观比附的思维倾向。

五、易数

如前所见,易数是在《易经》特别是《易传》的基础上发展起来的。与律数有所不同,易数首先并不是一种知识,而是基于占卜发展起来的观念与思想。但与律数一样,大约从战国起,已发展出用易附历。而到了汉代,由于天文历法的显赫地位,易数也与历数高度结合或附会起来。

---

[1] 参见杨荫浏《中国古代音乐史稿》(上册),第 131 页,北京,人民音乐出版社,1981。

在这里,历法家及学者多用易数作为天文历法之依据。汉代以易数配历数的开先河者是孟喜,其具体理论即卦气说。而易数与历数结合的典型表述,则可以从《汉书·律历志》以下这段记载中看出:

> 是故元始有象一也,春秋二也,三统三也,四时四也,合而为十,成五体。以五乘十,大衍之数也,而道据其一,其余四十九,所当用也,故著以为数。以象两两之,又以象三三之,又以象四四之,又归奇象闰十九及所据一加之,因以再扐两之,是为月法之实。如日法得一,则一月之日数也,而三辰之会交矣,是以能生吉凶。故《易》曰:天一,地二,天三.地四,天五,地六,天七,地八,天九,地十。天数五,地数五,五位柜得而各有合。天数二十有五,地数三十,凡天地之数五十有五,此所以成变化而行鬼神也。并终数为十九,《易》穷则变,故为闰法。参天九,两地十,是为会数。参天数二十五,两地数三十,是为朔望之会。以会数乘之,则周于朔旦冬至,是为会月。

在这里,易数与历法高度附和,而其依据就是《易》。但这些看上去将易数与历法结合得如此巧妙的理论其实充满了穿凿附会。对此,赵庄愚有精辟的分析:"至汉代神视易及易数,乃始以易数为历数之本。制历与易之象数学合为一,此盖有由玄入实之意,但其确定的数,不由自然之真,涉于牵强附合。其根本不实在,所论有支离而无当、破碎而难立之病,故其后有被讲义理的王弼,深入实测的郭守敬,给以批判扬弃。"赵庄愚还指出易数家对于数的理解的错误,即将纯数当作算术数。但"易数本不可以视为精确数而硬要以为极精确,于是翻转误了历法之计算"。当这样一种错误的认识被用于历法计算时只能导致错误的结果,这也是问题的真正严重之处,即一种纯粹观念的东西结果被当作了纯粹知识的东西,其后果可想而知。如"积年数"和"日法数"。"求此两个的整数,可累够了从汉代到元代一千多年之历代改历者之作其详细计算,各人得数并不同,白白地劳而少功。直到元代《授时历》作者郭守敬才悟出其不合实际,废了求此两项的无益计算工作。"①而从以易数来附会历数这个例子中,也可以看到中国古代科学思想发展的曲折性,看到思想与知识关系的复杂性,看到在这种背景下知识与思想发展所付出的巨大代价。

六、驳杂、神秘的思维特征及其巫术性质

当然,汉代的数观念远较此来得驳杂和神秘。

以京房的六十律为例。其律学背后有深刻的易学背景,也就是说,律数与易数又是串通在一起的。对此,《后汉书·律历志》中有清楚的记载:元帝时,郎中京房知五声之音,六律之数。上使太子太傅玄成、谏议大夫章,杂试问房于乐府。京房对曰:"夫十二律之变至于六十,犹八卦之变至于六十四也。宓羲作易,纪阳气之初,以为律法。……以六十律分期之日,黄钟自冬至始,及冬至而复,阴阳寒燠风雨之占生焉。"也因此,汉代的律数知识、易数观念与天数观念或历数知识往往杂糅在一起,如《汉书·律历志》的下面这段话:

> 《易》曰:参天两地而倚数。天之数始于一,终于二十有五。其义纪之以三,故置一得三,又二十五分之六,凡二十五置,终天之数,得八十一,以天地五位之合终于十者乘之,为八百一十分,应历一统千五百三十九岁之章数,黄钟之实也。繇此之义,起十二律之周径。地之数始于二,终于三十。其义纪之以两,故置一得二,凡三十置,终地之数,得六十,以地中数六乘之,为三百六十分。当期之日,林钟之实。人者,继天顺地,序气成物,统八卦,调八风,理八政,正八节,谐八音,舞八佾,监八方,被八荒,以终天地之功,故八八六十四。其义极天地之变,以天地五位之合终于十者乘之,为六百四十分,以应六十四卦,太族之实也。《书》曰:天功人其代之。天兼地,人则天,故以五位之合乘焉,唯天为大、唯尧则之之象也。地以中数乘

---

① 赵庄愚:《论易数与古天文历法学》,载唐明邦等编《周易纵横录》,第443—447页。

者,阴道理内,在中馈之象也。三统相通,故黄钟、林钟、太族律长皆全寸而亡余分也。

在这段话里,天之数、律之数、易之数完全纠合在一起,煞有介事,而且天人对应,俨然附合。不仅如此,数也与气、阴阳、五行等观念糅合在一起,如《汉书·律历志》以下这段:

> 天之中数五,地之中数六,而二者为合。六为虚,五为声,周流于六虚。虚者,爻律夫阴阳,登降运行,列为十二,而律吕和矣。太极元气,函三为一。极,中也。元,始也。行于十二辰,始动于子。参之于丑,得三。又参之于寅,得九。又参之于卯,得二十七。又参之于辰,得八十一。又参之于巳,得二百四十三。又参之于午,得七百二十九。又参之于未,得二千一百八十七。又参之于申,得六千五百六十一。又参之于酉,得万九千六百八十三。又参之于戌,得五万九千四十九。又参之于亥,得十七万七千一百四十七。此阴阳合德,气钟于子,化生万物者也。

天五地六、阴阳升降、周沉六虚,这些早在春秋时期就已经形成的观念又与神秘、复杂的数字结合在一起。可以说,汉人将当时能够搜罗到的重要知识和观念全部搜罗在了一起,并扔在一口锅里翻搅熬煮,让人瞠目结舌、叹为观止。但这些看上去煞有介事的知识其实是根本不真实的!也是根本不存在的!它们无不是主观杜撰或臆测的结果。

而这样的数字及背后的思维显然也有着明显的巫术性质,如《汉书·律历志》:

> 五胜相乘,以生小周,以乘《乾》《坤》之策,而成大周。阴阳比类,交错相成,故九六之变登降于六体。三微而成著,三著而成象,二象十有八变而成卦,四营而成易,为七十二,参三统两四时相乘之数也。参之则得《乾》之策,两之则得《坤》之策。以阳九九之,为六百四十八,以阴六六之,为四百三十二,凡一千八十,阴阳各一卦之微算策也。八之,为八千六百四十,而八卦小成。引而信之,又八

之,为六万九千一百二十,天地再之,为十三万八千二百四十,然后大成。五星会终,触类而长之,以乘章岁,为二百六十二万六千五百六十,而与日月会。三会为七百八十七万九千六百八十,而与三统会。三统二千三百六十三万九千四十,而复于太极上元。

不难看出,这样的理论有《易》的背景或影子,其由占卜传统而来,再杂糅进占星的内容,事实上这与当时的道教思想也已经相距不远。就根源来看,这种理论无疑是原始思维与观念连续性的表现。说到底,其中有巫术性质在作祟。当然,对数的特殊兴趣、喜好并将其意义加以夸大甚至神秘化乃是世界范围内的普遍现象。就此而言,这也不足为怪。

对于这样一种神秘主义的数观念,李约瑟也有过议论。李约瑟说:"中国宇宙观和现代宇宙观之间的对比,很鲜明地表现在数字的使用上。"在欧洲也有毕达哥拉斯派,"但是中国人的相互联系的思维十分自然地包含有一种数字神秘主义"。李约瑟将之称为命理学,并认为它对于现代科学头脑之可厌,正和有关大金字塔的命理学幻想是一样的。李约瑟说:"就我所能看到的而言,互相联系的思维的这一方面对中国科学毫无贡献。"李约瑟引用贝尔盖涅的话说:"数字并不取决于被知觉或被描绘的物体的实际(经验)的多元性,相反地,它是那样一些物体,其多元性是根据一个事先决定的神秘数字(好像在一个预制的结构中那样)而取得的形式来确定的。"李约瑟还特别引用葛兰言有关古代中国人数字符号主义思想的一些论述:"定量的观念在(古代)中国人的哲学思考中实际上并不起什么作用。尽管如此,他们的圣哲对数字本身却是深感兴趣的。""不管测量员、木工、建筑师、战车制造者和音乐家的各种团体的算术或几何知识是如何渊博,圣哲们对它从来没有任何兴趣,除了它可以促进所谓的'数字游戏'。数字就仿佛它们是象征那样而被加以操纵。""数字没有表示大小的功用,它们是用来调整宇宙比例的具体尺度的。"李约瑟也说:"毫无疑问,对上古和中古的中国命理学的批评不可失之过苛。"但他还是概括性地指出:"然而,我想要提出,这种命理学以及对五行的象征的相互联系的叠加怪诞的引申，乃是对某些基本观念的夸张，其方法的有效和对后来人类思想史的价值，与那些在欧洲中古时代造成了以正式法律程序对动物进行审判的怪诞行为的其他基本观念是一样的。"①李约瑟的（包括其所引述的）这些看法都是值得我们认真加以注意的。

第八节　医学的发展与《黄帝内经》的整体观

中医药体系在汉代也已经完全形成。考察汉代时期的医学，首先要讲秦汉时期逐渐定型的《黄帝内经》。《黄帝内经》并非一人一时之作，其出现于战国中晚期，之后又经不断整理而最终定型于汉代。②《黄帝内经》为中国医学理论体系的形成奠定了十分广泛和坚实的基础。东汉时期的医学有了更大的发展。这一时期，外科有华佗，其以精巧的外科手术和先进的麻醉术而著称于世，《后汉书·华佗传》中就有关于其使用麻沸散施行腹腔外科手术的生动描述；内科有张仲景，其在《黄帝内经》辨证论治原则的基础上明确提出"六经辨证"思想，并将其广泛运用于临床实践。此二人与战国时期对脉学作出重大贡献的扁鹊一起被称为中医三大祖师。在医药学著作方面，这一时期药物学方面有《神农本草经》、内科诊断和治疗学方面有张仲景的《伤寒杂病论》，此二书与《黄帝内经》一起又并称为中医学三大医典，在以后的历史中，这三部医学典籍一直对中国医学起着纲领性的指导作用。本节将以《黄帝内经》为主，兼涉其他医学成就。

一、《黄帝内经》思想概说

《黄帝内经》（简称《内经》）是中国医学具有奠基性意义的著作。《黄

---

① 〔英〕李约瑟：《中国科学技术史》第二卷《科学思想史》，第 312 页。
② 但《黄帝内经》作为一部经验和理论总结性的著作，其许多思想可能在春秋战国时期就已逐渐形成。

帝内经》包括《素问》和《灵枢》两大部分,各九卷,总计十八卷,一百六十二篇。其中《素问》流传至唐代仅存八卷,经唐人王冰历时十二年研究,又为之补入《天元纪大论》等七篇(通称七大论)。《素问》、《灵枢》两书内容包括生理、脏象、经络、病因、病机、诊法、治则、针灸、运气、养生以及医德等内容。

《内经》的基本或核心内容就是阴阳五行理论和脏腑经络学说,以此为基础,又形成病因病机学说、诊法和治则理论。其中阴阳理论方面包括对阴阳对立、平衡、交错、转化等性质和状态的深刻认识以及结合生理、病理的深入展开;五行理论方面包括将这一理论纳入人体从而形成的脏腑、经络学说以及"生克"、"乘侮"理论。

从哲学的角度看,《内经》中最有价值的就是其整体观,这也是《内经》提供给中国古代哲学的一件瑰宝。当然,作为整体观,其在《内经》的各种理论和思想中是不尽相同的,它由许多具体的内容或形式共同组成。如其在阴阳理论中主要是关注平衡问题,在五行及生克理论中主要是关注关系问题,其中乘侮理论也与平衡有关;其在脏腑学说中突现为一种系统观,在经络、表里学说中所体现的则是对联系的思考;此外,其在辨证施治思想中关心的是多样性和复杂性问题,也就是在运用辩证思维,而杂合、参合等概念与思想则属于综合性的思维。《内经》的整体观就是所有这些思想、理论、思维、方法的总和,正是这样一种整体观造就了中国古代医学十分独特的传统。

此外,在考察《内经》的具体医学思想之前,还有一个问题有必要先来简单了解一下,那就是这一时期的医学观。我们知道,医早先是起源于巫的,直至周代仍是巫医并存。随着医疗技术的发展,到春秋战国之际,扁鹊终于提出了"病有六不治"的原则,其中一条就是"信巫不信医"不可治也,这一原则可以说充满了科学精神,事实上,这也是与同期哲学思想中的无神论思潮以及理性精神相吻合的。而这一精神在以《内经》为代表的秦汉时期的医疗活动中得到了继承。如《内经》中说:"拘于鬼神者,不可与言至德。"(《素问·五脏别论》)这实际体现了一种科学的医学观。当然,这并非是说这一时期在民间没有巫术鬼神的影响,但总体而言,在整个汉代的医学理论中的确没有鬼神的地位。也因此,当我们看到魏晋以后鬼神迷信重新出现在医学理论中的时候,也知道中国古代科学发展的曲折变化。

二、阴阳五行理论与整体观

《内经》的医学理论是以阴阳、五行概念和理论作为基础建立起来的,换言之,阴阳五行理论是《内经》的核心,而《内经》的整体观首先就体现于这一理论之中。

(一)阴阳平衡理论

与同时期的许多知识与思想一样,《内经》也认为:阴阳是可以涵盖宇宙中一切事物和现象的。《内经》说:

> 阴阳者,天地之道也,万物之纲纪,变化之父母。(《素问·阴阳应象大论》)
>
> 阴阳者,数之可十,推之可百,数之可千,推之可万;万之大,不可胜数,然其要一也。(《素问·阴阳离合论》)

这些都在于说明,阴阳是宇宙的基本法则。并且,《内经》也已经注意到阴阳各自及相互之间所具有的复杂性质,如:"阴中有阴,阳中有阳。"(《素问·金匮真言论》)这是阴阳各自的复杂状况。又如:"阳中有阴,阴中有阳。"(《素问·天元纪大论》)这是阴阳之间的复杂状况。而阴阳之间的复杂性又特别体现在它们会转化到相反的方面,所谓:"重阴必阳,重阳必阴。"(《素问·阴阳应象大论》)这些都表明,《内经》对于阴阳问题的观察与思考已经十分深入,这里面包含了丰富的辩证思维。

以此为基础,《内经》将阴阳理论广泛运用于其医学思想中。《内经》认为,人体也是由阴阳二气构成的,而健康就是阴阳二气处于相互调和的状态。如《素问·生气通天论》中说:"是以圣人陈阴阳,筋脉和同,骨髓坚固,气血皆从。如是则内外调和,邪不能害,耳目聪明,气立如故。"

这一思想又进而落实在诊断与治疗活动之中。《内经》讲:"善诊者,察色按脉,先别阴阳。"(《素问·阴阳应象大论》)这是说,诊疗首先应判明病症的阴阳性质。

而在《内经》所有关于阴阳问题的思考中,阴阳平衡理论是最为重要的成果。《内经》认为,在一般或正常情况下,人体的阴阳两个方面(气)是互相平衡的,这时人体处于健康状态,如《素问·调经论》所说:

> 阴阳匀平,以充其形,九候若一,命曰平人。

但人是一个生命体,由于受内部因素和外部因素的影响,阴阳两个方面是相互消长的,即处于动态变化之中,这样到一定的时候,原有的平衡便会被打破,人体也就会产生疾病。在《内经》中,有关这一思想的论述非常之多,例如《素问·生气通天论》中以下两段:

> 阴不胜其阳,则脉流薄疾,并乃狂。阳不胜其阴,则五藏气争,九窍不通。是以圣人陈阴阳,筋脉和同,骨髓坚固,气血皆从。如是则内外调和,邪不能害,耳目聪明,气立如故。
>
> 凡阴阳之要,阳密乃固。两者不和,若春无秋,若冬无夏。因而和之,是谓圣度。故阳强不能密,阴气乃绝。阴平阳秘,精神乃治,阴阳离决,精气乃绝。

在这两段不长的论述中,《内经》多次用了"陈阴阳"、"筋脉和同"、"内外调和"、"阴平阳秘"等语词来描述平衡的状态,相反则是"阴不胜其阳,则脉流薄疾"、"阳不胜其阴,则五藏气争"、"阳强不能密,阴气乃绝"、"阴阳离决,精气乃绝"。简言之,阴阳一旦失去平衡就会导致疾病。在《素问·阴阳应象大论》中,有对此更为简略的概括性表达:

> 阴胜则阳病,阳胜则阴病。阳胜则热,阴胜则寒。

除阴阳概念外,《内经》也使用有余与不足这一对概念来表达阴阳失衡的状况,这使得我们对阴阳失衡的理解更为形象、具体和饱满。如《素问·调经论》说:"黄帝问曰:余闻《刺法》言,有余泻之,不足补之。何谓有余？何谓不足？岐伯对曰：有余有五，不足亦有五，帝欲何问？帝曰：愿尽闻之。岐伯曰：神有余有不足，气有余有不足，血有余有不足，形有余有不足，志有余有不足。凡此十者，其气不等也。"

据此，《内经》提出身体健康的基本要求或原则就是克服偏盛偏衰，保持阴阳平衡。并且《内经》也总结出了种种恢复平衡的方法，如："寒者热之，热者寒之；温者清之，清者温之；散者收之，抑者散之；燥者润之，急者缓之；坚者软之，脆者坚之；衰者补之，强者泻之。"（《素问·至真要大论》）总之，欲使人体处于一种健康状态，就必须尽可能地使阴阳两个方面在相互消长的动态过程中保持平衡，这正是《内经》阴阳理论的精髓。

（二）五行关系理论

《内经》理论也与五行学说有着密切的关系。《内经》认为：五行也是天地间一切事物和现象所具有的法则。如：

> 五行者，金、木、水、火、土也，更贵更贱，以知死生。（《素问·脏气法时论》）

> 天地之间，六合之内，不离于五，人亦应之。（《灵枢·阴阳二十五人》）

这些都在于说明，五行是万物的根本形态。

具体来说，《内经》将人体的各个部位与五行一一对应起来，肝属木、心属火、脾属土、肺属金、肾属水。如《素问·阴阳应象大论》中说：

> 东方生风，风生木，木生酸，酸生肝，肝生筋，筋生心，肝主目。
> 南方生热，热生火，火生苦，苦生心，心生血，血生脾，心主舌。
> 中央生湿，湿生土，土生甘，甘生脾，脾生肉，肉生肺，脾主口。
> 西方生燥，燥生金，金生辛，辛生肺，肺生皮毛，皮毛生肾，肺主鼻。
> 北方生寒，寒生水，水生咸，咸生肾，肾生骨髓，髓生肝，肾主耳。

不难看出，五行理论对《内经》的影响十分明显，这些理论与同时期的《吕氏春秋》、《淮南子》以及《礼记·月令》中的理论是一致的，它反映了当时的一种普遍性思维或者具有普遍意义的宇宙图景。

而《内经》的五行理论包含了十分明显的整体观，这特别呈现在以下两个方面：第一，联系的认识。按五行理论，不同的行之间存在着相生相克关系，其中相生规律是木生火，火生土，土生金，金生水，水生木；相克规律是木克土，土克水，水克火，火克金，金克木。《内经》中引入了这一理论，试图用它来说明脏器及疾病间的授受传变关系，例如《素问·玉机真脏论》中讲："肝受气于心，传之于脾"，"心受气于脾，传之于肺"，"脾受气于肺，传之于肾"，"肺受气于肾，传之于肝"，"肾受气于肝，传之于心"。在这里，《内经》明显在考虑关系问题，各个脏器并非是孤立的，它们之间存在着联系，这也是《内经》引入五行生克理论的意义所在。第二，平衡的认识。《内经》不仅讲生克，而且还讲乘侮。所谓乘侮，有乘机欺侮和恃强凌弱之意。《内经》认为，当某一行气过盛时，不仅会欺侮己胜之气，而且能欺侮胜己之气；而当某一行气不足时，无论是原克己之气还是原己克之气又都会乘势来欺侮。如《素问·五运行大论》中说："气有余则制己所胜而侮所不胜；其不及则己所不胜侮而乘之，己所胜轻而侮之。"乘侮也是在关注关系或相关性问题，不过乘侮中除了相互关系的内容外，显然还包含有对于平衡问题的思考，乘侮现象实际上就是平衡被打破的状况。但需要指出的是，在《内经》所有整体观思想中，以五行理论部分的缺陷最多，尤其是生克理论，其中有不少勉强和荒谬的内容，这无疑也是应当注意的。

三、脏腑经络学说与整体观

《内经》的整体观又体现在其脏腑经络学说上。这里的脏腑即指人体内部脏器，包括五脏六腑。值得注意的是，《内经》也讲脏象，所谓脏象就是指脏腑状况及其在体表的征象，象与脏二者又合称表里。经络是人体内气血运行的通路，其干者为经，支者为络。这些就是脏腑经络学说最基本的内容。而这一学说同样包含了整体观。在《内经》看来，人体是一个完整的结构或系统，它的各个部分都不是孤立的，而是相互联系的。

在这里,整体观一目了然。下面就从脏腑、表里、经络这三个方面来具体了解《内经》脏腑经络学说中整体观的状况。

(一)脏腑学说中的系统思想与联系思想

《内经》脏腑理论中的整本观主要体现在两个方面,其一是系统思想,其二是联系思想。

首先,《内经》将人体所有的脏腑器官视作一个完整有机的系统,每一个单独的脏器都只是这个完整系统中的一个部分,它要发生作用就必须与其他脏器配合或协调进行。对此,《素问·灵兰秘典论》中有一段著名的论述,兹全文抄录于下:

> 黄帝问曰:愿闻十二脏之相使,贵贱何如? 岐伯对曰:悉乎哉问也。请遂言之。心者,君主之官也,神明出焉。肺者,相傅之官,治节出焉。肝者,将军之官,谋虑出焉。胆者,中正之官,决断出焉。膻中者,臣使之官,喜乐出焉。脾胃者,仓廪之官,五味出焉。大肠者,传道之官,变化出焉。小肠者,受盛之官,化物出焉。肾者,作强之官,伎巧出焉。三焦者,决渎之官,水道出焉。膀胱者,州都之官,津液藏焉,气化则能出矣。凡此十二官者,不得相失也。故主明则下安,以此养生则寿,殁世不殆,以为天下则大昌。主不明则十二官危,使道闭塞而不通,形乃大伤,以此养生则殃,以为天下者,其宗大危,戒之戒之!

按照《素问·灵兰秘典论》上述理论,人体如同政府机构,各个部门虽然独立却不能脱离整体而存在,它们只有通过相互配合才能完成各自的职能。如此,《内经》就将人体的各个器官纳入整体或系统的认识中来。这是一种典型的系统思想,其核心就在于要求系统或完整地认识问题。

其次,与系统思想相关,《内经》又必然从联系的视角出发来看待脏腑器官之间的关系。这种联系主要体现为两个方面:其一,脏与脏之间、腑与腑之间、脏与腑之间是相互联系的。如脏与脏之间的关系:心,"其主肾也";肺,"其主心也";肝,"其主肺也";脾,"其主肝也";肾,"其主脾也"。(《素问·五脏生成》)又如脏与腑的关系:"肺合大肠","心合小肠","肝合胆","脾合胃","肾合膀胱"。(《灵枢·本输》)其二,脏器本身所具有的联系又导致疾病的相互影响。如:"肾移寒于脾,痈肿,少气。脾移寒于肝,痈肿,筋挛。"(《素问·气厥论》)这是脏与脏之间疾病的相互影响。"脾咳不已,则胃受之";"肝咳不已,则胆受之";"肺咳不已,则大肠受之。"(《素问·咳论》)这是脏与腑之间疾病的相互影响。这是典型的联系思想,其核心在于联系而非孤立地看待问题。并且可以清楚地看到,这种对于脏腑关系的认识明显受到对于五行关系认识的影响。

(二)表里、经络学说中的联系思想

《内经》表里与经络学说中的整体观也主要体现为联系的思想。

在《内经》看来,不仅脏器之间存在着联系,而且脏器与体表之间也存在着联系。《内经》认为,由于人体的外部表征与人体的内部组织有着必然的联系,因此就可以通过外部表征知道体内的健康状况以及疾病变化。具体来说,这种联系包括:第一,肤表外候,如"心之合脉也,其荣色也";"肺之合皮也,其荣毛也"。(《素问·五脏生成》)第二,开窍,如肝"开窍于目";脾"开窍于口";肾"开窍于二阴"。(《素问·金匮真言论》)以上是表里学说的两个重要内容。第三,腧穴。这是表里学说的另一个重要内容,同时它又与经络学说密切相关。因为经络将人体脏腑、表里连通为一个整体,并形成诸多腧穴。按《内经》的说法就是:"经脉流行不止,环周不休。"(《素问·举痛论》)"其流溢之气,内溉脏腑,外濡腠理。"(《灵枢·脉度》)《内经》认为:脏腑变化正是通过经络反映到体表及腧穴上来,而通过对腧穴的干预如针灸也可以调整控制脏腑的状况。具体地,《内经》归纳出了人体的十二经脉以及奇经八脉,并分别指示出它们在人体中的分布、走向以及气血状况、流注次序等。总之,正是由于有了外候、开窍与脏器之间的联系,便可以了解疾病;也正是由于有了腧穴与脏器之间的联系,又可以治疗疾病。而这些也就是中国医学独特的表里学说与经络学说。也是基于这样的学说,中国医学遂形成了望、闻、问、切和针灸等一整套诊断、治疗疾病的方法手段。因此可以这样说,中国医学独特的问诊与治疗方式是由其中联系的思想所决定的。

四、辨证施治思想与整体观

《内经》的整体观还体现在其辨证施治的思想与方法上面。这里需要指出的是,中国古代医学的辨证论治体系是由张仲景完全建立起来的,但辨证施治作为思想和方法,已经在《内经》中大量出现和使用。

（一）多样、复杂、针对性认识与辨证思维

前面已经看到,《内经》中对于阴阳问题的思考就包含了丰富的辨证思维。《内经》也将这一思维用于临床实践,例如《素问·阴阳应象大论》中说：

> 故善用针者,从阴引阳,从阳引阴,以右治左,以左治右。
> 审其阴阳,以别柔刚,阳病治阴,阴病治阳。

在这里,我们可以看到《内经》医疗实践所包含的辩证智慧。

不过,在《内经》中,最能体现辨证思维的应是辨证施治的思想与方法。辨证施治思想与方法的核心就是注意和强调事物即认识对象的多样性与复杂性,并由此提供或制定针对性的解决办法。不难看出,这里面所体现的就是一种辨证思维。具体来说,辨证施治可以分解为如下两个环节：

第一,辨证,其核心是关注多样性与复杂性。《内经》已经广泛注意到疾病原因、变化及其表现形式的多样性和复杂性,由于病因病机不同以及每个人身体条件和所处外部环境不同,病症也往往表现得十分不同。以脉诊为例:"病热脉静;泄而脉大;脱血而脉实;病在中,脉实坚;病在外,脉不实坚者,皆难治。"(《素问·玉机真脏论》)因此,治病的第一步就应当认真辨证,准确区分和判定疾病的性质与状态。为此,《内经》以阴阳平衡理论为基础,结合医疗实践,将人体状态区分为六种类型,即太阴、太阳、少阴、少阳、厥阴、阳明,也称三阴三阳。如《素问·天元纪大论》中说:"阴阳之气各有多少,故曰三阴三阳也。"这种区分的目的就是为了对人体状况在类型上有一个更准确的认识和把握,以后张仲景也是据此明确提出了"六经辨证"的理论。《内经》也有了"八纲辨证"的基本形态,其用阴阳、表里、寒热、虚实等对应范畴来归纳概括病因、病机及病理的复杂性质。如《内经》将虚实各分为五种:"脉盛、皮热、腹胀、前后不通、闷瞀,此谓五实;脉细、皮寒、气少、泄利前后、饮食不入,此谓五虚。"(《素问·玉机真脏论》)不仅如此,虚实之间又会呈现出交错的状态,如虚中有实、实中有虚,实际上,这一认识也是阴阳理论深入运用的体现。《内经》还注意到更为复杂的情况,如寒热与表里这两对范畴所代表的症状也会呈现交错的复杂状态,或表寒里热,或表热里寒。此外,《内经》也已经注意到现象与本质的复杂关系,如有真实假虚、真虚假实;也有真热假寒、真寒假热等。这样的辨识和区分无疑都是认识趋于细致和深入的体现。无疑,《内经》对于具体性、多样性、复杂性现象的重视也是与整个中国思维传统特征相吻合的。

第二,施治,其核心是强调针对性。如《内经》中这样处理有余与不足:"神有余则泻其小络之血,出血勿之深斥,无中其大经,神气乃平;神不足者,视其虚络,按而致之,刺而利之,无出其血,无泄其气,以通其经,神气乃平。"(《素问·调经论》)《内经》中尤其强调"宜"这一思想和方法原则,也即强调治疗要依据对象的实际情况。在一定意义上,这也是一种遵循客观性的原则。它具体包括:(1)宜疾。《内经》以为疾病"各不同形",故治疗应"各以任其所宜"(《灵枢·九针十二原》)。如:"病间者浅之,甚者深之。"(《灵枢·卫气失常》)(2)宜人。《内经》又强调治疗需"视人五态乃治之"(《灵枢·通天》)。这具体又涉及性别、年龄、壮弱、肥瘦等差异。如:"男阴女阳,良工所禁。"(《灵枢·官能》)(3)宜位。这主要是指针刺的穴位,由于穴位不同,治疗方法也应有所不同。如:"刺上关者,呿不能欠;刺下关者,欠不能呿。"(《灵枢·本输》)(4)宜时。《内经》讲:"谨候其时,病可与期。"(《灵枢·卫气行》)其中最典型的就是针灸中的进出针时间:"气盛不可补也""气虚不可泻也"(《灵枢·小针解》)。同样,针对性或宜思维是中国传统思维普遍具有的特征,《内经》事实上只是这个传统的一个组成部分。

《内经》的辩证思维正是通过以上辨证、施治两个具体方面得到充分的展现。

（二）杂合、参合思想与综合思维

《内经》又形成一整套具有综合性特征的诊治原则与方法，《内经》称之为"杂合"或"参合"，如《内经》讲：

> 圣人杂合以治。（《素问·异法方宜论》）
>
> 能参合而行之者，可以为上工。（《灵枢·邪气脏腑病形》）

具体地，如《素问·阴阳应象大论》中说：

> 审清浊而知部分；视喘息、听声音而知所苦；观权衡规矩而知病所主；按尺寸、观浮沉滑涩而知病所生。

《内经》认为，只有通过这种综合的途径，医家才可以得到一个全面和完整的消息。

另外，有关天人对应关系的思考也可以看作"杂合"、"参合"思想的组成部分。《内经》指出："九窍、五脏、十二节，皆通乎天气。"（《素问·生气通天论》）《内经》尤其重视节气与人体健康或养生的关系，如《素问·四气调神大论》中说："逆春气则少阳不生，肝气内变；逆夏气则太阳不长，心气内洞；逆秋气则太阴不收，肺气焦满；逆冬气则少阴不藏，肾气独沉。""所以圣人春夏养阳，秋冬养阴，以从其根，故与万物沉浮于生长之门。逆其根，则伐其本，坏其真矣。"这样一种思想在中国传统观念中可以说根深蒂固，直到今天仍深刻影响中国医学以及中国人的健康与养生观念。

五、对于《内经》整体观的评价

从科学的视角来看，《黄帝内经》奠定了中国医学的基本传统，对后世医疗实践和医学思想都产生了深刻影响，这应当是不言而喻的。

而从哲学的视角来看，《内经》在中国古代浩繁的科学著作中是最具理论色彩的。《内经》首先是建立在阴阳五行理论基础之上的,其脏象、经络、病因病机、诊法治则等理论和学说中都充分体现了一种整体观,换言之,《内经》最重要的成果或特征就是提供了整体观察世界的方式。这里的整体包括平衡、关系、系统、联系、辩证、综合等种种内容。也正是在这种整体观的指导下,造就了中国医学十分独特的传统。如前所述,包括李约瑟在内的一些西方学者将中国阴阳五行学说中所体现出的整体观视作协调、有机的思想。可以这样说,《黄帝内经》是最能体现这样一种协调、秩序以及有机主义观念和思维模式的。《内经》为中国哲学提供了一个整体观的典型样本,也因此,《内经》成为中国古代哲学中一个重要和特殊的组成部分。并且还应当看到,《内经》以上整体观是在距今两千年前的历史条件下产生的,所以我们更应当充分肯定和倍加珍惜这些成就。

当然,由于历史的局限性,《内经》整体观还存在着粗疏的性质,其五行理论以及相关的脏腑学说也包含有荒谬的成分。但放在历史背景或条件中来看,这也是在所难免的。今天了解这些缺陷或不足的目的并不在于指摘和批评以往的失误,而在于让我们不再重蹈这些失误。

六、《神农本草经》和《伤寒杂病论》中的科学思想

除《黄帝内经》以外,《神农本草经》和《伤寒杂病论》这两部著作也都不同程度地包含有一定的科学思想和哲学思想。

《神农本草经》是我国现存最早的一部药物学专著。与《黄帝内经》相似,该书虽成型于东汉时期,但其实是战国至西汉以来药物知识的总结,而并非一时一人之作。《神农本草经》共收载药物 365 种,其中植物药 252 种,动物药 67 种,矿物药 46 种。根据性能和用途,《神农本草经》将药物分为上、中、下三品。

《神农本草经》的科学思想主要体现在:(1) 受阴阳五行理论的影响,提出将药性药味归纳概括为“四气五味”的思想。其中“四气”是在阴阳、寒热概念的基础上,进一步将药性细分为寒、温、热、凉四类;“五味”即指

酸、咸、甘、苦、辛,此完全与五行本义相吻合。(2)从临床应用出发,结合药物的自然属性对药物性能作了分类。这包括按自然属性将药物分为六部,即玉石、草、木、虫兽、果菜、米食,又按性能将药物分为上、中、下三品:上品延年益气,中品遏病补虚,下品祛邪愈疾。这样的分类透露出合理的科学思维。(3)深化由《黄帝内经》提出的药物配伍思想,提出方剂配伍的"七情合和"准则;同时强调对症下药。这些具体的医学或药物学思想中不仅包含有深入细致的分析方法,而且包含着中国古代文化特别是哲学思考中普遍具有的"宜"思维,即强调医疗活动的针对性。

经历代整理,《伤寒杂病论》现包括《伤寒论》和《金匮要略》两部分内容。该书的最大特点是将《黄帝内经》的基本理论与作者本人长期的临床实践结合起来,形成一套完整的"辨证论治"的医学体系,从而奠定了中医诊断和治疗学的基础。

《伤寒杂病论》的科学思想就是围绕"辨证论治"原则来展开的,这主要包括:(1)通过外部症状来分析判断疾病的性质,即外在的症状实际与身体内部脏腑病变有关,用张仲景本人的话说,就是"见病知源"。这样一种思维及方法显然有《黄帝内经》表里理论的基础,但更结合了张仲景本人的临床经验。(2)"见病知源"又具体体现为"六经辨证"。这里所谓"六经"是指太阳、少阳、阳明、太阴、少阴、厥阴,最初由《黄帝内经》提出,其哲学思想根基就是"因"、"宜"观念。但这一原则在《黄帝内经》中较为粗疏,而张仲景则通过临床实践将其具体化和科学化,同时,张仲景也将伤寒严格归入六经之中,为伤寒病的医治提供了定性与分类的坚实的哲学基础。(3)关于外部症状,又主张"脉"与"证"并重,强调二者的参合,这显然是一种综合性思维的体现。(4)六经的疾病又不是固定的,而是会互相传变,这就注意到了疾病或事物的变化和复杂性,这也是对《内经》相关思想的继承和发展。

第九节　王充的科学思想

王充也即《论衡》的哲学思想中有十分丰富的科学内容。并且,王充哲学思想中的科学知识并不仅仅存在于对天人感应理论的批判或驳斥的内容中,它也在更大的范围内构成王充哲学的科学基础,构成他天道自然哲学思想与理论的基础。正是这些内容使得我们在阅读王充的思想时,能够强烈感受到其中的科学性质与唯物论特征。所有这些都需要我们在这里对王充的科学思想作专门的考察和论述。

一、天文与地理思想

前面已提及王充有关天文学或宇宙理论的看法属于盖天说,这些看法主要集中在《谈天》和《说日》两篇里,在当时,王充也基于盖天说的主张与浑天说做过辩论。

王充主张盖天说,但与《周髀》所说的又有所不同,王充认为:"夫取盖倚于地不能运,立而树之然后能转。今天运转,其北际不著地者,触碍何以能行? 由此言之,天不若倚盖之状,日之出入不随天高下,明矣。"(《说日》)这里明显地对原有盖天说作了修正。但王充是明确反对浑天说的,他说:"如审运行地中,凿地一丈,转见水源,天行地中,出入水中乎,如北方低下不平,是则九川北注,不得盈满也。实者,天不在地中,日亦不随天隐,天平正,与地无异。"(《说日》)王充的一些看法未必是正确的,如关于日食,当时有人认为:"日食者,月掩之也,日在上,月在下,障于月之形也。日月合相袭,月在上日在下者,不能掩日。日在上,月在日下,障于日,月光掩日光,故谓之食也,障于月也,若阴云蔽日月不见矣。其端合者,相食是也。"在今天看来,这一认识应当是正确的,但王充质疑说:"日月合于晦朔,天之常也。日食,月掩日光,非也。何以验之? 使日月合,月掩日光,其初食崖当与旦复时易处。假令日在东,月在西,月之行疾,东及日,掩日崖,须臾过日而东,西崖初掩之处光当复,东崖未掩者当复食。今察日之食,西崖光缺,其复也,西崖光复,过掩东崖复西崖,谓之合袭相掩障,如何?"(《说日》)应当说,在科学发展中,出现种种错误认识也是在所难免的,王充也不例外。但王充科学或自然天道观的立场十分坚定,如针对当时天人感应说中土龙致雨的迷信说法,王充对雨产生的自然原因作了考察，其指出："雨之出山，或谓云载而行，云散水坠，名为雨矣。夫云则雨，雨则云矣，初出为云，云繁为雨。"并进而指出雨乃是遇冷凝冻而成，"雨露冻凝者，皆由地发，不从天降也"。此外，王充还指出云、雾、露、霜、雨、雪不过是天上水气在不同温度条件下的不同表现形式："云雾，雨之征也，夏则为露，冬则为霜，温则为雨，寒则为雪。"（《说日》）比起其盖天说，这些认识或论述具有明显的科学性。

在地理学方面，王充对钱塘江潮作过解释。传说中钱塘江大潮是因为"吴王夫差杀伍子胥，煮之于镬，乃以鸱夷囊投之于江。子胥恚恨，驱水为涛，以溺杀人"。但王充经认真观察后得出结论：钱塘潮是由于海水入江后，水道"殆小浅狭，水激沸起，故腾为涛"。并且"涛之起也，随月盛衰，小大满损不齐同"。（《书虚》）这是对钱塘潮起因的科学解释，同时也是在中国历史上第一次正确指出了海潮与月亮盈亏的关系。

二、对物理和生命现象的解释

在王充的思想中还有大量对自然物理现象的解释，但通常为哲学史论著所疏忽，这值得我们在此作一番考察。例如关于物体状态、运动及"力"的问题，这里包含着力学知识及其思想。王充曾对"力"下过具有哲学性质的定义，他说："人之精乃气也，气乃力也。"（《儒增》）显然，这一定义并非科学。不过，当王充涉及"力"的具体问题时，其科学性明显增加了。如王充说：

> 小石附于山，山力能得持之；在沙丘之间，小石轻微，亦能自安。至于大石，沙土不覆，山不能持，处危峭之际，则必崩坠于坑谷之间矣。（《效力》）

这是考虑物体与物体间的关系问题，其中也包括了物体的大小问题。物体的运动也与重量有关。如："是故车行于陆，船行于沟，其满而重者行迟，空而轻者行疾。"（《状留》）物体重便运动迟缓，轻便运动迅疾。同样，力的大小、对物体的作用也与物体的重量密切相关。"是故湍濑之流，沙石转而大石不移。何者？大石重而沙石轻也。""是故金铁在地，飙风不能动，毛芥在其间飞扬千里。"(《状留》)此外，"且圆物投之于地，东西南北，无之不可；策杖叩动，才微辄停。方物集地，壹投而止；及其移徙，须人动举"(《状留》)。这里涉及对摩擦和惯性现象的观察与思考。"夐、育，古之多力者，身能负荷千钧，手能决角伸钩，使之自举，不能离地。"(《效力》)这里涉及对引力问题的思考。

此外，在王充的思想中还涉及对声、光、热、磁等现象与问题的认识。如关于声，王充认为是源于振动。他说：

> 生人所以言语吁呼者，气括口喉之中，动摇其舌，张歙其口，故能成言。譬犹吹箫笙，箫笙折破，气越不括，手无所弄，则不成音。(《论死》)

这即是将人的发声解释为气(空气)在口舌之间(口腔内)的振动。王充还被认为是世界科学史上第一个以水波比喻声波或振波的人。如前面所见，"鱼长一尺，动于水中，振旁侧之水，不过数尺，大若不过与人同，所振荡者，不过百步，而一里之外澹然澄静，离之远也"(《变虚》)。王充的这一论述本意在于驳斥"人在天地之间，犹鱼在水中矣。其能以行动天地，犹鱼鼓而振水也，鱼动而水荡，人行而气变"这一虚妄之言，但其反驳的依据恰恰包含了科学知识和原理，即水波、声波乃至振波会随距离增加而衰减。王充的这一比喻和理解与现代声学中的科学原理也有一致之处。又如关于磁，经一些学者研究，王充的《论衡》是我国最早明确记录磁性指南器的，其中《是应》中记载："司南之杓，投之于地，其柢指南。"另《乱龙》一篇中不仅记载了磁石，还记载了静电现象："顿牟掇芥，磁石引针，皆以其真是，不假他类。"这里的"顿牟"即玳瑁，其壳经摩擦会带上电荷，因此便能吸引较小的芥粒。王充思想所涉及的自然物理现象如此之多，难怪有学者指出，王充思想几乎已经涉及了物理学知识的每一个领域。[①]

[①] 以上论述参考了袁运开、周瀚光主编《中国科学思想史(中)》，第178—185页。相关内容同时可参考卢嘉锡总主编、席泽宗分卷主编《中国科学技术史·科学思想卷》，第216—222页。

王充对昆虫的生长有过细致的观察，如："夫虫食谷，自有止期，犹蚕食桑自有足时也。生出有日，死极有月，期尽变化，不常为虫。""然夫虫之生也，必依温湿。温湿之气，常在春夏。秋冬之气，寒而干燥，虫未曾生。"（《商虫》）关于人的生命，王充说："人之所以生者，精气也，死而精气灭，能为精气者，血脉也，人死血脉竭，竭而精气灭，灭而形体朽，朽而成灰土。"（《论死》）而针对当时方术道士的"轻身益气，延年度世"虚言和所谓"不死之方"，王充尖锐地指出：

> 有血脉之类，无有不生，生无不死。以其生，故知其死也。天地不生，故不死；阴阳不生，故不死。死者，生之效；生者，死之验也。夫有始者必有终，有终者必有始。唯无终始者，乃长生不死。（《道虚》）

有理由这样说，对自然现象广泛而充分的关注，这是王充哲学思想的一个十分鲜明的特点。换言之，这些关注看上去是科学的，其实与哲学思想密切相关。我们绝不可忽视这些关注与思想。对这方面的重要性及现有认识上的误区，本书上一章的第九节即"后期墨家思想中的科学内容"中已有论述。

三、局限

当然，王充也不可能离开他所生活的时代的那片知识和观念的土壤。对此，李约瑟不无洞见地指出："王充全部接受了阴阳二元论和五行理论，虽则并非无批判地。他很少使用'道'或'理'这些词，而是采用了以'命'（即命运或命定）一词为标志的一种彻底的决定论，此词类似于前苏格拉底学派的'必然'。他也像道家一样，否认天有意识，而主张一种以'自然'为口号的自然主义世界观。在他看来，以一阴一阳的原理来说明自然界的奥秘乃是正确的，因为天属阳，地属阴。"[1]这一点在其命定理

---

① 〔英〕李约瑟：《中国科学技术史》第二卷《科学思想史》，第 395、396 页。

论及相关的骨相理论中表现得尤为清楚,在这里,几乎全部用于论证的知识跟着一个错误的理论一起陷入泥沼,甚至还成为将理论推向泥沼的助力。总之,应当看到,即使王充有清晰的意识和批判的精神,但他的思想同样会被烙上其所处时代和传统的印记。

第十节　科学与思维方法

科学方法与思维方法也是哲学与科学关系的一个重要内容。秦汉时期有一些重要的思维与方法,这包括观察、归纳、检验与实验等,它们在哲学与科学活动中都扮演着十分重要的角色。这里需要说明的是,有些方法同样也是观念,而基于它们更为重要的方法论意义或地位,所以将它们放在方法这里论述。另医学中的整体观和辩证观同样具有方法论的意义,这在前面已经有过考察。

一、观察方法

观察对于科学活动的意义是不言而喻的。汉代的科学活动非常重视观察。汉人在天文学中对于观察的重视是显而易见的,没有这样一种重视,汉人的天文观测不可能取得如此高的成就。医学中同样强调观察的重要性,望、闻、问、切就是不同的观察方式。此外,对于观察的重视也体现在农学、生物学以及炼丹术等活动和知识之中。这里值得引起注意的是,在天文学科中,由于对观察的重视以及进一步向测算和演算的延伸,自先秦以来,逐渐形成了对于量化或精确化的要求与传统,这样一种要求与传统进一步也会影响到思维层面。

而受科学活动的影响,汉代的哲学中同样有相应的意识。这样一种意识见之于秦汉之际与西汉时期,例如《吕氏春秋》中的《十二纪》,《淮南子》中的《天文训》、《时则训》;也见之于东汉时期及至汉魏之际,例如王充《论衡》一书中所记载的基于对天人感应学说证伪所需要的大量仔细的观察,魏伯阳《周易参同契》一书所记录的围绕炼丹活动所作的大量仔细的观察。总之,无论是这一时期的儒家学者,还是道家或道教学者都十分重视观察,重视观察这一方法或形式在知识以及思想中的地位。当然,科学强调的是直接观察,而哲学可能更重视观察所获得的材料。事实上,即使是我们认为荒诞不经的灾异学说也有相当的观察基础。有些学者的研究就已经注意到了这一点:"观察自然界,忠实地记录所见的事实,并对之作出解释,是汉代天人感应说的要求","从《汉书》《后汉书》的《天文志》《五行志》中,从现存的纬书中,我们可以看到汉代学者观察、记录了大量的自然现象。"不过,"在天人感应思想影响下,学者们只是寻求这些现象和人事的关系,而这些现象相互之间,则显得零散而无联系"。[1]

由此可见,观察不仅是汉代的科学传统,以此作为知识的起点也成为汉代哲学的一个重要认识。而这样一种观念和传统将会深刻地影响以后的科学活动以及哲学观念。

二、归纳方法

归纳这样一种方法通常由于其逻辑学的特征而被认为与哲学有更为密切的关系,这是西方哲学及科学哲学的一般认识。但事实上,这样一种方法大量见诸科学活动,并且就其经验性而言,它首先见诸科学活动,见诸科学活动的尾端或顶层,这也更符合中国古代科学活动及其思想的实际。

对经验作归纳总结普遍见之于农耕活动与农业知识中,如《吕氏春秋》中《上农》、《任地》、《辨土》、《审时》四篇以及《氾胜之书》。《吕氏春秋·任地》中的"凡耕之大方:力者欲柔,柔者欲力;息者欲劳,劳者欲息;棘者欲肥,肥者欲棘;急者欲缓,缓者欲急;湿者欲燥,燥者欲湿",《氾胜之书》中的"凡耕之本,在于趣时,和土,务粪泽,早锄早获"都是具体经验的归纳总结,当然,这样一种方法也会延伸到相关的生物学知识中。

---

① 见卢嘉锡总主编、席泽宗分卷主编《中国科学技术史·科学思想卷》,第217—218页。

医疗活动中对于归纳方法的使用也是十分普遍的。《黄帝内经》以为"五脏有疾也"定会"应出十二原"(《灵枢·九针十二原》),例如"邪在肺,则病皮肤痛"(《灵枢·五邪》)。而在诸多的归纳中,又尤以伤风和浸邪两类陈述最为典型,如风乃"百病之始也"(《素问·生气通天论》),邪乃"必先舍于皮毛"(《素问·缪刺论》)。此外,《伤寒杂病论》与《神农本草经》中也包括了类似的归纳。事实上,无论中西,医学都是经验科学,都注重归纳总结。

秦汉时期的数学活动同样包括归纳方法的运用,如前所见,《九章算术》的表述体系在方法上就是一个由提出问题到解决问题的归纳过程,即从个别问题到一类问题或一般算法,再从一类问题或一般算法提炼出一般性原理。如约分、合分、减分、乘分、经分、课分、平分等有关分数运算概念、定义和法则的制定就是归纳的结果。此外,我们也可以将数的观念甚至在一定意义上还包括数字神秘主义看作归纳思维的结果。

哲学思维、观念与概念中的归纳同样明显。如气、象、数、常、变等许多哲学观念与概念都包含有归纳方法的运用。董仲舒用于论证天人感应的工具中既有类比推理的方法,同样也有归纳的方法。而王充反对天人感应的武器中又有更多的对经验的总结,并且,其元气自然论的建立从根本上说也是归纳推理的成果。无疑,与科学相比,哲学的归纳是更高层面的归纳,并且在归纳以后通常会将其成果加以推演。

三、对检验与实验的重视

作为检验或验证的哲学认识在先秦时期就已经形成,这包括荀子的"征知",韩非的"参验",这也为汉代对于知识的确定提供了一个重要的哲学认识前提。王充哲学中所提出的"效验"思想或理论在很大程度上就是在此基础上形成的。王充讲:"事莫明于有效,论莫定于有证。"(《论衡·薄葬》)"论则考之以心,效之以事,浮虚之事,辄立证验。"(《论衡·对作》)"凡论事者,违实不引效验,则虽甘义繁说,众不见信。"(《论衡·

知实》)王充也正是用这样一种方法来实际检验和判断观念或言说的真伪,例如关于雷火:"雷者火也。以人中雷而死,即询其身,中头则须发烧燋,中身则皮肤灼燆,临其尸上闻火气,一验也。道术之家,以为雷烧石色赤,投于井中,石燆井寒,激声大鸣,若雷之状,二验也。人伤于寒,寒气入腹,腹中素温,温寒分争,激气雷鸣,三验也。当雷之时,电光时见,大若火之耀,四验也。当雷之击,时或燔人室屋及地草木,五验也。夫论雷之为火有五验,言雷为天怒无一效。然则雷为天怒,虚妄之言。"(《论衡·雷虚》)"验"在这里不仅是方法,也是王充思想的"灵魂"。或可以这样认为,王充的"效验"思想或理论实际是将荀子的"征知"思想与韩非的"参验"思想进一步具体化,特别是在科学实践与检验中的具体化。而且还值得注意的是,董仲舒似乎也有类似的意识,如他说:"不法之言,无验之说,君子之所外。"(《春秋繁露·深察名号》)正如李申所指出:"重视事实""是汉代人基本的思维方式。"[1]

而更重要的是,从秦汉时期开始,这样一种最初源于先秦哲学的观念开始逐渐成为科学活动的重要思维与方法。这一思维或方法在当时的天文学活动中就体现得十分明显。由于历法的制定以及对各种天体运行轨道数据的需求都对精确性提出要求,因此检验或验证自然成为不可或缺的重要方法。例如张衡就是根据长期的天文观测经验,提出"有象可效,有形可度"(《灵宪》)。这样一种思维和方法为当时的天文观测所普遍遵循。

中国古代科学史上的实验方法始于先秦墨家学派,但汉代的科学实验无疑有了重大的进展。我们知道,张衡的工作就有实验的基础,这包括浑天仪、地动仪以及漏壶等,这些实验仪器较之以前几乎有了质的变化。而随着炼丹术的出现,实验活动又提升到了一个新的高度,这就是人工控制下的实验形式,就知识领域而言,便是从物理学科延伸扩大到化学学科。也有学者将《周易参同契》中的炼丹活动概括为剂量配比、捣

---

① 见卢嘉锡总主编、席泽宗分卷主编《中国科学技术史·科学思想卷》,第215页。

冶、固塞、用火、温度调试、时间掌握和谨慎观察。事实上，这就是一般意义的化学实验的基本要素，其中甚至也涉及一般意义上的科学实验的基本要素。

总之，中国古代的检验与实验的方法在秦汉特别是两汉时期已基本成型，在以后的科学活动中会不断发展。

四、形式逻辑方法的衰落

当然，在秦汉时期，中国古代知识与思想活动也有失去的东西。

李约瑟指出："当希腊人和印度人很早就仔细地考虑形式逻辑的时候，中国人则一直倾向于发展辩证逻辑。"①一些研究中国科学思想史的著作也认为，秦汉时期形式逻辑方法是衰落或缺失的。例如袁运开、周瀚光主编的《中国科学思想史》的相关章节中就专门有"逻辑方法的缺失"一目，席泽宗主编的《中国科学技术史·科学思想史卷》的相关章节中也有"分析和演绎的衰落"一目。

先秦时期的科学与哲学活动中其实都不乏形式逻辑的运用，包括演绎推理与论证这样的方法。但是从秦汉时期开始，形式逻辑尤其是演绎推理形式的确衰落或缺失了。《中国科学思想史》一书指出："擅长辩证思维而缺少形式逻辑的思维方法是秦汉各门具体科学之所以显得体系庞大而内容精芜并存以至缺少相对独立理论品位的一个真正的深层的原因。这种情况不仅秦汉时有，就是整个中国传统哲学和传统科学中都有。"②这是从思维的角度考虑形式逻辑这种思维形式缺失的原因。事实上，从根源上说，形式逻辑这种思维形式的确也是与知识及思想界的兴趣密切相关的，秦汉时期的知识分子、理论界、思想界更加专注比类思维的运用，而忽略形式逻辑问题。但形式逻辑这样一种思维或方法不通过专门的研究或者说没有学者的广泛使用是根本不可能生存的，这无疑是

---

① 〔英〕李约瑟：《中国科学技术史》第三卷《数学》，第 337 页，北京，科学出版社，1978。
② 袁运开、周瀚光主编：《中国科学思想史（中）》，第 68、69 页。

秦汉乃至以后形式逻辑思维与方法缺失的一个更为根本的原因。

就哲学反思来说，以比类或类比思维完全取代形式逻辑的思维无疑是一个深刻的经验教训，这应该不仅仅涉及对一个时代选择的检讨。毫无疑问，形式逻辑思维与方法的缺失是一个非常严重的问题，它对中国知识与思想发展的消极影响是巨大的，日后许多知识与思想上的重大失误在很大程度上都可以追溯至此。

第十一节　科学、哲学与宗教的关系

最后，有必要来看一下秦汉时期科学、哲学与宗教的关系。

汉代总体上而言有着浓郁的宗教气氛，由此我们也可以看到一些十分值得深思的现象。例如与其他历史时期相比，汉代的哲学可能是最具有宗教色彩的，也可以说与宗教的关系是最紧密、最复杂的；又如汉代的科学知识相比其他历史时期可以用"突出"来形容，但它旁边却侧立着同样可视之为"突出"的宗教信仰，这种宗教信仰是带有神秘的巫术性质的。这就是汉代哲学与科学的氛围和环境，宗教氤氲弥漫和笼罩着整个时代。其实，这样一种宗教气氛以及与哲学和科学的密切关系从战国末年就已经开始弥漫和确定了。

以阴阳五行思想为例。阴阳五行学说在战国末年已经赫然而出，于诸学派中俨然成一大家。特别是其中的五行思想，它已经反映在邹衍的五德终始历史观中，反映在诸如"五方"、"五帝"、"五神"等种种宗教信仰中，反映在《黄帝内经》的早期理论和实践中，也反映在以吕不韦为代表的杂家思想中。在这里，知识、观念、信仰、思想紧密纠缠在一起。而到了汉代，相当多的知识、思想以及宗教信仰都是以阴阳五行学说作为理论基础的，这包括《黄帝内经》这样的知识系统，包括《淮南子》这样哲学与科学合二为一的系统，也包括《春秋繁露》、《白虎通》这样哲学与神学合二为一的系统。但是，阴阳五行学说在汉代已经完全被神学化或神秘化了。例如董仲舒说："阳，天之德；阴，天之刑也。阳气暖而阴气寒，阳气予而阴气夺,阳气仁而阴气戾,阳气宽而阴气急,阳气爱而阴气恶,阳气生而阴气杀。是故阳常居实位而行于盛,阴常居空位而行于末。天之好仁而近,恶戾之变而远,大德而小刑之意也,先经而后权,贵阳而贱阴也。"(《春秋繁露·阳尊阴卑》)又如《黄帝内经》中说:"东方青色,入通于肝,开窍于目,藏精于肝,其病发惊骇。其味酸,其类草木,其畜鸡,其谷麦,其应四时,上为岁星,是以春气在头也。其音角,其数八,是以知病之在筋也,其臭臊。"(《素问·金匮真言论》)在这里,当阴阳五行理论无论是用于哲学还是用于科学解释时,都具有浓厚的神秘色彩,这却是汉代的普遍现象。

又如"象"、"数"问题。随着"象"、"数"观念在人们头脑中的确立,其中的神秘主义也萌芽了,这里面同样既有知识的东西,也有巫术的东西。如关于"象",汉人的大量物候、气象和天象观察中就是科学知识与宗教迷信杂糅在一起的。以《史记·天官书》说"云"为例,其讲:"稍云精白者,其将悍,其士怯。其大根而前绝远者,当战。青白,其前低者,战胜;其前赤而仰者,战不胜。阵云如立垣。杼云类杼。轴云抟两端兑。杓云如绳者,居前亘天,其半半天。其蜺者,类阙旗故,钩云句曲。诸此云见,以五色合占。而泽抟密,其见动人,乃有占;兵必起,合斗其直。"这里是用云气来解释兵事,宗教神秘主义倾向以及巫术特征都十分明显,但学者们也指出,这其中对于云象的观察、分析和判断又无疑包含着知识的因素。[①] 关于"数",汉代有关的知识、思想同样与宗教信仰纠缠、混淆在一起。如《淮南子·地形训》:"天一地二人三,三三而九,九九八十一。一主日,日数十,日主人,人故十月而生。八九七十二,二主偶,偶以承奇,奇主辰,辰主月,月主马,马故十二月而生。七九六十三,三主斗,斗主犬,犬故三月而生。六九五十四,四主时,时主彘,彘故四月而生。五九四十五,五主音,音主猿,猿故五月而生。四九三十六,六主律,律主麋鹿,麋鹿故六月而生。三九二十七,七主星,星主虎,虎故七月而生。二

---

① 参见谢世俊《中国古代气象史稿》,第 510 页,重庆,重庆出版社,1992。

九十八，八主风，风主虫，虫故八月而化。"在这里，数竟能将不同的物、类以及时间串在一起。而在《汉书·律历志上》中，我们又可以看到律、历与数甚至《易》已经完全纠合在一起，例如："天之数始于一，终于二十有五。其义纪之以三，故置一得三，又二十五分之六，凡二十五置，终天之数，得八十一，以天地五位之合终于十者乘之，为八百一十分，应历一统千五百三十九岁之章数，黄钟之实也。繇此之义，起十二律之周径。地之数始于二，终于三十。其义纪之以两，故置一得二，凡三十置，终地之数，得六十，以地中数六乘之，为三百六十分，当期之日，林钟之实。"这些在汉代实际上是非常普遍的认识，其中的神秘主义或巫术的性质是如此明显。这样一种对数的神秘主义的理解或解释在刘歆那里达到了巅峰，也因此，科学史研究没有其地位。

此外如我们所知，神仙说与方士术士在战国末年已经产生，更是浸淫于整个汉代，这在很大程度上又反映了知识分子对于神仙方术信仰的热衷。凡此种种，都是秦汉时期特别是汉代知识、学术、信仰、观念、思想与理论的土壤，而汉代的精神世界也的确就是得益于这片土壤而蓬勃发展起来的。

上述现象究竟意味着什么？可以这样认为：它充分表明了中国文化所存在的连续性特征。知识活动没有发生革命，体现出连续性；宗教生活也没有发生革命，同样体现出连续性。这二者又与思维相关，并进一步影响哲学。① 而这又将作为一种范式深刻影响后来的各种相关领域及活动。

当然，上述问题也可以反过来考察。这就是宗教与科学的关系、宗教与哲学的关系。或者说，宗教背后的科学因素、哲学因素以及宗教背后的理性因素。

以天人感应理论为例。这样一种观念或理论在战国末年已经露面，

---

① 以上连续性以及相关的革命问题可参考本人的相关研究。其中思维方面可参见拙作《中国思维形态》；知识方面可参见拙作《古代中国科学范型》；宗教方面可参见拙作《中国社会的宗教传统》；哲学方面可参见拙作《中国哲学的起源》。

我们可以在儒家、杂家和《易传》的思想中找到它的蛛丝马迹。到了汉代，天人感应理论已经演变为一种政治神学，或者说它成为一种用于满足政治目的的宗教学说。证明这样一种学说理论上的荒谬并不困难，到目前为止，诸多的哲学史研究也是这样做的。但我们也应该考虑，既然是如此荒谬的理论为何在当时却有很强的"吸引力"甚至"生命力"。事实上，这种"吸引力"与"生命力"在很大程度上就来自科学知识，来自科学知识的支持。许多荒谬的理论由于有了科学的支持，有了科学作为同盟，因而变得令人信服。不仅如此，这样一种学说对于科学可能还存在着刺激或带动，更深远地说，也包括由这些科学论证所导致的更新和更高的哲学认识与理解。事实上，在神学高度发展的汉代，天文学（当然也可以理解为占星术）取得了相当大的发展。正如我们所看到的，与先秦时期相比，汉代的天文观察越来越周密，测算越来越精确，历法越来越进步，这些都是不争的事实。探究其中的原因，"神秘"的好奇心的确不容我们忽视。对此李申曾有令人深受启发的意见，其指出："汉代的天人感应学说，其目的是服务于政治，它所注意的主要是具体的天象。它的天，当然是个神。但它不能否认天也是一个物。这个物与地的相对位置如何？天人感应思想不感兴趣。它注意的只是异常天象。然而，正因为它特重异常，也就必须首先去弄清正常的情况：日月星辰为何东升西落？春夏秋冬为什么周而复始？否则就不知道何为异常。因此，天人感应不仅不阻挠，反而可能去鼓励对上述问题的探讨。这样，神学就给科学留下了一块较为自由的土地。"①其实，天人感应学说的衰落最终也是由自己造成的，从某种意义上说是自己所导致或依赖的科学证明为自己挖掘了坟墓。

再有谶纬学说。谶纬学说充斥着荒诞不经的论断以及论据，这是毋庸置疑的。以纬书为例。如《尚书纬·璇玑钤》："尚书篇题号：尚者上也；上天垂文象，布节度。书也，如天行也。"《礼纬·稽命征》："礼之动摇

---

① 李申：《中国古代哲学和自然科学》，第312页。

也,与天地同气,四时合信,阴阳为符,日月为明,上下和洽,则物兽如其性命。"《诗纬·含神雾》:"诗者,天地之心,君德之祖,百福之宗,万物之户也。刻之玉版,藏之金府,集微揆著,上统元皇,下序四始,罗列五际。"类似这样的话在纬书中可以说比比皆是,从这些话中我们也不难看出对于经的神秘性质的强调。但即便如此,纬书中其实仍然包含着一定的科学内容,或包含着对当时许多科学知识的认识。冯友兰在《中国哲学史新编》第三册第三十一章中专门安排了第七节"纬书的世界图式与希腊毕达哥拉斯学派的比较",其在结尾处指出"其中也有科学的思想",并以列宁的话佐证,这是"科学思维的萌芽同宗教、神话之类的幻想的一种联系"[①]。不过,由于一些我们可以猜测的原因,冯友兰并没有举例说明和论证。但《中国科学思想史》一书的作者通过考察、研究为我们提供了相应的例证。例如《春秋元命包》中记录有当时的浑天说理论:"天如鸡子,天大地小,表里有水,地各承气而立,载水而浮。"其中甚至还在中国科学史上最早系统地提出了有关地球运动的思想:"地有四游,冬至地上行北而西三万里,夏至地下行南而东三万里,春秋二分是其中矣。"(《尚书纬·考灵曜》)这无疑也是受到浑天说理论的启发。类似的例子还有不少。[②] 从这里我们的确可以看到神学与科学之间的联系,神学并不截然与科学对立,甚至还会无意地"孵化"科学。

就此而言,我们切不可得出神学与科学必定截然对立的形而上学的结论。

李约瑟曾从神秘主义的角度对此问题作过考察,他结合西方的经验指出:"理性的神学是反对科学的,而神秘的神学却证明是拥护科学的。对这个明显的矛盾可以这样解释:理性的神学是反方术的,而神秘的神学则倾向于赞成方术。"他举例说:"波尔塔的一部含有许多科学材料的著作却是以《自然魔术》(*Natural Magic*)为书名;英国皇家学会早期所

① 冯友兰:《中国哲学史新编》第三册,第 207 页。
② 参见袁运开、周瀚光主编《中国科学思想史(中)》,第 39—41 页。

感兴趣的一些东西,我们今天看来都是些方术;而像托马斯·布朗爵士和坚决反对亚里士多德的格兰维尔的观点都是巫术;还有,17世纪的生物学家沉醉于犹太教神秘主义'喀巴拉'(Kabbalah)体系,相信它那古代神秘主义也许含有对他们有价值的观念。"①以此为基础,李约瑟进一步得出结论:"在欧洲近代科学的创始阶段,神秘主义的路数常常比理性主义更有帮助。"②上述西方的事例与经验在我们评价中国古代宗教与科学的关系时无疑是值得参考的。

总之,汉代的宗教、神学同样不能回避科学。在一定意义上,宗教和神学也是在一种"不清不楚、不明不白"的状态中与科学保持着联系。这是一柄双刃剑。结合历史来考察,一方面,哲学对于神学的借用、宗教对于理性的侵蚀固然会损害哲学以及科学,它会压抑理性的正常发展,这大致可以说是汉代前期的现象;但另一方面,神学与宗教对于科学利用或庇护的诉求,也会壮大科学及其盟友:理性的思维与哲学,并反过来击溃神学本身,这正是汉代后期的情况。

---

① 〔英〕李约瑟:《中国科学技术史》第二卷《科学思想史》,第101页。
② 同上书,第102页。